农产品上行

运营策略与案例

魏延安◎主编

电子工业出版社·
Publishing House of Electronics Industry
北京·BEIJING

内容简介

2018年的中央一号文件开启了中国乡村振兴的"三农"新时代，文件对农村电商的要求进一步聚焦到农产品上行问题上。近几年的实践表明，农产品上行是基层政府和群众的强烈期盼，同时也是整个农村电商的难点所在，涉及电商基础设施薄弱、人才不足、农业标准化落后、营销理念落后等多方面原因。

针对以上困难和问题，本书邀请国家有关部委、各大电商平台、基层政府、专家学者、电商企业等各个方面的代表，从不同角度对农产品上行问题进行解读分析和实践分享，力图为各地农产品上行提供有益的借鉴。

本书适合地方党政干部、农村电商相关从业人员、涉农电商企业负责人、农村电商创业者及相关研究者参阅。

图书在版编目（CIP）数据

农产品上行运营策略与案例／魏延安主编 . —北京：电子工业出版社，2018.3
ISBN 978-7-121-33680-5

Ⅰ.①农　Ⅱ.①魏　Ⅲ.①农产品–电子商务–案例–中国　Ⅳ.①F724.72

中国版本图书馆 CIP 数据核字（2018）第 029504 号

策划编辑：张彦红
责任编辑：牛　勇
印　　刷：河北虎彩印刷有限公司
装　　订：河北虎彩印刷有限公司
出版发行：电子工业出版社
　　　　　北京市海淀区万寿路 173 信箱　　邮编 100036
开　　本：720×1 000　1/16　　印张：18.75　字数：408 千字
版　　次：2018 年 3 月第 1 版
印　　次：2025 年 7 月第 6 次印刷
定　　价：69.80 元

凡所购买电子工业出版社图书有缺损问题，请向购买书店调换。若书店售缺，请与本社发行部联系，联系及邮购电话：（010）88254888，88258888。
质量投诉请发邮件至 zlts@phei.com.cn，盗版侵权举报请发邮件至 dbqq@phei.com.cn。
本书咨询联系方式：（010）51260888-819，faq@phei.com.cn。

编　委　会

"新零售"与"农产品新零售"
（代序）

汪向东

新零售的风头正劲，与农产品上行可谓不期而遇。新零售与农产品的新零售，是当前农产品电商需要认真思考的课题。

怎么理解新零售及其要义？有一个重要维度，就是把握两个词义：一个是"变"，一个是"不变"。新零售之所以新，就因为它改变了原来零售的一些东西；但又因为它还叫零售，所以它仍具有零售的本质，遵循零售的基本规律。弄清楚什么变了，什么没变，就能帮助我们理解这个概念。

新零售从何而来？首先是因为有云计算、大数据、物联网、移动互联网、虚拟现实等，以及现在开始火起来的人工智能，这些新技术进入零售的领域，推动零售发生了新的变化。新技术、新业态、新物种等，都是新零售"变"的方面。但是我们不能只讲"变"这一个方面，还要讲"不变"，才能全面把握它。

我们知道关于新技术带来的零售新业态，有不同说法。马云说是"新零售"，把它放在"五新"之首；刘强东说它的本质是无界的，叫"无界零售"，属"第四次零售革命"；张近东的说法，叫作"智慧零售"；也有人比如宗庆后说马云的"五新"，除了"新技术"外，其余的都是胡说八道。那到底它是什么？下面围绕一些专家关于新零售的几个理念，重点讨论上述"变"与"不变"的问题。

一、关于"以客户为中心"

首先，有专家提出新零售是"以客户为中心"。这是什么意思呢？是指"需求决定供给"？或是指"客户定义价值"？我们先看"需求决定供给"这个事情。

经济学中有个概念，叫作"消费者主权"，对应的还有"生产者主权"的概念，这都是在互联网之前出现的非常经典的经济学概念。相关的讨论由来已久，在这里无须展开。好的零售其实都离不开对于客户需求的分析，要符合客户的需求。不管新零售，还是旧零售，都是一样。

什么叫作"客户定义价值"？产品的价值从来都不是客户单方面说了算的。且不说劳动价值论认为劳动决定商品内在价值，即便用供求学派的说法，价值（价格）也是取决于供求双方当时的市场状态。也有另一种说法，新零售是价格不重要，价值最重要，其实是在说使用价值被客户高度认可时，可以有极高的溢价，上限不封顶。但反过来，商品可以没有下限吗？新零售能不计成本吗？即便免费，也是有人买单的。在竞争的市场中，谁都不能不讲成本和效率。作为市场策略，售价低于成本，短期可以，但是不能长久；免费可以，但必须找到对供给方的补偿方式。具体的零售方式可因技术而改变，但这些原则没变。

以客户为中心，既得益于技术，更得益于产品丰富、市场竞争等使客户的主动权加大。卖方市场与买方市场的客户话语权，显然是不一样的。

具体到农产品的新零售，农产品零售中的成本、效率、体验，更是我们必须考量的因素。这跟产品本身的性质有关。比如说东北的农产品，中国这么大的国土面积，农产品零售更要考虑物流成本。特别是客单价不是很高的大宗农产品，能不考虑物流成本吗？这样的产品，从物流上讲，要改变远途的 B2C 为远途 B2B，落地以后再 2C，可能更适合。所以我们讲新零售不是没有底线，成本就是底线。

二、关于"客户驱动"

新零售第二个非常重要的理念是"客户驱动"。客户驱动是什么意思？客户的需求创造供给，驱动供给方去满足需求。没错，这是客户驱动。其实，在理论上和实践中，供给并不仅仅只是满足需求，被需求驱动，而且，供给也创造需求、引导需求。这对于新零售、旧零售都是一样。好的零售是客户愿为之买单的零售，而客户买单的意愿是可以被供给方激发的。

销售就离不开营销，营销是干吗的？营销其实是攻守兼备：守，是按客户需求，生产出满足客户需求的产品并告诉他们；攻呢？是主动去占有需求者的心智。有时候客户往往都不知道自己想要什么，那供方引导需求，尤其用开发新产品去激发需求，就成了必然。福特说，如果不把汽车造出来，客户的需求也就是快一些的马车而已。离我们更近的例子，比如乔布斯的苹果手机，褚时健的褚橙，也是供给驱动的知名案例。

人家说客户驱动，我非要讲供给驱动，听起来像是抬杠。其实，我不是否定客户驱动，回到前面讲的，是想说不是单方驱动。

农产品有非标准化的特点，供方将自己农产品的差异性告知市场，这是守；同时用品牌化去引导需求，甚至去占领客户心智，这是攻。所以，新零售不应该只是被动地、片面地去理解客户驱动这样的理念，不应放弃生产者、提供方对于市场的引领。新零售，不应该动摇农业品牌化的方向，相反应该用新技术助力农业品牌化的发展。

三、关于"智慧化运营"

新零售第三个重要的理念，叫作"智慧化运营"。好的零售是供给端效率又高，成本又低，客户端的体验又好。新零售、旧零售都是如此。网络技术、大数据等，用好了可以帮助提高运营的精准度。广告业有一个众所周知的说法，说是我知道 50% 的广告费被浪费了，但是我不知道是哪 50% 被浪费了。那么，有了大数据等技术，可以有助于人们把运营做得更精准。

但是，我们还必须看到，这些智慧化运营所需的数据、技术、手段等的分布，又是不均匀的。数据的可得性，如何获取数据，以及用什么代价获得的问题，是无法回避的。大数据是个好东西，但不是谁都可以玩，那是需要花钱的。

在此前提下，我们再来看农产品的新零售。一边是农产品的非标准性，一边是客户偏好的多元性，二者加在一起，客观上当然要求更精准的营销，要求智慧化运营。因此，一种更低成本、更便捷、更可靠的新零售技术和市场结构值得期待。但又因为技术和数据的分布是不均匀的，所以我们希望新零售的智慧化运营，从宏观上讲应该尽量具有普惠性。从而，建立一种利于共享的、竞争的、高效的数据供给制度是必要的举措。如果说这个领域人们日益需要的数据"新能源"，被少数的营利性的平台高度垄断，未来是可怕的。

四、关于"O2O+现代物流"

新零售第四个重要的理念，就是马云提出来的"线上 + 线下 + 现代物流"。其实他说的是一种跨场景、全场景的新销售场景，加上精准仓配为之提供支撑。好的零售都一样，多场景、信息流和实物流匹配协调。马云为了强调新零售，甚至说阿里巴巴以后不再提电商，甚至以后也不再有电商。他讲这个话，重点是强调线下。联想到马云从一开始一直批评京东自建物流，做重资产模式，到现在自己去大力发展线下，这个转变是非常有意思的。他不仅要建立线上 + 线下，而且进军包括交通、娱乐、饮食、健康、教育等领域，构建全场景零售模式。在这种情况下，智能仓配变得更加重要。其中，有两个指标：一是库存的深度，二是响应需求的速度，成为竞争力的关键。

我们再来看农产品，尤其是生鲜农产品的新零售。要用全场景 + 智能仓配来要求农产品新零售的话，那这个要求就太高了。比如，我们的冷链够吗？更重要的，直供直销、扁平化、从田园到餐桌，还有许多需要讨论的地方。我认为，农产品的新零售，批发环节可以被优化，但无法被彻底消灭。

还记得四五年以前，到"任我在线"调研，徐一告诉我，她的商业模式关键就在于线上平台与线下网点的打通，加上高效的物流交付和进补货系统，农产品批发市场是她得以快速进补货的重要依托。当然，那时还没有"新零售"、"无界零售"或"智慧零售"的概念。

五、关于"柔性化生产"

新零售还有一个重要概念，叫作"柔性化生产"。柔性生产、按需生产、个性化大规模定制、JIT（及时生产），这些都是信息化对生产的主要诉求以及由此提出来的概念。随着技术的进步，电子商务、云计算、大数据等，有助于优化生产体系对市场需求的响应。柔性化生产，不仅是技术的应用，而且要求对生产方式、生产组织进行改革和重组。

我们再来看农产品。订单农业，其实就是柔性化生产在农业经济上的反映，是人们对于农业信息化追求的方向。这完全可以理解，也值得为之努力。然而，我们还是不能把它强调过了头。

比如，我们说，工业生产是一个物理的、化学的过程，而农业生产是一个生物的、生命的过程。你无法想象说，市场要鸡了，我们马上就有，它得生长，对吧？市场想要什么农作物了，马上就能够提供，它也得有一个生长的过程。你不能够指望单纯用信息流的优化，来替代农产品的生长。信息化可以让信息流的结构做得非常扁平，甚至直接可以接通。但是回到实物的世界，农业生产有一个农产品生长的自然规律和经济规律。尤其现如今的农业还是在很大程度上靠天吃饭，天灾时常发生，大旱、大涝、台风等都会严重影响灾区农产品的生产过程。所以，柔性化生产，如果说工业上还好办一些，那么，对农产品这是不得不考虑的因素。

最后做个总结：既然是新零售，它就有与以前不同的变化；既然新零售还是零售，就有不变的零售本质。它叫什么不重要，重要的是我们要把握其中的"变"和"不变"，找准自己的位置。农产品的新零售还必须立足于农业的特点。否则，盲目跟风，会死得很难看。

（作者系中国社会科学院信息化研究中心主任）

目　　录

电商扶贫不仅仅是让贫困地区的农特产品上网，还可以与互联网结合得更紧密，预售、众筹、领养、定向采购等都是可行的办法，特别是消费扶贫的兴起，又为电商扶贫打开一个新的窗口。

对于农产品电商来说，可以预见的是，新的人口红利期即将到来，当80后成为厨房食品的主要采购者时，农产品电商的用户需求等级将以十倍数增长。以及在这一轮以移动互联网逻辑，以去中心化为前提，在社交、共享的新互联网时代下，一定会诞生更先进的模式。

第三篇　平台战略 ························ 75

近年来农产品电商 2C 市场的快速发展，对电商运营能力的要求水涨船高，这无疑加大了中西部广大后进地区种养殖者们进入电商的门槛。但是如果从直接面向消费者转为面向卖家或零售商，则显然不需要那么精细的要求且市场巨大。

第四篇　县域实践 ························ 117

阳澄湖大闸蟹线上成绩斐然，与当地"蟹二代新农人"的电商发展模式分不开。

这种电商经营模式分为三类：以淘宝集市店为主，主要销售自家产大闸蟹的自产自销型；以天猫店为主，其大闸蟹来源为"自家产量＋农户收购"的电商公司专业运营型；以天猫店为主，独立运营店铺，其大闸蟹来源主要是"水产公司自己承包的水田产量＋农户收购"的传统水产公司触网型。

第五篇　网商探索

线上线下购买人群存在异质性，三只松鼠走向线下是做"加法"。这是因为，线上线下并非是此消彼长的，线上线下购物人群存在异质性。习惯于在线上购买产品的消费者通常是年轻消费群体。因此，对三只松鼠而言，从线上到线下，扩展了消费人群和场景，这实际上相当于做了"加法"和增量。

1

第一篇　政策解读

推进"互联网+"现代农业，助力农业转型升级

王小兵

当前，信息化日益成为农业现代化的制高点，网络信息技术对现代农业建设的引领支撑作用日益凸显。因此，要积极顺应互联网和信息化发展趋势，牢牢抓住信息化这一难得的历史机遇，加快推动电子商务、大数据、物联网等现代信息技术向农业农村延伸、渗透和融合，促进特色优势农业产业发展，助力农业转型升级，为农业农村经济发展提供新动能。

一、准确把握现代农业发展的历史方位

关键是要清醒认识三个转折点：一是人类社会已经经历农业革命、工业革命，现在正在经历信息革命。信息革命不是农业革命、工业革命的简单延续，其将对传统产业产生革命性影响，产业组织方式和运行机制也将从过去以集中、层级为主要特征转变为分散和合作的基本形态。二是"四化"同步发展，工业化与信息化的"两化融合"开始转变为工业化、城镇化、信息化和农业现代化"四化"全面深度融合。信息技术产业化和产业信息化正在加快形成和发展，以网络信息技术为代表的现代信息技术，正在成为引领支撑新型工业化、城镇化和农业现代化发展的先导力量。三是现代农业建设正在进入转型升级的新阶段，推进农业供给侧结构性改革已经成为"三农"工作的主线，农业信息化成为农业机械化之后的又一个重要制高点，智慧农业成为现代农业发展的主攻方向和战略目标。从以上三个转折点可以看出，信息化与农业现代化形成了历史性交汇，"互联网+"现代农业迎来了千载难逢的重大机遇，更为农村地区特别是贫困地区发挥资源禀赋优势、实现跨越发展插上了信息化的翅膀。

二、充分肯定"互联网+"现代农业取得的重要阶段性成效

党的十八大以来，以习近平同志为核心的党中央高度重视信息化发展，习近平总书记亲自出任中央网络安全和信息化领导小组组长，并多次主持召开专门会议，作出了一系列重要安排部署，为我们指明了前进方向。（http://www.cac.gov.cn/2016-04/27/c_1118750352.htm。）党中央、国务院陆续制定了大力发展电子商务、加快培育经济新动能、"互联网+"行动、大数据发展纲要、国家信息化发展纲要和"十三五"规划等重要文件，并把农业农村摆在突出重要位置。各地区、各有关部门认真贯彻落实中央的决策部署，迅速出台配套政策，推动"互联网+"现代农业取得了重要阶段性成效。在"三农"领域，推进"互联网+"虽然起步较晚、时间较短，但发展之快、成效之好出乎人们的意料。主要体现在：一是"互联网+"现代农业的发展环境不断优化。农业部会同发展改革委、中央网信办等8个部门联合印发了《"互联网+"现代农业三年行动实施方案》，农业部会同发展改革委、商务部印发了《推进农业电子商务发展行动计划》，农业部编制印发了《"十三五"全国农业农村信息化发展规划》，全国有28个省份出台了"互联网+"行动的实施意见，"互联网+"现代农业的政策框架体系基本形成，政府、企业和农民合力推进的机制日益完善。二是农村"互联网+"基础设施不断完善。"宽带中国"战略加速向乡村深入实施，网络提速降费政策加快向农村普及，农村智能手机使用规模迅速扩大。截至2016年底，行政村通宽带的比例已经达到95%，农村互联网普及率达到33.1%，比上一年提升1.5个百分点。三是"互联网+"现代农业新业态蓬勃发展。最突出的就是农村电子商务特别是农产品电子商务保持高速发展。据监测统计，2016年全国农产品电子商务经营额达到2200亿元，比上一年增长46%。同时，信息进村入户工程已由试点探索进入到全面实施、整省推进的新阶段，截至2017年6月底，全国共建成运营6.9万个益农信息社，提供公益服务1115万人次，开展便民服务1.8亿人次，实现电子商务交易额128亿元。此外，农业物联网区域试验工程、农业大数据试点扎实推进，尤其是基于互联网的农业生产性服务业、农村分享经济在部分地区异军突起。这些都对促进农村一、二、三产业融合发展，推动农村大众创业、万众创新发挥了重要作用。

三、清醒认识"互联网+"现代农业面临的困难和问题

农业现代化是"四化"同步的短板,农业的弱质性在线上同样表现得相当明显,农业信息化依然处在起步阶段,面临着诸多困难和问题。一是在全面性上,对信息化发展的客观规律认识不够,没有完全形成统筹推进农业电子商务、农业物联网、农业大数据、农业信息服务等重点工作的工作思路。二是在基础性上,没有充分认识到"云""网""端"是农村互联网新的重大基础设施,更没有看到这个新的重大基础设施带来的幂数效应,导致对农业农村信息化基础设施的投入力度明显不足。三是在创新性上,农业信息化科技创新缺乏重大项目支撑,科技成果转化和应用体系不完善,信息数据共享开放的机制建设严重滞后,包容发展、放松管制的体制尚不健全。四是在特殊性上,存在照抄照搬发展工业化互联网和城市电子商务做法的现象,没有把握农业农村的实际和特点,偏离了农业现代化的主攻方向,致使难以有效解决与生产经营和市场的两个对接问题。一些涉农电商平台靠补贴过日子,尚未建立可持续的商业化运营机制;一些涉农互联网企业没有把农民纳入主体,尚未建立与农民共同分享利益的机制。

四、扎实推进"互联网+"现代农业各项重点工作

今年的中央一号文件对推进农业信息化加快发展作出了进一步部署,现在的关键是抓好落实。推进"互联网+"现代农业行动要坚持以人民为中心的发展思想,以深入推进农业供给侧结构性改革为主线,瞄准农业现代化主攻方向,瞄准谁来种地的问题,瞄准农村社会治理新要求,把互联网思维和信息技术贯穿到农业现代化建设全过程,让农业成为有奔头的产业,让农民成为令人羡慕的职业,让农村成为既有现代文明又具田园风光的美丽乡村。要遵循信息化发展规律,把握农业农村特点,统筹推进以下几项重点工作:一是全面实施信息进村入户工程,开展整省推进示范。切实把信息进村入户作为农业现代化重大基础性工程来抓,特别是遴选出的辽宁、江苏、江西、河南、四川等5个示范省,要确保今年益农信息社建设覆盖80%以上的行政村,吉林、黑龙江、浙江、重庆、贵州等5个示范省要实现40%以上的覆盖率。二是大力发展农业电子商务。要与特色农产品优势区建设紧密结合,强化分级包装、冷链物流等基础设施建设,加快完善产品标准和生产标准体系,加大农产品品牌网络营销力度,大力

推广甘肃陇南、浙江遂昌、重庆秀山等地发展农产品电子商务的做法和经验，帮助农民把农产品卖出去、卖上好价钱。三是深入开展农业物联网区域试验和农业大数据试点。这是农业信息化最本质、最核心的内容。要加大试验、试点力度，力争在优化资源配置、精准对接产销、实现节本增效上取得实质性进展。四是加快建设公共信息服务平台。农业部今年将集中力量打造农兽药基础数据、农产品质量安全追溯、重要农产品市场信息、新型经营主体信息直报等4个平台，同时将按照中办、国办关于推进公共信息资源开放的若干意见的部署要求，切实抓好公共信息资源的共享和开放。此外，各级农业部门还要大规模、常年性组织开展农民手机应用技能培训，积极发展基于互联网的农业生产性服务业，推动形成农村大众创业、万众创新的新局面。

（作者系农业部信息中心主任）

发挥政策引导效应，助力农村产品电商上行

李鸣涛

农业是我国农村地区的核心产业，又是传统弱势产业，一直存在着生产经营分散、产品竞争力不强、流通环节多、交易成本高及标准化程度低等问题。特别是近年来随着世界经济全球化进程的不断加快，我国农村地区所面临的小生产与大市场的矛盾更加突出。因此，如何建立一种市场信息畅通、规范、高效的农产品流通新模式，已成为降低我国农产品交易成本、提高农业整体效益、保证农业持续稳定发展和促进农民增收的重大现实问题。电子商务作为一种基于现代信息技术网络的现代流通方式，则为解决以上问题提供了有效途径。近年来，随着阿里、京东等电子商务企业渠道下沉战略的实施，以及国家财政部、商务部、农业部、发改委等相关部委不断加大农村电子商务的支持力度，我国农村地区的电子商务基础设施也在快速完善，农村电子商务市场被快速激活，面向6亿多农民的农村电子商务大市场正在快速形成。同时，以淘宝村为代表的电子商务创业创新也在农村地区掀起"大众创业、万众创新"的新热潮，农村地区依托良好的生态、产品和资源优势吸引大量青年回乡创业。电子商务已经开始成为我国新农村建设的新动力和新抓手，在满足农村地区居民网络消费需求的同时，电子商务催生了新的产业生态，并通过市场手段逐步改变农业生产方式。

一、农产品上行是助力农村脱贫攻坚的关键

打赢脱贫攻坚战，全面建成小康社会，是党对人民的庄严承诺。习近平总书记指出，要充分认识打赢脱贫攻坚战的艰巨性，越往后脱贫难度越大，因为剩下的大都是条件较差、基础较弱、贫困程度较深的地区和群众。要把深度贫

困地区作为区域攻坚重点，确保在既定时间节点完成脱贫攻坚任务。近年来农村电商的快速普及为我们打赢农村脱贫攻坚战提供了一个新的手段。

自2014年开始，阿里、京东、苏宁等电商企业纷纷把拓展农村电子商务市场作为自身重要的发展战略，阿里巴巴"千县万村"计划目前已经覆盖全国3万多个村；京东在全国1700多个县设立了县级服务中心和京东帮服务店，服务覆盖了30万个行政村；苏宁在1000多个县建成1770家农村苏宁易购直营店和1万家授权服务站；中国邮政在农村地区布局农村电商综合服务网点，邮掌柜网点已经覆盖20万个行政村；赶街网、淘实惠、乐村淘等农村电商平台及农产品微商发展迅速。同时，国家商务部、财政部、国务院扶贫办开展了以国家级贫困县和革命老区为主要覆盖区域的电子商务进农村综合示范县创建活动，出台多项促进电商扶贫、农村电商领域的扶持政策，掀起了农村电商发展的热潮。

在市场和政府的大力投入下，农村电商基础设施特别是网络与快递物流明显改善，淘宝村大量涌现，大量青年人才返乡从事电商创业，农村地区电商氛围空前浓厚，电商应用效果初步显现。截至2016年底，在县级及以下注册的农村网商已达到811万家，带动创业和就业人员超过2000万人，农村网络零售额超8000亿元。2017年上半年，832个国家级贫困县网络零售额超500亿元，同比增长60%。数据快速增长的背后反映出我国农村电商的快速普及态势，伴随农村物流、支付等电子商务基础设施的快速完善，电子商务正在成为农村地区优质农特产品和服务资源的发掘器和促进农民增收的发动机，电商精准扶贫展现出巨大的发展活力，迅速成为农村扶贫的排头兵。

而电商扶贫的关键就在于通过电商带动农民增收，促进农民就业，既要通过电商消费帮农民省钱，更要通过农产品电商上行帮农民挣钱。如甘肃省陇南市下辖8县1区，包含6个国家级贫困县，工业品电商下行的消费能力有限，但核桃、油橄榄、中草药等土特产资源丰富，依托优质的农特产品资源全市已开办网店8700多家，累计销售农产品34.5亿元，带动就业5.4万人，64万贫困人口因电商人均增收430元，创造出电商扶贫的"陇南模式"，其也成为国务院扶贫办认定的第一个电商扶贫试点。

二、当前农产品电商上行的主要障碍与挑战

（一）认识不到位

当前我国农村社会经济发展增速快于城市地区，农村市场蕴含巨大潜力，也吸引了众多电商市场资源的投入，加上国家政策的扶持和财政资金的投入，农村电子商务发展迅猛。但是，市场的逐利性决定了电商企业现阶段发展农村电商的主要目标一定是先去挖掘农村地区的消费潜力，扩大自身的市场覆盖和份额，维持企业业绩增长，对于农产品上行则投入有限，至少不会作为战略重点。另外，很多地方政府在发展本区域农村电商过程中，也缺乏战略高度和长远眼光，以为把大电商平台引入落地，本区域农村电商就发展起来了，而实际却是政府付出了不菲的代价，结果却成了替电商企业建渠道、引资源，把区域电商发展寄托在了电商巨头的市场拓展节奏上。在实际运作过程中，出现了重招商引资、轻产业培育，重硬件建设、轻环境完善，重工业品下行、轻农产品上行等认识上的误区。因此，要做好农产品电商上行，首先要认识到农产品电商上行才是区域农村电商发展的重心，要围绕农产品上行做好区域电子商务发展的顶层规划设计，梳理优势资源，完善产业链环境，打造区域电子商务可持续发展的新动力。

（二）上行基础设施匮乏

在农村电子商务基础设施建设方面，我们看到近年来电商服务网点覆盖率快速提升，依托县级电商运营服务中心和村镇电子商务网点，快递进村步伐加快。农村电商物流瓶颈问题的解决也是电商进农村示范县建设中国家财政资金投入的重点之一，可以说伴随电商服务网点覆盖率的进一步提升，制约农村电子商务下行消费的物流瓶颈基本得到解决。但是，我们也应注意到围绕农村地区产品上行涉及的仓储、检测、包装、冷链、溯源等基础设施仍然是农村电商发展的瓶颈。而这些基础设施的建设又面临着先有鸡还是先有蛋的两难抉择，一方面我们希望通过大量的网络销售带动农产品上行基础设施的建设投入实现良性循环，但另一方面上行基础设施的孱弱严重制约着农副产品的上行销售。因此，在农产品上行基础设施建设方面不能单纯依靠市场的力量，政府应该先行一步加大农产品上行基础设施方面的建设投入。

（三）产业基础薄弱

现阶段我国农产品市场存在产品多、加工少，同质化商品多、特色化网货少的现象。网上销售的农特产品往往同质化严重，低价成为唯一的销售法宝，加上农产品较高的物流配送成本，农民往往很难得到实惠。长期以来，我国在农产品尤其是鲜活农产品的品牌和标准化生产体系建设上一直相对滞后，分散在千家万户的农副产品和加工品缺乏品牌、包装和质量标准，零散地委托个人网店代销也很难实现规模化。而电子商务的一个重要特征就是商品的品牌化、标准化、规模化，在产品供给侧方面需要有较为完善的产业基础作为支撑。破解这一难题的关键在于，应该在零散的农副产品生产者和网络市场之间建立起一个产业化的服务主体，解决农产品上行"初始一公里"的问题。

（四）农产品电商上行服务链尚未形成

农产品上行需要产品种养殖、加工、包装、仓储、运输、电商营销、配送、客服等全产业链条的打通，各环节都需要有专业的服务商提供服务。目前就某一特定区域、特定产品而言，很难在各个环节都找到合适的服务商，短板问题较为突出。同时电商人才缺乏问题在农产品上行电子商务发展中依然严重。尽管在农村电商广阔前景的带动下，不少地方都出现了人才回乡创业的现象，很多农村电商服务站的站长等都是年轻人回乡创业的典型，但伴随农村电子商务的快速发展，懂农村又懂电子商务的人才匮乏，技能型人才不足，运营管理型人才难觅，战略规划型人才缺乏等问题仍旧是制约农村电商尤其是农产品上行进一步发展的突出瓶颈问题。农民对电商的接受度及对农产品网络购销意识不高，导致应用范围狭隘，大多数人满足于依托京东、天猫、淘宝开店实现自产自销，缺乏品牌策划营销、平台创新发展、扩大销售规模的理念，网站专业化水平较低，缺少自身的特色。

三、汇聚政策资源、发展农产品上行是下一阶段政府推动农村电商的重点任务

国家高度重视农村电商的发展，近年来国务院及有关部委从不同角度出台支持农村电商发展的扶持政策。2014-2017年连续四年的中央一号文件均明确

提出发展农村电子商务。2015 年国务院办公厅印发《关于促进农村电子商务加快发展的指导意见》(国办发〔2015〕78 号),对农村电商工作进行了全面部署。商务部等 19 部门联合印发了《关于加快发展农村电子商务的意见》(商建发〔2015〕306 号)。商务部、财政部共同开展以贫困县和革命老区县为主体的电子商务进农村综合示范工作。农业部、国家邮政局、共青团中央也出台了支持政策。国家下一阶段将围绕脱贫攻坚战略的总体目标,积极发挥农村电商在促增收、助脱贫中的突出作用,针对上述农村电商尤其是农产品上行电商发展中存在的突出问题,将支持农产品上行发展、补齐农产品上行短板等作为政策支持重点和重要的政策引导方向。

2017 年中央 1 号文件提出,要"促进新型农业经营主体、加工流通企业与电商企业全面对接融合,推动线上线下互动发展""支持农产品电商平台和农村电商服务站点""完善全国农产品流通骨干网络,加快构建公益性农产品市场体系,加强农产品产地预冷等冷链物流基础设施网络建设""建立全程可追溯、互联共享的追溯监管综合服务平台",可以看出这些表述就是在支持农产品上行电商产业链资源的衔接,补足上行供应链短板,加快完善我国农产品上行电商的服务环境。文件提出,"加快建立健全适应农产品电商发展的标准体系",同样,标准问题也是困扰农产品电商上行的突出问题之一。文件提出要"完善鲜活农产品直供直销体系",也是进一步聚焦农产品上行问题,通过直供直销探索农产品上行的新模式。

2017 年国家商务部、财政部、国务院扶贫办组织开展了第四批电子商务进农村综合示范县创建工作,通知提出要"在总结前一阶段工作的基础上,深入建设和完善农村电商公共服务体系,进一步打牢农村产品上行基础,培育市场主体",由此可以看出在总体工作思路上更加注重农村产品上行的基础建设。通知把"强化服务,聚焦上行"提升到总体工作开展的一项基本原则,提出"要加强农村电商公共服务体系建设,推动农产品、农村工业品、乡村旅游及服务产品电商化、品牌化、标准化,提高农村产品商品化率和电子商务交易比例,促进农业发展方式转变,推动农村一、二、三产业融合发展",同时在中央财政资金支持的重点方向上,更是明确提出"中央财政资金支持农村产品上行的比例原则上不低于 50%",可见农村产品上行将是下一阶段电商进农村工作的重中之重，中央财政资金主要用于农村产品上行急需的标准、认证、品牌、追溯及包装、预冷、初加工等基础设施建设。

国家发改委、农业部、林业局、团中央等相关部委、机构也都围绕通过农村电商发展助力脱贫攻坚战略实施的方向，从促进农村一、二、三产业融合、农林产品品牌建设、农村电商青年创业等不同角度出台了相关支持文件。

综上所述，尽管农村产品上行任重而道远，但作为解决"三农"问题和扶贫攻坚的重要手段的农村电商已经呈星火燎原的发展态势，相信随着政策资源的直接投入和市场引导作用的发挥，围绕农村产品上行的电商基础设施将加速完善，农村产品上行新模式将不断涌现，一个线上线下融合对接、上行下行平衡发展、产品与服务双向互动的农村电子商务可持续发展局面即将到来。

（作者系商务部中国国际电子商务中心研究院院长）

十六部委联合发力，电商扶贫更加重视上行

魏延安

2016 年 11 月 4 日国务院扶贫办等中央十六个部委联合印发了《关于促进电商精准扶贫的指导意见》（以下简称《意见》），就促进电商精准扶贫提出了具体的指导意见，这是对《中共中央、国务院关于打赢脱贫攻坚战的决定》（中发〔2015〕34 号）和国务院办公厅《关于促进农村电子商务加快发展的指导意见》（国办发〔2015〕78 号）相关电商扶贫内容的细化和具体落实，也回答了当前各方关注的若干电商扶贫政策的问题。

一、电商扶贫归根结底在扶贫，总体要求是精准

电商扶贫是电商与扶贫工作的融合，电商特征明显，但根本还是扶贫，电商只是载体而不是目的，最终检验成效的是扶贫效果。同时，电商扶贫也不是一个筐，什么都能往里装，必须要精准到人、到户，体现为实实在在的卖出去、挣回来，让老百姓感受到实惠。

所以，《意见》就明确指出："以贫困县（832 县）、贫困村（12.8 万）和建档立卡贫困户为重点，在当地政府的推动下，引导和鼓励第三方电商企业建立电商服务平台，注重农产品上行，促进商品流通，不断提升贫困人口利用电商创业、就业能力，拓宽贫困地区特色优质农副产品销售渠道和贫困人口增收脱贫渠道，让互联网发展成果惠及更多的贫困地区和贫困人口。"

从这个指导思想就可以看出，电商扶贫要在贫困地区开展，重点在农产品上行、贫困人口创业就业，最终体现在当地农特产品销售和农民增收上。

二、首次提出"三个全覆盖"，电商扶贫版图让人憧憬

距离 2020 年的脱贫攻坚最后期限只有四年多时间了，电商扶贫要做到什么程度，达到什么目标，也需要一个总体谋划，不能当花瓶，做应景，必须要有切切实实的推进路线图。为此，《意见》明确提出，"加快实施电商精准扶贫工程，逐步实现对有条件贫困地区的三重全覆盖：一是对有条件的贫困县实现电子商务进农村综合示范全覆盖；二是对有条件发展电子商务的贫困村实现电商扶贫全覆盖；三是第三方电商平台对有条件的贫困县实现电商扶贫全覆盖。"

这三个"全覆盖"的提出，对 832 个国定贫困县是实实在在的利好，因为这标志着不仅是国家财政支持的电子商务进农村综合示范全覆盖，而且是第三方电商平台全覆盖，并且县下面的村也要全覆盖。当然，也要看贫困地区的电商基础如何，所以文件谨慎地提出要对"有条件"的贫困县全覆盖，而且是逐步实施。

那么"全覆盖"的效果如何体现呢？《意见》提出，"贫困县形成较为完善的电商扶贫行政推进、公共服务、配套政策、网货供应、物流配送、质量标准、产品溯源、人才培养等体系。"这八个体系的形成，也绝非一日之功，需要各方付出艰辛努力。

三、电商扶贫可以行政推动，但更要符合市场经济规律

《意见》对电商扶贫的发展提出了五条原则，但最重要的还是第一条，即："政府引导、市场主导。坚持政府引导、扶持不干预、服务不包揽，充分发挥市场在农村电商资源配置中的决定性作用，培育发展贫困地区电商产业，带动贫困人口就业增收脱贫。"

一方面，我们看到，在已经有起色的电商扶贫试点县中，行政推动是必要的，因为在意识观念、发展基础、电商人才等条件不成熟的时候，只有靠政府的强力推动，迅速补齐短板，才能打开电商扶贫的缺口。

另一方面，我们也要注意，单一的行政推动也容易演化为一种形象工程、政绩工程，生命力不强，特别是一些地方想在短期内大干快上，靠电商扶贫出个经验，拿点考核加分，往往是徒有虚名，甚至劳民伤财。

所以，电商扶贫必须把政府的角色扮演好，准确定位，不能缺位，也不能

越位，真正将电商扶贫扶上马，送一程，在符合市场经济规律的进程中发展壮大。

四、人才始终是核心，今后还需不遗余力

各地电商扶贫面临困难很多，一些困难不尽相同，但总体上都会遇到一个共同的大问题，就是人才瓶颈，懂的人很少，会干的人更少，能干好的人更是可遇而不可求。为此，在前期的试点中，各地普遍把人才当作大问题来抓。《意见》针对性地提出了一个宏大的贫困地区电商人才培训计划，"到2020年完成1000万人次以上电商知识和技能培训，培养100万名以上农村青年电商高端人才，实现每个贫困村至少有1名电商扶贫高级人才，形成一支懂信息技术、会电商经营、能带动脱贫的本土电商扶贫队伍。"这种力度可以说是空前的。

当然，人才不是光靠培训就能出来的，实践才是培养人才的最好方式。所以，《意见》提出，"为符合条件的贫困地区高校毕业生、返乡创业农民工和网络商户等发展电子商务提供创业担保贷款，支持贫困村青年、妇女、残疾人依托电子商务就业创业。"具体要实施农村青年电商培育工程、巾帼脱贫行动、电商助残扶贫行动，分别由共青团中央、全国妇联、中国残联等党的群团组织负责。

五、基础设施短板明显，供给侧改革全面发力

电商扶贫要做起来，面临的现实制约很多，突出表现在：网不通，网速慢，收费高；物流快递不给力，"最后一公里"和"最初一公里"问题没有解决等。《意见》对此提出明确要求，"扎实推进贫困地区道路、互联网、电力、物流等基础设施建设，改善贫困地区电商发展基本条件。到2020年，宽带网络覆盖90%以上的贫困村，80%以上的贫困村有信息服务站。"具体的工作重点：

一是"深入推进电子商务进农村综合示范，重点向国家级贫困县倾斜"，而电子商务进农村综合示范的重点就是加强和改善农村电商基础设施建设。

二是"加强交通运输、商贸、农业、供销、邮政等农村物流基础设施共享衔接，推进县、乡、村三级农村物流配送网络建设，加快贫困地区县城老旧公路客运站改造，推动有条件的贫困村客运场站信息化建设，提升电商小件快运服务能力"，也就是说要整合县以下能用的所有的各部门、各体系资源，综合打造物流快递体系。

三是"推进电信普遍服务试点工作，大力实施信息进村入户工程"，这是继十年前上一轮信息进村入户工程之后的新一轮农村信息工程，但十年前的问题是农民运用不足，而现在是农民需求强烈，可谓供给侧的改革在发力。

六、电商扶贫还在创新，消费扶贫颇有看点

电商扶贫不仅仅是让贫困地区的农特产品上网，还可以与互联网结合得更紧密，预售、众筹、领养、定向采购等都是可行的办法，特别是消费扶贫的兴起，又为电商扶贫打开一个新的窗口。基于电商平台可实现信息便捷沟通与金融支付、物流快递配套服务，在网上通过购买贫困地区特色产品来扶贫是一件既时尚又有意义的事情，一经推出，就引起了社会各方关注。

如何推动消费扶贫健康发展，不至于沦为概念炒作，也不至于出现名不副实现象，需要规范和相关体系建设。《意见》对此专门提出指导性意见。一方面，"以每年扶贫日为时间节点，组织有关电商企业和网络平台，共同举办'邀您一起来网购'等消费扶贫体验活动"；另一方面，"加强贫困地区优质特色农产品、民族手工艺品、休闲农业的宣传推介，鼓励支持电商平台常年开展富有特色的网购活动"。也就是说，消费扶贫可以结合扶贫日集中开展，也可以演化为常态化活动，但核心是优势产品、特色产品，也需要加强网络宣传，塑造地域品牌，让消费者买得情愿，吃得满意。

那么消费扶贫也需要注意一些问题，就是虽然消费者愿意购买贫困地区的农产品，甚至也愿意接受贫困地区农产品在包装、外观上的一些不完美，但并不等于就可以不做上网销售的品控，因为消费者本质上还是在采购正常商品。所以，消费扶贫的兴起，需要贫困地区加速推进供给侧改革，加强源头的农产品基地建设，做好标准化生产，重视产后的贮藏保鲜、包装分拣、品牌设计等环节，提升消费者的体验感，让消费者买得情愿，吃得满意，最终是以商道来行人道。

从2016年发生的贫困地区网上促销事件来看，有几条经验教训必须汲取：一是宣传上有度，不能过度煽情，内含道德压力；不能按一般电商产品过度进行产品包装，这往往造成宣传与实物的感观落差，降低了消费者的体验感。二是组织上有序，绝对不是把东西放上网那么简单，从源头的产品质量控制到中

间的仓储、包装、物流到最后的客户服务与售后等，每一个环节都要有严格的把关，任何一个环节出问题，都会影响整体形象。三是一定要确保真实和精确，不能笼统地说这就是贫困地区的东西，而是要精准到什么乡什么村什么农户生产的，怎么种的，怎么收的，谁最后卖出去的，这个信息必须真实，新疆的维吉达尼团队就是做好了这一点，消费者的信任度明显提升。同时，相关信息最好有政府背书。严禁任何形式的借用消费扶贫营销，确保爱心不受伤害。

七、电商扶贫要走多远，产业基础就要有多厚

电商不是独立于实体经济之外的新兴产业，而是立足于实体经济的转型升级。电商有自己的规律，不是贫困地区的所有农产品都可以上网，也不是所有的东西天然就是好的网货，还需要按照电商的规律来改造贫困地区的产业基础，对产后的加工、贮藏、包装等环节进行改进。所以，《意见》提出，要"制定适应电子商务的农产品质量、分等分级、产品包装、业务规范等标准，推进扶贫产业标准化、规模化、品牌化"。

同时，农产品还有一个不同于一般工业品的重要特征，那就是要用于食用，与人的身体健康甚至生命安全息息相关，不仅外观的标准化要过关，更重要的是内在的品质要让人放心，质量安全与可追溯体系的建立必须跟上，但这一体系的建立需要大量的投入。因此，《意见》也强调，"对农产品质量安全检验检测、产地认证、质量追溯、田头集货、产地预冷、冷藏保鲜、分级包装、冷链物流设施等方面给予支持"。这也是值得关注的新的投资机遇和创业机会。

八、加快电商扶贫进程，加大扶持必不可少

贫困地区电商基础薄弱，发展电商扶贫，前期投入较大。无论是哪一个部门，都难以独自担当贫困地区电商发展的繁重任务，在当地政府的统一领导下，多部门合作、多项目统筹、多资金投入、多力量协同也是各地的成功经验。为了强化对电商扶贫的扶持，《意见》给出了政策指向：

一方面，"贫困县政府可根据当地脱贫攻坚实际，统筹使用各渠道资金支持电商精准扶贫工作，采取以奖代补、政府购买服务等方式，扶持贫困村电商服务站点建设、电商扶贫示范网店建设、特色产业基地建设、电商扶贫人才培养、

县乡村农村物流配送体系、仓储配送中心建设、宣传推广等"。

另一方面，"商务、农业、邮政、供销等各部门资源重点向电商扶贫示范试点地区倾斜"。同时，土地政策、财政金融政策等也要向电商扶贫倾斜，并"整合各级帮扶力量，充分发挥东西部扶贫协作、定点扶贫等挂职干部和第一书记、驻村工作队、大学生村官等人才作用"。

九、加快电商扶贫进程，借鉴现有试点经验

事实上，为了加快推进电商扶贫进程，国务院扶贫办已经在 2015、2016 年连续两年结合国家扶贫日举办了电商扶贫论坛，还专门于 2016 年 9 月在甘肃陇南召开了电商精准扶贫现场会，总结陇南经验，供各地借鉴。

陇南及成县的电商扶贫有"四个一"的突出特点：一把手工程，如县委书记李祥亲力亲为，从在微博上卖核桃开始，成为核桃书记、电商书记，一路推动；更重要的是，市委将其提升为一号工程，市委书记孙雪涛亲自抓，形成各级一把手齐抓共管的局面；一个单品突破，成县初期集中精力于规模最大的农产品——核桃，从一个点上率先突破，其他山货陆续出山；一个载体抢位，充分运用微博、微信等有效载体，从一把手开始，集体上阵，共同发声，在互联网上成功抢位；一套措施跟进，就是把电商扶贫作为系统工程来做，政府推动、社会参与、协会引领、市场推进、金融支撑、媒体助力"六位一体"措施综合推进。

借鉴陇南经验，会让各地的电商扶贫工作有可参照的模板，少走一些弯路。

（作者系共青团陕西省委青年发展部筹备组组长，商务部、国务院扶贫办特邀电商专家）

2

第二篇　理论指导

当前农产品电商的特点与趋势
——基于2016年农产品电商数据的分析

洪 涛

一、2016年中国农产品流通格局的变化

（一）农产品总产量继续增加

我国农业承担着我国 13.83 亿人生存所需的粮食、肉类、蔬菜、水果的绝大部分生产，是关系到国家自立、社会稳定的关键产业。2016 年我国农产品继续大丰收,农产品产量再次超过 20 亿吨，达到 20.28 亿吨,出现粮食"十三连丰"，2016 年达到 61 624 万吨，是第二个高产年。2016 年棉花、油料、糖料、肉类、水产品、蔬菜、水果产量分别为 534 万吨、3 613 万吨、12 299 万吨、8 540 万吨、6 900 万吨、7.6 亿吨、2.6 亿吨，这七种农产品产量均居世界第一。

（二）农产品流通地位越来越重要

与农业"七区二十三带"相适应,在市场与政府双重作用下,逐渐形成了"北粮南运"、"北出南进"、"中粮西运"、"西杂东运"、"南菜北运"、"西果东运"、"南果北运"（中国台湾地区水果进入大陆后北运）、"南糖北运"、"北菜南运"的现代流通渠道。2016 年我国农产品物流总额达到 3.5 万亿元,同比增长 3.9%，已连续 13 年呈现增长态势。然而，我国农产品物流总额占社会物流总额的比重却一直不高，2016 年农产品物流总额占物流总额的比例为 1.5%。

（三）农产品批发市场交易额仍然大幅度攀升

2016 年全国农产品批发市场交易额达 4.7 万亿元，同比增长 8.8%，交易量达 8.5 亿吨，同比增长 5.1%，电子结算交易额同比增长 8.4%。

2016 年我国亿元以上农产品批发市场总数为 1103 家，交易额达到 2.93 万

亿元。深圳农产品市场有限公司 35 个城市 50 个市场（43 个实体市场、7 个网上市场），集体年度交易额达到 1 500 多亿元。2016 年最大市场——北京新发地农产品批发市场的交易额超过 721 亿元人民币（2016 年 606 亿元），交易量超过 1 510 万吨，交易量比上年减少 1.8 万吨，出现首次下降。总体呈现亿元以上农产品交易市场数量减少，交易额增加的趋势。

（四）公益性农产品市场体系进一步发展

至 2016 年底，全国累计建设了 253 个公益性农产品批发市场和 5291 个零售市场，初步形成了覆盖全国主要大中城市的公益性农产品市场体系。

（五）农产品"金三角"的市场体系进一步完善

近年来，我国农产品市场加快升级步伐，我国农产品期货市场、大宗商品交易市场、批发市场、零售市场已形成特有的"金三角"市场体系，目前批发市场成为水果、水产品、肉类等产品分销的主渠道。

（六）大宗商品电子交易市场作用日益显现

在大宗商品交易市场方面，形成广西糖网、中国农产品棉花交易市场、长沙沁坤大宗农产品现货电子交易市场股份有限公司、重庆（荣昌）生猪交易市场、威海国际海洋商品交易中心、有种网等诚信农产品市场体系。

（七）保险＋期货模式创新又有新进展

2015 年大商所推动期货公司和保险公司首创了"保险＋期货"模式，2016 年，大商所在黑龙江、吉林、辽宁、内蒙古和安徽开展了 12 个"保险＋期货"试点项目，包括 9 个玉米试点、3 个大豆试点，共计投保大豆 3.45 万吨、玉米 16.65 万吨，保费总额为 2648 万元。郑州商品交易所也在白糖、棉花品种上开展了"保险＋期货"试点，上海期货交易所也在筹划开展相关试点工作。

二、2016年农产品电商稳步发展

（一）农产品电商体系不断完善

2016 年我国农产品期货交易品种是 21 个，采取网络交易的方式，网络交易额超过 50 万亿元，约占商品期货市场交易总额的 40% 左右。[1]

2016 年我国各类农产品大宗商品交易市场有 488 家，约占整个大宗商品交易市场总量的 39.64%，预计年交易额超过 25 万亿元。[2]

2016 年我国农产品的网络零售交易额达到 2 200 亿元[3]，增长超过 50%。

2016 年我国各类农产品电商园区 200 家，占各类电商园区的 12%，还在呈现快速增长趋势。[4]

2016 年我国生鲜农产品电商交易额达到 1 000 亿元，增长 80%，预计 2018 年将超过 1 500 亿元。[5]

2016 年我国食材农产品电商得到迅速发展，交易额达到 8 000 亿元。2012 年以来，我国 B2B 食材供应平台产生，2014-2015 年食材农产品电商成为一种比较时尚的电商现象。

2016 年商务部夏秋季农产品对接会，促成农产品销售 35 万吨，成交金额为 26.3 亿元。冬季对接会，促成农产品销售 27 万吨，成交金额为 23.8 亿元。[6]

2016 年全国淘宝村达到 1311 个，淘宝镇达到 135 个，年销售额达到 100 万元的淘宝村网店达到 11 000 个。[7]

（二）生鲜农产品溯源试点不断深入

除了商务、工商、质检、税务、银行诚信体系建设加快协同发展外，第三方溯源体系建设加快。如：全国商品可追溯信息查验平台至今已经在 40 多个城市、500 多家企业、2000 多个品种中开展了可追溯第三方服务，2016 年将可追溯信息查验业务延伸到微商领域，在微商行业进行了企业诚信认证、员工诚信认证、产品可追溯认证，传统行业通过微商渠道成功转型，很多滞销的农特

---

1 根据 2017 年中国证监会网站资料整理。

2 资料来源为中物联大宗商品市场流通分会《2016 年中国大宗商品电子类交易市场概况》：1231 家平台，交易规模超过 30 万亿，其中，农产品（种植）类市场 351 家、畜禽产品类市场（含肉类、禽蛋、草业等）43 家、林产品类市场（含木材、纸浆等）39 家、酒类产品市场 34 家、渔产品类市场 21 家，合计 488 家。

3 董峻 .2016 年全国农产品网络零售交易额猛增近五成 [N]. 中国政府网，2016-12-19-16:12.

4 洪涛，洪勇 .2016 年中国农产品电子商务发展报告 [M]. 北京：经济管理出版社，2016.

5 洪涛，洪勇 .2016 年中国农产品电子商务发展报告 [M]. 北京：经济管理出版社，2016.

6 商务部电子商务与信息化司王中波处长提供数据。

7 阿里研究院 .2016 淘宝村发展报告 [R]，2017.

产品通过微商赢得了市场。微商不仅拉近了人与人之间的距离，更是让众多企业摆脱了传统渠道销售力不足的困扰。全国商品可追溯信息查验平台促进微商企业严格执行国家相关标准，规范和约束企业市场行为。通过审核的微商产品将有"全国商品可追溯信息查验标识"，让消费者方便查询了解商品详细信息和商家的真实信息，放心消费，培养消费者忠诚度，打造微商诚信平台。

2009-2016 年全国淘宝村、淘宝镇情况

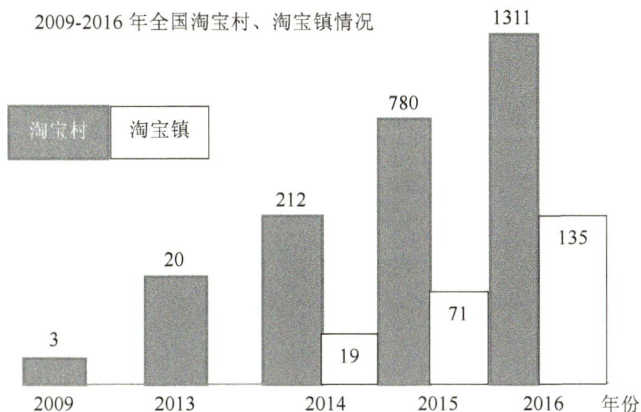

（三）2016 年食材交易及食材电商得到迅速发展

据统计，交易额达到 8000 亿元，各地先后举办了 2016 年中国食材电商节（武汉）、2016 年中国（西部）餐饮业务采购大会暨中国（成都）食材电商节，2017 年第五届食材电商节、首届中国生鲜农产品冷链服务创新大会暨西部食材供应链金融论坛相继举办。

三、2016年农产品市场与电商特点

（一）农产品市场与电商政策密集出台

2015 年我国多项政策密集出台，包括中央 1 号文件、各部办委局文件，不包括省、市、自治区的文件就有 75 个。2016 年出台的中央 1 号文件、各部办委局政策文件有 40 多个。2016 年商务部牵头出台了《我国电子商务"十三五"发展规划》，规划提出了"十三五"电子商务交易额要达到 43 万亿元，网络零售 10 万亿元，解决就业 5000 万人。在这里隐含着第四个数字，就是 43 万亿

元减去 10 万亿元，即是 B2B 规模 33 万亿元。另外提出了五大任务、四个方面的工作和保障措施。商务部还颁布了《国内贸易流通标准化建设"十三五"规划》等。农业部出台的《全国农产品加工业与农村一二三产业融合发展规划（2016-2020 年）》提出新的目标，即到 2020 年农产品电子商务交易额将达到 8000 亿元，年均增长保持在 40% 左右。电商扶贫工程加速向前推进。

（二）商务部推出农商互联新模式

2016 年 10 月，商务部等部门联合启动农商对接活动，农商互联是对以往农批对接、农超对接等农产品流通模式的继承和发展，也是对传统农产品流通渠道的重要补充，是电子商务发展延伸到农产品流通领域的产物，有数字化、网络化、智能化的基因，是农产品流通的一种变革，将带来农产品流通方式的一次新飞跃。农商互联关键是联，是一种覆盖农产品生产与流通全链条，线上与线下全渠道，商流、物流、信息流全要素的全面融合互联。主要内容是"联产品、联设施、联标准、联数据、联市场"，打造以电商为纽带的新型农产品供应链，探索农产品电子商务发展系统性解决方案。

（三）"六大电商主题 +"进入农村。

2016 年我国"六大主体 +"进入农村，即阿里、京东、苏宁（苏宁易购）、供销 E 家、邮政、电信，还有乐村淘、赶街、沁坤、广西糖网、一亩田、我买网、717 商城、贵农网、农芯乐、家边购等电商企业进入农村，农村电商迅速由蓝海变成了红海。

但是它改变了 2015 年"两超 + 多强 + 小众"的寡头市场结构，2015 年两个超级电商企业大京东、阿里占 80% 多的市场份额，但是现在整个格局在发生变化，特别是以供销 E 家为代表的国家队进入了这个领域。

（四）设立农村电商综合示范点探索不同的模式

自 2014 年以来，（1）商务部、财政部电商进农村综合示范县总数达到了 496 个；（2）农业部、财政部信息化进农村示范，到 2017 年扩大到 1% 以上的县，2020 年要基本上覆盖所有的县和行政村；（3）国务院扶贫办的电商精准扶贫的示范；（4）国家建设部的美丽乡村，包括美丽电商的乡村建设的示范；（5）国家工商总局的网络监管与服务示范，在上海长宁区、江苏宿迁（2017 年

1月11日挂牌）建设了网络监管与市场示范区；（5）各地也推出一些示范县、乡镇、企业等模式，如陕西省等。

（五）农产品品牌电商形成共识

农产品电商品牌包括公共区域品牌、企业品牌、产品品牌等，且都形成了共识，2016年农产品品牌电商有7个特点：（1）农产品品牌战略成为国家战略；（2）农产品品牌成为消费升级的重要内容；（3）农产品品牌扶贫成为扶贫新模式；（4）品牌知识产权成为区域品牌发展依据；（5）品牌维权进入法治化新时代；（6）第三方品牌服务成为农业社会化服务重要内容；（7）"三品一标"成为品牌电商的重要内容。2016年国务院办公厅先后出台《贯彻实施质量发展纲要2016年行动计划》《关于发挥品牌引领作用推动供需结构升级的意见》。

（六）O2O 模式进一步深化

阿里提出了"五新一平"，"五新"：新零售、新制造、新技术、新金融、新能源。"一平"：好的营商平台。农村淘宝3.0战略（如生态服务中心建设、创业孵化中心建设、公益文化中心建设）稳步推进。

苏宁提出"一体两翼三云四端"的模式，苏宁已经形成"三化目标"、"三云服务"和"五当模式"为一体的农村电商战略。

京东的3F下乡战略。京东凭借工业品进农村（Factory to Country）、农村金融（Finance to Country）、生鲜电商（Farm to Table）组成的"3F战略"持续扩张。另外还有一些实体企业和电商企业上网或者下网相互联动。

邮政系统加快推进农村电商进程，累计建成邮乐购站点33.8万个，实现交易额同比增长458.5%。

（七）中西部农产品电商增速超过东部

截至2016年10月，全国信息进农户试点工程已覆盖116个县2.4万户，中西部地区的农产品电子商务呈现跨越发展，增速已超过东部沿海地区，形成了覆盖干货、加工品、休闲农产品全种类的产业格局。

（八）一批农产品电商亏损和倒闭

2016年倒闭的农产品电商有美味七七、青年菜君、蜜淘网、天天果园（线下店关闭）、果食帮、壹桌网等。特别是美味七七倒闭的影响较大，主要原因有两个方面：一个是外部原因，农产品电商的营销环节混乱；另一个是内部原因，农产品电商模式存在缺陷。同时兼并重组成为一个亮点，如2016年10月28日卓尔集团同深圳市中农网股份有限公司（下称中农网）签署协议，以26亿港币收购中农网60.49%股权，成为中农网的控股股东。

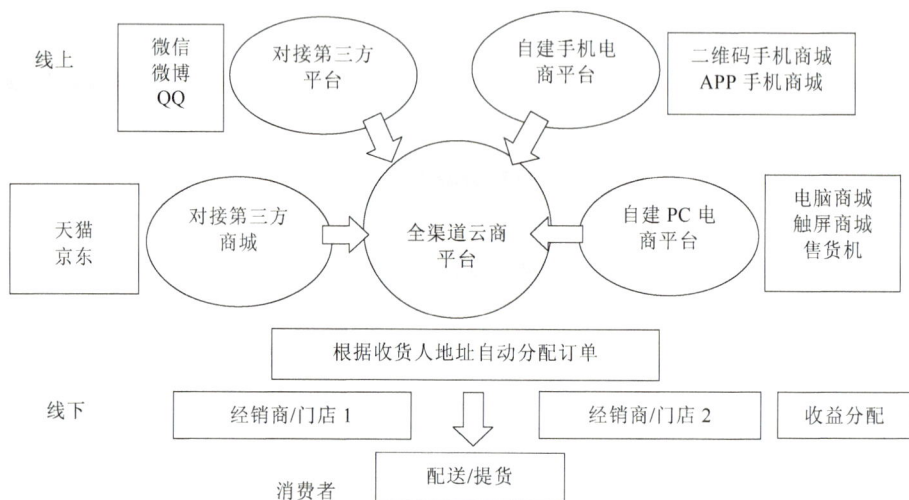

（九）农产品电商的人才培养模式多样

既有商务部国际电子商务中心的培养模式，另外还有半汤模式，不到三十天的时间半汤商学院开业，不到一个月就招生，开展各种各样的农村电商县长培训，还开展了多种咨询活动。还有点石模式，点石电子商务有限公司开业和运营。此外，宁波大红鹰商学院是我国大宗商品市场人才的培养模式，是我国第一个大宗商品交易市场的特色学院。还有政府的以会代训、行业协会培训模式，阿里、京东、苏宁、供销E家、乐村淘、沁坤等培训模式。2016年各种类型的培训模式培养了大量的农村电商人才。

四、2017年农产品市场与电商趋势与展望

（一）政府出台各类"促进发展与加强监管"政策的趋势

因为我国农产品市场和电商进入到一个"发展期"，在发展时期需要促进

发展和规范监管并重，在"引入期"以培育为主，在"成长期"以促进发展为主，现在农产品市场和电商进入到一个新的阶段。

一是2017年的中共中央国务院出台1号文件，首次将农村电商作为一个条目单独列出来，9条建议大致勾勒出了农村电商行业发展的未来方向：

"促进新型农业经营主体、加工流通企业与电商企业全面对接融合，推动线上线下互动发展；加快建立健全适应农产品电商发展的标准体系；支持农产品电商平台和乡村电商服务站点建设；推动商贸、供销、邮政、电商互联互通，加强从村到乡镇的物流体系建设，实施快递下乡工程；深入实施电子商务进农村综合示范；鼓励地方规范发展电商产业园，聚集品牌推广、物流集散、人才培养、技术支持、质量安全等功能服务；全面实施信息进村入户工程，开展整省推进示范；完善全国农产品流通骨干网络，加快构建公益性农产品市场体系，加强农产品产地预冷等冷链物流基础设施网络建设，完善鲜活农产品直供直销体系；推进"互联网＋"现代农业行动。"

二是中央各政府主管部门出台相应的促进发展与加强监管的政策，如：（1）商务部、中央网信办、国家发改委联合颁布《电子商务"十三五"发展规划纲要》；（2）2017年1月，国家发改委办公厅、中央网信办秘书局、商务部办公厅联合颁布《促进电子商务发展部际综合协调工作组工作制度及三年行动计划出台》，30余部委2016-2018年将展开分工，这里再次提到了农村电商的问题，坚持精准扶贫、精准脱贫的方针，以贫困县、贫困村和建档立库贫困户为重点，开展电商扶贫；（3）2017年1月9日，清理整顿各类交易场所部际联席会议第三次会议召开，决定对各类交易场所进行清理整顿"回头看"；（4）2017年1月11日国家工商总局出台《网络购买商品七日无理由退货暂行办法》，2017年"3·15国际消费者权益日"实施，非常清晰地表明会加强管理；（5）网络监管与示范发力，国家工商行政管理总局加强网络监管与服务示范区建设，在2016年上海长宁区网络监管与市场服务示范区建设的基础上，2017年1月11日，江苏宿迁又正式启动网络监管与市场服务示范区建设。

（二）农产品市场与电商生态圈、生态链发展趋势

农村电商逐渐形成相应的生态圈、生态链的发展态势，通过计算机、互联

网、移动网、大数据、云计算、区块链、人机互动等现代新技术，将网站、平台与农业的产前、产中、产后联系起来，形成以平台和网站为中心的基地＋农户＋合作组织＋厂商＋农户的网上网下相互联动的生态圈、生态链关系，电商服务中心、电商园区、农户、合作社、加工企业、物流配送企业、金融保险机构等形成一个有机的联系。

（三）农产品市场与电商"中心化"趋势

农村电商以谁为核心，不是"下行"，而是"上行"，农产品上行是农村电商的"牛鼻子"，只有把它做好了，以农产品电商为中心，我国农村电商才能可持续地发展。总结各地的经验，我们发现，农村电商做得好的地区，都是以农产品电商为核心的，如农产品电商＋旅游、农产品电商＋农资、农产品电商＋日用品、农产品电商＋再生资源、农产品电商＋食品安全、农产品电商＋餐饮、农产品电商＋休闲观光＋娱乐等，只有这样才能做好农村电商，这已成为一个大趋势。

（四）农商互动模式的趋势

2016 年商务部、发改委、国家标准委等联合启动"农商互动"模式创新，其主要内容是"联产品、联设施、联标准、联数据、联市场"，2017 年各地将深化这一模式。商务部将农产品流通重点归纳为 4 个方面，其中农商互联是其重要内容：

一是积极构建公益性农产品市场体系，统筹规划公益性农产品市场体系建设，高度重视公益功能机制建设，切实加快试点工作进度。

二是加快推进冷链物流发展资金项目，今年将突出冷链标准化和信息化建设，重点支持 10 个省市发展冷链物流。

三是深入开展农商互联工作，围绕联产品、联设施、联信息、联标准、联市场解决好怎么联的问题，还要完善农商互联地理信息平台。

四是不断完善标准体系，积极推进农产品冷链流通标准化试点示范工作，着力建设适应电商发展的农产品标准体系。

（五）农产品市场与电商模式的多样化趋势

农业电子商务根据农业的产前、产中、产后发展多种类型的电子商务，来完成各种各样的系列服务，如果农业电商和农业"两张皮"，肯定不能持续发展，这就要求围绕农业产前、产中、产后建立农业的电商体系。

（六）因地制宜进行农产品市场与电商的顶层设计

所谓县域电商的顶层设计是指根据县域的具体情况，借用现有成熟的平台与网站发展县域电商，引进全国各地电商的人财物资源，培育本土化的电商企业，促进县域电商科学有序地发展。

根据我国《电子商务发展十三五规划》等各类中央精神，我国未来5年农村电商发展归纳起来有10个趋势：标准化趋势、规模化趋势、多功能趋势、品牌化趋势、全渠道趋势、国际化趋势、智能化趋势、体系化趋势、社区化趋势和法制化趋势。

（作者系北京工商大学经济学院教授）

参考文献：

[1] 国家统计局. 2016中国商品交易市场统计年览，2016年9月.

[2] 中国物联大宗商品市场流通分会. 2016年大宗商品交易市场统计报告.

[3] 商务部. 全国累计建设253个公益性农产品批发市场[EB/OL],商务部网站，2017-03-04.

[4] 洪涛，洪勇. 2016年中国农产品电子商务发展报告，中国财富出版社，2017.

农产品上行需要过五关斩六将

魏延安

农产品上行是目前农村电商的一个焦点问题，也是难点问题，特别是 2017 年 4 月中央电视台《焦点访谈》节目连续三期讨论这一话题后，各方关注度进一步升温。目前来看，虽然各方讨论很多，政府、农民心情也很迫切，电商也在积极想办法，但依然没有达到预期的效果。究其原因，很重要的一点是，农产品生产和电商交易是两个目前差距比较大的体系，暂时还无法完全并轨。形象地讲，就是农业还在 19 世纪，而我们的电商已经率先进入 21 世纪，两者难以牵手。因为，目前的电商体系是为工业品而搭建的，农产品只是借助了工业品电商的通道，如果完全按工业品的标准来要求农产品，农产品肯定受不了，具体就表现为标准化缺失、包装储藏落后、冷链设施不全等。

由此也就可以看到，农产品电商问题，根子在源头的产业体系无法适应。目前的工作，如果仅仅把上行问题重点放在流通环节上，则忽略了产业链这个根本性问题。再用一个不一定恰当的比喻来说，商务局长的脑袋其实是长在农业局长的脖子上的，如果农业不给力，农产品电商也很难突破。想要做好农产品电商，必先实现农产品的互联网化，加快推进互联网＋农业。

要有效实现农产品的上行，涉及供应链、产业链、价值链的多个环节，完全打通就像关云长出征一样，需要"过五关斩六将"，逐一破解前进道路上的限制因素和瓶颈。

一、农产品上行要过的第一关，是标准化问题

目前如果要在电商上大规模销售农产品，标准是一个前置性问题，它包括三个方面：

第一个方面是外观标准化。过去的农产品是大堆卖，一五一十拉走，然后

把外观标准化的问题交给了终端零售商，由他们进行大小分级、颜色分类，然后按不同的价格出售。那么现在搞电商，就要把这一个环节前置，在田间地头完成分级，至少要做到大小分开、颜色分开、品种分开、成熟度分开等。只有这样，才能让消费者拿到农产品的第一刻有良好的体验感。

第二个方面是品质标准化。不能再一味地用一些噱头来做产品的宣传，什么"酸酸甜甜真可口，让你想起美好的初恋"，"熟得像你老婆，甜得像你情人"等，不仅庸俗，而且无法让消费者对农产品真实状况进行准确的了解。从目前的趋势来看，一些进口或者高端的水果，已经开始用数字来说话，他们会告诉你，这一批水果的含糖量是百分之多少到多少，酸度大概是多少，其他主要的指标还有什么等。同时，你需要的话，可以用附送的速测仪来进行检测。今天的营销，简单粗暴是不行的，需要精细起来，农产品亟需补上这一课。

第三个方面是生产标准化。一方面要实现以标准的生产来推动外观及品质的标准化；另外一方面，要顺应电商和消费者的需求，倒推产业转型，形成新的生产标准，与市场需求同步。特别应该注意的是，目前由农业部门制定了许多生产性标准，基本是从生产角度出发的，现在应该按照市场的角度进行修订，与电商的要求相衔接。

二、农产品上行要过的第二关，是安全问题

目前，国民对我国自产的农产品安全问题一直抱有不信任，每过一段时间总有农产品不安全的谣言在网上传播，诸如草莓打避孕药，苹果表面有工业石蜡，还有最近传播的海带是塑料做的，等等。这些没有任何科学依据的假新闻，却能堂而皇之地传播，充分说明，消费者对农产品质量安全问题的信任薄如纸片，脆如玻璃，建立农产品质量的安全信任体系可谓任重道远。

建立适应电商的安全信任体系，需要借助电商平台，打通消费者和生产者直接沟通的有效信息通道，建立有效的农产品质量可追溯体系。由于现在二维码技术已经高度成熟，相关追溯体系也日趋完善，又有了智能手机这个最便捷的载体，只需要对一个二维码轻轻扫过去，就能到追溯到是什么地方产的，哪个农户来种植的，在生长过程中喷了什么药用了什么肥，最终的检测合不合格，能不能放心吃等；如果有问题，可以去找谁。

在农产品安全信任问题上，要避免走入以认证博取信任的误区。一些农产品为了证明自己的品质，已经连中国的有机认证都不做了，而改用各类的美国、欧盟有机认证来吸引消费者，甚至用假的认证来忽悠消费者，这些都是不可取的，也无法获得消费者的内心认同。目前最需要的是信息对称，心理信任，而且需要一个过程。消费者可能说，我不苛求你是美国的有机产品，我只希望你用的药、你施的肥，不要危害我的健康即可，这是国人目前并不太高的要求，却常常难以得到满足，或者说心理上感觉难以信任。

所以，农产品安全问题要从实话实说开始，有图有真相，重塑农产品质量体系，以建立生产者与消费者之间的信任为基础，徐徐推进更深入的质量追溯体系建设。

三、农产品上行要过的第三关，是品牌问题

随着农村电商的深入推进，大量的农产品上网，同质化竞争日趋激烈。如何在同质竞争中取得差异化的营销效果，品牌是最终制胜的法宝。近些年，我们的政府和企业，都高度重视农产品品牌问题，也出现了像西湖龙井、阳澄湖大闸蟹、洛川苹果等为天下所广泛传播的农产品地域品牌，农产品品牌化取得了阶段性成果。但是应该看到，农产品品牌的问题复杂性在于，一方面要由政府牵头打造的地域公共品牌来做基础，另一方面又需要大量的企业为主体，以市场品牌托举地域公共品牌，缺一不可。

对于农产品上行而言，大多数地方首先要解决没有品牌的问题。从地理标志、区域保护产品等做起，把一个地方的产品知名度先做起来。当然，也要注意，不能把申请一个地理标志产品就当作培养了一个地域公共品牌，两者还有质的差异。申请地标产品，只是地域公共品牌的基础，后面还有复杂的品牌标准建立、品牌标识确定、品牌规划制订、品牌推广宣传、品牌授权管理等一系列很复杂的问题，否则还是"养在深闺人未知"。

但如果只注重地域公共品牌的打造，就会出现假冒伪劣产品层出不穷的问题。像网上报道的阳澄湖大闸蟹产量只有 8000 吨左右，可是市场流通有 7 万吨之多，出现了"洗澡蟹"；五常大米产量只有 110 万吨，可在全国流通的超过 1000 万吨；陕西洛川县的苹果产量只有 60 万吨左右，可是市场上流通的不

知道有多少万吨。这种情况的出现，主要原因是，地域公共品牌的名气大了，值钱了，不管是不是这里产的，都来借用这个品牌，鱼龙混杂，泥沙俱下，让消费者雾里看花，难以辨别。

所以，必须适应消费者的需要，按照市场的逻辑建立农产品地域公共品牌和企业市场品牌双品牌机制，主动地培养、推广一批靠谱的企业，把他们的品牌推向市场，只有他们长大了，地域公共品牌才能受益。这方面最成功的案例就是新西兰的猕猴桃产业，统一打包在"佳沛"这个品牌下来运营，并起了一个好听的名字"奇异果"。现在需要给县长们一个任务，那就是以后再宣传本县农产品的时候，不能光说自己县什么什么农产品好，还要说什么企业什么牌子的农产品才正宗，这是推广农产品品牌的正确姿势。

四、农产品上行要过的第四关，是渠道问题

现在出现的误区是过于关注网络零售，一说农产品上网就是上淘宝。现在几乎每个县与阿里巴巴合作都要搞上行，都要淘宝给流量，一年 365 天，一天推一个县，全国 2800 个县级行政区需要几年才能轮到一次，这不是给马云出难题吗？再拿数据看，2016 年中国电商交易总额约 26 万亿元，网络零售规模总共只有 5.16 万亿元，只占不到 20%，实物交易更只有 4.19 万亿元，只有 15% 多一点；再算到淘宝头上，只占整个交易的百分之几；而在淘宝交易商品中，农产品电商规模又不足 1000 亿元，在如此狭窄的空间寻求农产品上行的突破，何其难也！一些专家批评，电商下乡，只让农民买，不给农民卖，问题是，农产品流通规模高达 4 万亿元，零售电商平台能否承担起这样的历史重任？

有的县，感觉阿里巴巴是第三方平台，京东是自营电商，卖货可能更给力一些，又纷纷找京东，希望借助京东的力量让本地的农产品尽快实现上行，而京东的交易总体量不到阿里巴巴的四分之一，电子及家电又占了其中一多半，农产品还属于新兴拓展业务，比起阿里巴巴的农产品电商规模又少了一大截，目前只能是个别县的点上突破，大多数县的面上突破还有待时日。苏宁的体量又比京东更小，农产品交易份额更少。

所以，要放开视野，农产品不仅可以在网上零售，还可以做网上批发，还可以做跨境电商，更有大量的农产品可以实现 O2O（线上线下结合），甚至走

传统的线下渠道也可以，必须在农产品上网的通道上打开思路。如果是大宗的粮油、蔬菜和水果，还是找一亩田、中农网、农融网等网上农产品批发平台好一些，信息撮合可能更重要；如果是区域特色农产品，则阿里巴巴、京东等平台多个窗口拓展销售渠道也未尝不可，本来生活、天天果园等垂直生鲜电商也有需要，1688、美菜、链农等小型 B2B 平台也可以考虑；而对于那些非常有地域特色的小众产品，可能农特微商就能卖得掉。

特别是农特微商，也不可小视，目前的农产品交易额也在数百个亿之多，而且增长很快，像黄桃罐头就是一个在微商上暴发的典型产品，然后电商与传统商超市场才及时跟进。有赞、有量等微商平台，还有后来出现的拼多多等社交电商平台，都对农产品越来越重视，与其合作，选取一些网红微商共同推，对于一些特色鲜明的地方特产未尝不是一种可以考虑的渠道。

五、农产品上行要过的第五关，是协作问题

农产品上行是一个复杂的系统工程，不是单靠哪个地方政府就可以实现，也不是一两个平台几个企业就能干起来，必须从供应链到产业链直到价值链全面打通。在实现上行的过程中，一定要分工协作，电商企业怎么办，合作社怎么办，龙头企业怎么办，平台怎么办，政府怎么办等问题，需要明确的分工。

对于政府而言，可以主导上行，但不能包办，当然也包办不了，重点在出政策，补短板，降成本，扶持市场主体，政府中的商务、农业、工商、质检、食药监等部门要密切配合，开通农产品上行的"绿色通道"，一些按传统市场监管的老办法来监管电商的做法尤其要慎重。

对于平台而言，应该积极开放，将农产品上行作为电商"火箭"的"二级发动机"来对待，拓展类目，多给流量，完善供应链体系。特别是在一些贫困地区，电商要素不齐，相关配套缺失，电商平台不应该是抱怨，而应该是拓荒，带着电商服务商和电商龙头企业一起下去，从源头开始改造，打通农产品上行的"任督二脉"。

对于传统企业、合作社、家庭农场等农业经营主体而言，应积极拥抱互联网，加大农业转型升级力度，能自主搞电商的可以积极入驻电商平台，感觉有难度的可以做电商的供应商，按电商要求生产适销对路产品。从各地的实践看，

对传统生产主体而言，最难转变的是思维，从线下批发变成网络零售，怕麻烦，也嫌消费者挑毛病太多。但只要适应了，相应调整生产，效果也是明显的。

对于近年来大量出现的新农人、电商创业者甚至是想在网上试试身手的普通农民而言，可以借助电商平台、微商渠道等，尝试将农产品搬到网上，拓展销售空间，但需要注意，要从建立城乡互信开始，做良心生产，诚信买卖，并按照消费者的反馈，不断改进生产、包装、物流等环节，逐渐适应互联网的节奏。

总之，对农产品上行的复杂性、系统性应有充分认识，对其推进过程也应该有足够的耐心和细心，最终通过各方的协同努力，实现农产品上行的突破。

（作者系共青团陕西省委青年发展部筹备组组长，商务部、国务院扶贫办特邀电商专家）

农产品上行的反思与策略调整

潘东明

农产品电商到底难在哪？我们以县域农产品为基础，经历 6 年的探索，通过互联网做过特产、干货、特色食品等，也做过土猪肉、鸡、鱼、百合、红提等生鲜电商。复盘来看，虽然踩过不少坑，却也打造不少经典案例，并且近几年持继保持盈利。关于农产品电商，我们是怎么做，怎么想的，分享点思考与做法。

为什么很多人做农产品电商不成功？在我看来，首先还是思维上的问题。先说两个错位现象，一在供应端：懂农业的不懂互联网，懂互联网的不懂农业。二在消费端：买菜的不是上网主体，上网主体不是买菜的。

今天做农产品电商的，很多是做淘宝、京东的，这批人最大的问题是，带着做工业品（标品）的思维做农产品（非标品）。另外一批过去是做农业的，今天转到互联网来，这批人最大的问题不是想得过于简单，就是想得过于复杂，缺乏对互联网的认知，有不少人认为农产品电商就是从线下搬到线上。

用做工业品思维做农产品，不只是卖家现象，更出现在平台。这几年，如淘宝、京东、苏宁、一号店都做过类似特产馆这样的农产品频道，当然还有不少农产品类垂直平台，都算不上成功，原因是什么？

在我看来，最大的原因还是路径依赖——过去做服装、家电、3C 是这样成功的，那么这样做农业也会成功。而忽略了标品（工业品）与非标品（农业）的本质性差异。思维跳不出来，就注定各种碰壁与困惑。农产品电商，与工业品电商到底有哪些差异，下面列举几个我觉得最大的不同点。

一、信任高于一切

不是买不起，而是不信任，这是今天作为农产品消费者很大的心理原因。换句话说，非标品相对工业品，最难在于建立信任，做农产品做到最后就是做信任。

农产品不同于服装、家电、3C，可以做到规格、造型、质量上统一。就比如一个橙子，即使出自同一个产地，同一个品牌，同一个农户也做不到真正的统一。

这种非标品属性最容易造成不信任——因为你所描述的东西和我网上看到的、想象的不相符，这就会造成不满意，不信任。

所以，做农产品电商，先别说你手头上产品有多好，而是先思考凭什么让人家相信是好产品。

那我们如何做信任？后面再回答。

二、本地化思维

农产品，尤其是生鲜，其生命周期与地理属性是很明显的，这一点也很不同于工业品。农产品一年大多只产一两次，与季节相关，而产量不像工业品一样，可以加班加点做多一点出来；还有，农产品的保质期属性特别明显。基本都是越新鲜质量越好，越放得久各种成本损耗越大；其三，大多农产品有明显的"地理"属性。湖南、四川人爱辣椒，江浙沿海人喜海鲜，一方水土养一方人，农产品的地理属性很强。所以，"吃在本地，吃在本季"是农产品，特别是生鲜消费很重要的属性。

基于这个属性，我对做农产品，尤其是生鲜电商的人建议是：千万不要一开始就想买全国卖全国，先就近原则，本地化思维，从一个县，一个城市做起，逐步扩大销售半径。

三、供应链为王

2011年进入农产品电商，我们很快发现，当前的县域农业实际上缺的并不是产品，而是缺商品、品牌，缺市场化与供应链管理能力。换句话说，对于很多县域来说，首先应该解决的不是销售问题，而是市场与供应链管理问题。

我们很快认识到，做农产品，实际上很难在产品本身做出多大的差异来，白菜与白菜，苹果与苹果之间到底有多大的好坏差异，每个人并没有绝对认知标准。

但好的供应链与差的供应链却千差万别，标准、保鲜、分捡、配送、成本控制等能力完全可以做到不同。而市场最终选择的最大权重，往往不是你的产品，而是你的供应链管理能力。而且做农产品的利润往往不在产品本身，而是在供应链上的科学管理。

当然，农产品与工业品的特点差异远不止这些，比如说农产品的"大小错配"，即大市场与小供给的矛盾特点。以及分散、碎片化的小户，小农经济与大市场的矛盾等问题。

要做好农产品电商，需要对这些行业属性、特点有一定的认知。

也基于这些认知，如何为农产品电商建立信任体系，如何服务与利用本地化，以及如何提高农产品供应链管理能力，在2011年，我们就开始在这方面进行调整与发力。包括以下这些方面：

（1）公司（浙江遂网）定位做了调整，从自我封闭的销售型企业转成开放生态的区域电商公共服务平台。为本地农业组织、从业者提供诸如包装、文案、摄影、培训、市场活动等专业支持与赋能。创建了今天县域电商公共服务中心的原型。

（2）从卖产品转到供应链服务，提供诸如标准、溯源、分拣、包装、配送等公共服务，同时强化整个团队供应链管理意识与能力。

（3）建立了集仓储与展示为一体的"麦特龙"O2O线下公共服务中心。

（4）推出了基于供应链管理的"耕谷"公共品牌，以及联合淘宝制定了"B2B2C"等平台品控模式与标准。

在传播与造势上，我们曾邀请微博上百名大咖实地体验，考察农业，举办相关的峰会论坛，以及借势《舌尖上的中国》等节目进行热点营销，尝试众筹、抢先购等各种模式，造出非常好的营销氛围，也是形成今天厚积薄发的基础。

今天，随着移动互联网的崛起，对于农产品电商的未来，我们正在做更多的思考与探索，并缔造了如"县长高山大米众筹"、"168元一根的遂昌长粽"等火爆案例。而这一切都还刚刚开始。

对于农产品电商来说，可以预见的是，新的人口红利期即将到来，当80后成为厨房食品的主要采购者时，农产品电商的用户需求等级将以十倍数增长。以及在这一轮以移动互联网逻辑，以去中心化为前提，在社交、共享的新互联网时代下，一定会诞生更先进的模式。

（作者系赶街网创始人、CEO）

农产品上行途径多元化，需正确认识和利用

李建华

发展农村电商的核心在于农产品上行，随着农村电子商务的发展，农产品销售突破了过去传统的渠道，农产品上行的途径呈现"多元化"趋势，既有B2B、B2C、C2C、O2O、C2B等模式的电子商务平台，又有社交电商等新兴的业态和模式，呈现"全网、多屏、跨平台"的特征。但是农产品上行一定要对农产品的品种、品类、消费人群进行归纳和分析，选择适合的渠道，才能寻求到农产品上行解决之道。

一、电商平台

电子商务平台在农产品上行中扮演着重要的角色，"赋能"县域的创业者、种植户、农民合作社和中小微企业，增加他们与大企业竞争的可能性。目前，我国围绕农产品上行的电子商务平台有以下几种。

（一）B2B 电商平台。

B2B 是"互联网＋"在农业领域进行突破和实践的重要运营模式，主要适合于大宗农产品交易。举个形象的例子，好比农产品"网上批发"市场一样，具有规模大，机会多，供应链上、中、下游业务区隔明显等特点，成为未来发展的重心。主要平台有一亩田、中农网、美菜等 B2B 电商平台。

如一亩田，国内最大的 B2B 农产品电商平台，一端服务批发商和采购商，一端服务农民和产地，通过移动互联网、大数据和智能算法开展线上线下的交易撮合服务，帮助产地农民实现农产品产销对接，缓解农产品卖难和卖价低等传统难题。

但遗憾的是，很多地方政府不了解 B2B 交易模式，加上 B2B 本身以信息撮合为主，不针对 C 端消费者，不好统计交易额，一般是业内比较关注，但随

着电子商务的深入发展，这些 B2B 平台正在逐渐引起地方政府的关注。

（二）B2C 电商平台。

1. 综合性的 B2C 电商平台

以阿里、京东为主，这两个"超级巨头"在农村的布局初步形成，也是地方政府合作的两大平台。除了在平台上设立"地方特色馆"外，还将渠道下沉，阿里巴巴千县万村（村淘）计划，在三至五年内投资 100 亿元，建立 1000 个县级运营中心和 10 万个村级服务站。2016 年，全国淘宝村达到 1311 个，淘宝镇达到 135 个；京东推出"一村一品一店"模式，在全国开设县级服务中心 1500 多家，开设京东帮服务店 1500 家，服务范围覆盖 42 万个村庄。

阿里和京东在农产品上行方面扮演着重要的角色，有着天然的流量优势和较低的边际成本，比较适合深加工农产品、苹果、脐橙等易保存和运输农产品销售。但是农产品上行的诸多困难因素难以在短时间内解决，如农产品的商品化、品牌化、标准化等，不可能在短时间内解决。由于两大巨头一开始是以"城市电商"的思维来运作"农村电商"的，会有一定的过渡期、调整期，也需要找到盈利模式。

我们要正确认识阿里、京东在农村电商方面的作用，毕竟农产品上行的关键还在于当地农业产业基础，特别是农产品深加工的产业基础。

2. 农村电商国家队"雏形"初现

中华全国供销合作总社的"供销 e 家"（2016 年，"供销 e 家"重点打造 200 个县级运营中心和 4 万个村级综合服务网点），中国邮政旗下的邮乐购（站点累计达到 27.9 万处，交易额达 435.8 亿元），中国电信的 114MAIL 都在布局农村电商。这些平台都在致力于农产品的上行，探寻解决方案。

电商国家队的口碑和信誉自然不用多讲，资金实力也没有问题，唯一担心的是对市场的敏锐度、反应能力和决策能力，毕竟电子商务是高度市场化的产物，如果"行政化"色彩过浓，会错失很多良机，真心希望电商国家队成为国企改革的样板和典范。

3. 专注于农村电商的电商平台

近几年来，专注于农产品上行的平台如雨后春笋，据《2014—2015 中国农产品电子商务发展报告》，涉农交易类电商有 4000 家，形成了"两超、多强、小众"的市场格局，除阿里、京东组成的"两超"占据了主要份额外，还有顺丰（顺丰大当家）、中通（中通优选）等物流企业跨界融合的电商平台，又有"本来生活"网等专注于食品的平台，也有乐村淘等逐步布局全国的农村电商平台；但是盈利的只有 1%。从事互联网的不懂三农，不懂得农业的生产规律和行业属性成为制约农产品电商平台发展的主要瓶颈，但是随着探索的深化，这些平台一定能够找到自己的盈利模式。

4. 区域性电商平台

农产品上行并非要卖到全国，也有消费半径和销售半径，本地特色的"三品一标"，在本区域内销售，或者辐射本区域外、省内和附近省市都可以。可以提升物流速度和客户体验感，如浙江的丽水山耕，辐射浙江和上海，反而走出差异化和特色化的路子，值得关注。国家电子商务"十三五"规划提出，积极培育区域性电商平台。可见区域性电商平台对于消化本区域的农产品更具意义，毕竟农产品的生产和消费也有区域性。所以，围绕着本土主要农产品做文章，建立区域性电商平台，缩小服务区域，提升服务质量，增加客户体验感，未尝不是一种有益的尝试。

（三）C2C 电商平台。

C2C 电商平台这几年引起的争议较多，主要是假冒伪劣问题，但是电商平台本身不生产商品，而假冒伪劣问题不仅仅局限在线上，如果把这个帽子戴在"电商平台"头上，是不是太偏激？近四年的时间，我去过全国三百多个县，见证过无数的贫困地区农村创业者，自力更生。如甘肃渭源的李小龙，利用淘宝销售自家的党参和黄芪，聋哑妹妹帮助打包，一年营业额达到几百万元；山东临沂市蒙阴县的牛庆花，从养猪大户到"电商玫瑰"，利用淘宝销售地方特产，带动全村妇女就业和脱贫，让我们有发自内心的感动。

C2C 电商平台赋予创业者、小微企业一种能力，让他们借助电商实现创业，让自己家里种植的农产品多了一种销售渠道，让百姓分享和参与到电子商务的成果里面去，我个人认为，C2C 平台目前还是有积极意义的，政府需要规范发展。

（四）农产品的 O2O 模式

理论上，农产品 O2O 为用户提供本地化生活服务的综合解决方案，多快好省，有很强的便利性和时效性，可以节省用户购买的时间和体力成本，更可以增强用户的体验感。

实践中，2013 年 4 月，有"铺店大户"之称的永辉超市以 O2O 模式涉足生鲜电商，"半边天"正式上线，然而不满两个月便夭折了。位于中国农科院的京东绿安体验馆，也改头换面，另谋出路。

现实中，入口难、运营难、品控难，而要解决这些问题，O2O 还有一段很长的路要走。

（五）C2B 模式（小众化）

集合消费者的需求，采用预定、众筹认养等形式，让原产地的特色农产品通过线上渠道直接销售给消费者，满足消费者个性化、多样化的消费需求，走"订单农业"的路子，是打破优质农产品走向市民餐桌最后一公里障碍的方法。如京东东港特产馆 6 月 5 日在京东发起的"鸭绿江口有亩田"东港千亩邮寄越光大米众筹认养活动。

C2B 定制模式，聚合需求，以销定产，有消费需求，避免了盲目生产，给买卖双方带来"双赢"的结果，是个新现象，也是市场需求的客观反映。但从长远看，成本较高，适合有消费能力的高端人群，对于小众化的有特色的农产品是一种有益的尝试。

二、社交电商平台

社交网络有创意及用户关系优势，有可信度，能够为消费者提供个性化电子商务服务，刺激网络消费增长。同时新兴的视频、流媒体、直播等多样化营销方式，吸引粉丝互动，从而实现从"交往"到"交易"的转变，在农产品上行方面日益发挥着重要的作用。

（一）微博

2017 年 3 月 31 日，微博月活跃用户达 3.4 亿，超过 Twitter 成为全球用户规模最大的独立社交媒体平台。视频内容的增加也使微博吸引了更多用户。微博的商业化也稳步推进。第一季度微博营收达 13.7 亿元，同比增长 76%，净利润同比增长 278%。此外，微博支付用户突破 4800 万，签约的微电商达人超过 1 万人，微博电商自媒体扩大至 500 人。

凭借用户规模的优势，微博成为内容生产者传播信息和与粉丝互动的重要平台。明星、名人和媒体也普遍将微博作为信息首发平台。不断增加的优质内容又吸引了更多用户使用微博。这样的正向循环不但使微博的用户规模和活跃度持续增长，还推动了微博内容生态的优化。

垂直领域内容生态与微博的视频战略也形成协同效应。随着短视频成为重要的信息消费和社交互动载体，微博也大力推动垂直领域意见领袖加强视频生产，推动视频消费活跃。

1. 核桃书记案例

"今年核桃长势很好，欢迎大家来成县吃核桃，我也用微博卖核桃，上海等地的人都开始预订了，买点我们成县的核桃吧！"成县书记李详的推介。

效果：微博为地方农特产品带来巨大引流能力，借助微博宣传在淘宝上预售的鲜核桃总量已超过一万斤；卖掉了 151 棵百年老核桃树（1 年果子的收益权），而这批核桃树的核桃总产量也超过了 3 万斤。

微博庞大的活跃用户量是微博电商发展的巨大推动力，微博通过建立"社交 + 电商"闭环式生态系统，逐渐引导用户构建以兴趣聚合的社交关系，搭建消费场景，完善微博的商业生态环境。微博社交电商体系搭建基本完成，正在崛起成为电商领域的一股重要力量。

2. 新农人桃小蒙案例

山东省临沂市蒙阴县新农人高蒙，积极利用微博宣传自己的产品和自创"桃小蒙"品牌，一方面销售额逐步增加，另一方面招到很多微商代理。

（二）微信

2016 年年度数据显示，微信和 WeChat（海外版微信）合并月活跃用户数达到 8.89 亿，月活跃账户比去年同期增长 27.6%。另外 50% 的用户每天使用微信的时长达到了 90 分钟，消息日发送总次数较去年增长 67%。视频通话总次数 1 亿次，较去年增长 180%。而微信红包的日发送总次数达到了 23 亿 5 千万次。

微商有多火？看看微信的朋友圈，总有些朋友在不断刷屏展示某些产品的优点，并且可以通过他／她买到这些产品。这就是微商。一般从代理商入货，然后通过微信店铺进行销售。

微商模式最大的好处便是将多种渠道所接触的客户通通汇聚起来，形成一个属于企业自己的大数据库，从而实现个性推荐、精准营销。而微信是一个绝佳的客户管理平台，将各渠道的客户汇聚进来后便能实现畅通无阻的通道模式，直接消除了一切中间障碍，商家在公众号上就能和消费者直接接触。当消费者使用企业的产品后，发觉价格、效果均不错，可以通过企业统一搭建的微信商城入口申请成为微客，微客可以分享商品链接到朋友圈、微博、QQ空间等社会化媒体上，实现基于熟人推荐方式的裂变式分销。

以微商为代表的社交电商本质就是信任零售，微商的崛起不仅会带来更低的连接成本，也会给草根创业者提供更多的创业机会，实现创业价值，社交电商会成为未来新零售不可忽视的力量。但是对于微商存在的不规范发展的问题也不能忽视，如虚假宣传产品的效果，有的微商打着创业的旗号走传销的路子，都需要引起警惕。

（三）网红直播

网红经济是以时尚达人为形象代表，以红人的品味和眼光为主导，进行选款和视觉推广，在社交媒体上聚集人气，依托庞大的粉丝群体进行定向营销，从而将粉丝转化为购买力。

2016年红人产业产值（包括红人相关的商品销售额、营销收入以及生态其他环节收入），接近580亿元人民币，超过2015年中国电影总票房，也相当于国内最大连锁百货百联集团2015年全年的销售额。

如陌陌和农产品电子商务B2B平台一亩田，挖掘了一些农业从业者作为主播展示和销售农产品。24岁的周莎目前在该直播栏目做了11次直播，"每次直播大约有1万人次观看，直播结束后会有人通过陌陌聊天下单，一次能卖出去十几箱到几十箱产品不等，还有人打赏虚拟礼物，少则几百块多则两三千。"

再如"村红"。2016年阿里巴巴农村淘宝"村红"直播全国首播选定秀山，由"村红"带领观众深入秀山等地的村居民屋、田间地头、古镇老宅，抓土鸡、捡土鸡蛋、寻农家腊肉、现场割蜂蜜、手工炒茶叶、人工刺苗绣、品武陵特色小吃等等，领略边城历史人文，寻找原汁原味农家土货，帮助农民朋友自己网销农产品；晚上，有 50 位农民挑着自家的土特产或手工艺品，来到"村淘大集市"的直播点，在篝火、民族舞、民歌营造出的少数民族风情场景中，现场卖货，现场称重、打包、装车、发货。阿里巴巴村红项目发起人 PM 川月介绍，"我们就是希望通过'村红直播'达到让城市消费者买到真正农家土货、让农民自己网销农产品的目的，打造出互联网时代的新赶集方式。"

网红直播可以增加客户体验感，直播＋传统行业成探索方向，用在农产品营销上也是一种创新。

总之，农产品上行的途径呈现多元化特征，充分利用上行的途径，可以提升农民在供应链中的博弈能力和话语权。目前，农产品上行途径除了淘宝、天猫、京东、苏宁等大的电商平台外；还有服务商自建的电商平台、微分销平台；同时还有与实体店面结合，形成线上线下融合的多元分销体系；还有微信、微博、网红直播等逐渐兴起的社交电商。而这些上行的途径是对传统商贸流通体系的变革，通过产业链的重塑打造农产品新商贸模式，推动传统农业的革命！

（作者系中国电子商务协会副秘书长）

县域农产品上行三大支撑体系

曲 江

　　在农村电商快速推进的过程中，来自各方的农村电商平台和组织以不同的方式渗透到县域和农村市场，这场轰轰烈烈的运动使得农村的消费升级和农村物流体系的建设取得了阶段性的成效。目前，工业品和消费品下行的体系已经初具规模，而对于县域政府和企业最关心的农产品上行问题，也有一些尝试和突破，部分县域通过渠道整合和营销活动策划，拉动了网络销售，扩大了品牌的影响力，例如洛川的苹果、奉节的脐橙、潜江的小龙虾、阳澄湖的大闸蟹、肇源的大米等。然而大部分地区，尤其是电商发展相对滞后的中西部地区，农产品上行依然困难重重。

　　2017年4月中旬，《焦点访谈》连续三期针对"农村电商"的报道，引起了业界对于近3年来农村电商发展阶段性成效及下一步走向的新一轮探讨。在第一期报道中，《焦点访谈》尖锐地指出了"工业品下乡和农产品进城"严重的不对等现象，几大平台打着"发展农村电商的旗号"，透支了农村居民的消费力，而没有真正解决农民、企业和政府关心的农产品销售问题。

　　农村电商的从业者和研究者们都清楚，在县域和农村推动电商发展面临几大基础性问题：一是从县到镇到村的物流体系问题；二是农村电商人才培育问题；三是特色农产品的挖掘和打造问题。针对第一个问题，要建设物流体系，必须有网络的订单作为支撑，在农村尤其是镇到村的最后一公里物流，如果没有订单，即便有快递网点设置，也没有任何的意义。对于普通村民而言，买东西远远比卖东西容易，单向物流的产生，能够支撑快递网点的运营。所以从买东西开始，是一条必经之路。第二个是农村电商人才的培养问题，尽管有不少返乡的年轻人成为农村电商网点的负责人，但是这些人员的成长也需要一个过程，从一个普通的网络购买者，到能够辨别和挑选适合于当地村民需求的买手，再到学习电商平台的运营规则，了解当地的特色农产品，把农产品变为网货，帮助农民把手里的农产品卖出去，在互联网人口红利消退，电商平台竞争激烈的当下，即便能够具备电商平台运营的能力，达成一定的销售规模，对于农村电商的负责人来说至少需要一年以上的摸索和尝试。第三个就是特色农产品的挖掘和打造，尽管很多地方政府在推动"一县一品"、"一村一品"的项目，这些地方特色产品能否占领网络销售市场的一席之地仍然需要经得起网购人群的考验。如果没有对网络消费人群行为习惯的深入了解，以及对于整个电子商务市场的竞争态势的把握，很难挖掘和打造出受网络消费人群欢迎的特色农产品，这也需要经历更长的过程。

面对竞争激烈的互联网消费市场，以传统农业生产为主的县域，在产品端和运营端普遍存在如下缺陷：（一）产品不具备网货特性。农业生产的组织化、信息化和标准化程度低，种植的过程缺乏科学的指导，生产过程缺乏监控和完整的信息采集，使得大部分农产品良莠不齐，各类批次品质有差异，造成消费者的不信任感；农民手中大部分为初级农产品，无品牌无标识，无正规包装，无用户体验设计，很难被网络消费者辨识和喜欢，溢价能力也很弱。即便是经过生产企业形成的加工品，也存在产品利益点不明确、使用的视觉和文字元素相对粗糙和呆板的问题，很难引起网络用户的共鸣。（二）缺乏系统化的运营和营销。县域和农村互联网和电商人才匮乏，农产品的生产者和经营者均缺乏对于终端消费者的了解，数据分析能力弱，对市场趋势、消费者需求和传播热点如何有效地应用在日常的运营和营销中，多数人没有经验，即便县域有不同层次的电商运营培训，也很难快速掌握。在以运营和营销见长的互联网销售平台上，县域经营者这部分的能力缺乏，使得很多优质的农产品"养在深闺人不识"，即便是部分经营者运用了视频、直播、网红等新的营销手段，但由于缺乏整体的运营计划和营销策略，新用户获取能力弱，留存率不高，销售的稳定性较差。（三）渠道整合和运用能力弱。在农村大多数农产品还是通过农民经纪人对接到各类批发市场和渠道商，农产品的供应和产品质量不确定性强，生产过剩和供应不足的情况时有发生。生产加工企业普遍规模小，加工能力弱。大部分销售的渠道掌控在传统的贸易商手中，农村的生产者和中小型企业很少能接触到终端零售商。部分愿意尝试网络销售的生产者和经营者普遍运营能力弱，在竞争激烈的网络销售市场难以占据一席之地，并且很少有经营者可以根据不同类型的农产品特性，灵活运用本地化或全国性的电商平台，进行有效的渠道组合，使得当地特色农产品的优势真正发挥出来。

基于上述的三个难点，在县域和农村要做好农产品的上行工作，需要有三大支撑体系，分别为品牌网货体系、电商运营及营销体系和渠道整合体系。

一、品牌网货体系

首先解决从产品到商品的过程，通过农民合作社组织化方式，针对当地特色或有一定规模的农产品，进行标准化的生产。并根据农产品的不同等级进行分级分类，统一质检，披露种植和生产的相关信息，有条件的企业可以进行农产品全程质量追溯。针对不同等级的农产品进行分级定价，对接到不同的出货渠道。其次解决从商品到网货的过程，选择相对品质较好，具有区域代表性，并实现标准化包装的农产品，根据同类型农产品网络消费者的特性，通过专业的运营团队，进行区域特色文化元素与消费者行为习惯的整合和创新，形成差异化的标识、文字、包装等视觉传达元素。这个过程根据经营者规模和能力的不同，由专业的运营服务商提供服务。最后，解决从网货到品牌的过程，针对拥有地标类农产品的区域，政府需要抓好区域公用品牌的建设，建立地域文化与特色农产品之间的链接，规范监管和传播推广两手一起抓，为区域内的经营者提供良好的品牌背书。企业或者个体经营者，可以针对农产品品质的差异和自身的服务差异，通过对于网络消费人群特征、喜好和互动元素的把控，在区域公用品牌的基础上叠加自有的特色和附加价值。

完善从产品到商品、从商品到网货、从网货到品牌这三个过程，对于政府而言，背后需要强大的服务支撑，包括生产的组织化、信息化和标准化的落实，商品质量监督和追溯工程的落实，品牌意识的普及宣传和文创服务商的整合。县域服务类的资源相对不充足，在引入合适的服务商的同时也可以借助互联网平台或者外部的资源。通过三个过程的梳理，建立区域化的网货产品库，一端连接县域内的供应商，一端连接县域内外的电商运营者，即可形成区域化的农产品网货分销体系，为农产品上行打下扎实的供应链基础。

二、电商运营及营销体系

细看安溪、沭阳、临安等全国农产品上行排名前列的县域，有几个共同点：一是县域的网店数量多，有几个经营情况较好的龙头型网商；二是特色农业产业发展历时长，有一定的规模效应；三是区域特色农产品销量占据网络消费市场的相当份额，带来区域公用品牌影响力的再次提升。因此期望在县域促进农产品上行，首先需要在县域逐步培养各层次类型的网商，以达成各类网络销售渠道的全覆盖；其次重点培养具有领头效应的网商，整合供应端的资源，使得网商的电商运营能力与区域内的农产品供应体系更好地对接；最后需要组建区域内的服务商体系，细分与电商运营相关的包括摄影、美工、客服、营销、文创等服务，对于人才基础条件较弱的地区，也可以与周边电商运营较强的区域或专业的服务商建立合作关系，借助外部资源来孵化本地人才。

在电商运营体系建设的过程中，需要注意本地产品的特性和网络消费人群的需求，阶段性分步骤地进行服务商的招募和整合，以及本地化电商运营人才的培养。在营销方面，政府农业部门、商务部门和宣传部门，可以打破部门的行政限制，进行充分的合作和共创，结合区域网货产品库，制定以政府为推动、企业为主体的年度营销策略，紧扣互联网消费的节庆和热点，在农产品的上市期、热销期和清货期进行全方位的布局，以波段式的营销节奏，带动县域内的网商进行有目标有计划的农产品销售，同时借助销售高峰进行立体化的网络传播，以扩大县域农产品品牌的知名度和影响力，为下一年度的运营和营销收集数据，储备用户资源。

三、渠道整合体系

随着互联网和电子商务的迅猛发展，各类的电商渠道逐步分化，除了以天猫、京东为代表的 B2C 平台，淘宝为代表的 C2C 平台，还有各类垂直的农产品电商平台，如易果生鲜、本来生活、顺丰优选等；B2B 交易平台如 1688、宋小菜、美菜、小农女等；众筹平台如淘宝众筹、大家种、五百家等；本地化生鲜 O2O 平台如农夫果园、美食杰、菜到家等；以及目前大量涌现的区域型农产品供销平台、微分销平台、微商团长、美食公众号等。对于县域的农产品上行而言，渠道并非只有单一选择，而是需要根据构建的农产品网货产品库，进行不同渠道的选择和组合，既保障农产品的新鲜度，又能根据渠道特性来进行不同品质产品的销售。并且对于大产区的农产品来说，传统经销渠道依然是主体，因此渠道布局需要线上与线下相结合，全国性、区域性和本地化相结合。

县域的农产品在网络端的销售，并非只能通过本地的网商，从政府角度出发，整合线上线下的相关渠道，包括各大主流电商平台的大型网商，一方面可以以供货的方式与渠道和大型网商合作，确保农产品的销量，另一方面可以鼓励有运营能力的本地企业和网商开设网络旗舰店，自行运营销售，掌握第一手的网络消费者信息，并根据网络用户需求，进行生产端和供应端的调整和升级。以近期陕西洛川苹果在杭州的年度经销商大会为例，在会上除了有传统的大型果品批发市场参与外，还有更多大型网商、垂直果品渠道、微商等各种类型经销商。以往传统的农产品节庆和经销商大会，可以线上线下同步开展，既达到传播效应又能确保销量。这部分渠道整合体系的搭建，为农产品上行理顺通路，保障销售结果。

这三大体系，并非孤立发挥作用，而是相互关联。品牌网货体系构建具有竞争力的网货资源库；渠道整合体系针对区域产品特性形成一张完整的销售网络；电商运营和营销体系保障网货通过销售网络触达网络消费者，同时通过与网络消费者的互动，获取用户反馈信息为品牌网货体系的优化给出建议。

农产品上行体系建设是一个庞大的工程，以上涉及的三大支撑体系更加偏重于网络运营端，而绝大部分中西部地区的农产品上行仍需要在农产品的生产端做大量的信息化、标准化和组织化的工作，同时作为农村电商发展的基础条件，县乡村的三级物流体系建设及农村的网络覆盖率，以及农村互联网人才的培育也是上行的必备因素。期待政府的引导推动之手与市场的自发创新之手能相互作用，充分调动县域内的各类经营主体和组织，多方共同努力，有效改善欠发达地区的农产品上行问题。

（作者系浙江大学 CARD 农村电商研究中心副主任）

打造好县域电商的"产业链"

徐大地

还从来没有任何一个国家政策，能像"电商进农村示范县工程"一样如此轰轰烈烈地在全国推动了近1/5的县发展电商。自2015年推出以来，"示范县"就成了全国各地全力以赴争取的荣誉，也因为这个荣誉和一笔2000万的专项资金，中国2856个县，有506个都真正动了起来。作者身为商务部农产品上行电商核心专家，一直在为全国的示范县做培训和落地服务，在实地考察和服务过程中，发现区县里的实际情况和反映到庙堂之上的报告有着很大的差距。有很大一批示范县，近两年发展下来，出现了巨大的失误。

这个失误，就是只有服务体系，没有服务对象！

中国的电商发展，到今天已是世界第一，但这个世界第一却是极为不均衡的，沿海地区电商极为发达，而内陆地区却是一片蛮荒。沿海电商有着丰富而成熟的生态圈，内陆的别说生态圈，连一家像样的服务企业都难找。这样的一个难题，就让大家在制定县域电商发展的政策时，不约而同地把重心偏向了服务体系的构建：从物流空间的电商产业园，到整合各种服务于一身的县域电商服务中心，再到下沉到乡镇村的服务点，以及不遗余力地推进物流体系的建设。全国各地的示范县和非示范县都在全力以赴地打造县域电商服务支撑体系，似乎只要有了完整的服务体系，县域电商就会如雨后春笋一般茁壮成长。

然而现实永远比想象的残酷得多，现实是绝大多数县域有了服务体系，电商照样停滞不前。原因何在？因为县里根本没有拎得出来的电商企业，为什么没有企业？因为县里根本没有成规模的产业！为什么没有规模产业？因为县里多少年来都是小农经济一家一户，盲目生产，更因为县里从来没有认真规划、认真发展集中产业。很多明星示范县，做了两三年的明星之后，才尴尬地发现，那些熙熙攘攘接待了一波又一波参观者的电商服务中心、服务站点、产业园区，都仍然只是形象工程，县里的电商仍然只有下行没有上行，如火如荼的电商示范县工程，只是让老百姓买东西方便了，却始终难以卖出一件农产品。何其尴尬，何其悲哀！

那么这个失误如何弥补？难题如何破解？就在于推进县域电商，在做好"服务体系建设"的同时，绝不能忽略了"产业链"的打造。没有产业，再宏伟壮观的电商服务体系都是花架子，只能用于领导检查、友县参观。所谓"皮之不存毛将焉附"，没有县域电商产业这张皮，县域电商服务体系就只能是无处附着的无用毫毛。如何打造县域电商产业链？最终我们需要的是县域电商产业链的成熟，但由于农村产业环境缺了太多的课，我们需要分几步完成这件大事。

第一步，为县里孵化一个集约化、规模化的产业

中国绝大多数县，都是几十万人口，年产值十几到几十亿的规模，这样的一个现状，其实完全可以把一个县当成一家企业来打造。而企业的立身之本是什么？那就是要有一个自己特色的产品，专长的行当。对应到县里，那就是要有一个全国领先的产业，比如黑龙江五常，全县有200多万亩黑土地种植水稻；再比如甘肃呈现，有50万亩核桃林，家家户户种核桃；这就构成了一个足以在全国产生影响的特色县。很多县可能会感叹一声，说自己县没有特色产业。然而特色产业是生来就有的吗？真的是天然形成的吗？事实上，绝大多数特色县，都是人为打造的。比如五常市，十多年前五常大米绝对没有知名度，原因何在？就是以前的水稻品种不够有特色，后来研发出了稻花香5号，也就是现在香气扑鼻的五常大米后才渐渐打出了知名度。再比如甘肃成县，三年前县委书记李祥在微博上推广县里的核桃，被称为"核桃书记"时，全县核桃林才仅有十几万亩，可能在全国来说并不算核桃大县，而这三年以来全县全力以赴发展核桃产业，县政府建设了核桃种植示范林，用各种政策激励家家户户种核桃，至今核桃林已经达到了50万亩，整个提高了三倍多，这就真正形成了集中产业。县里要打造一个集中产业实属不易，因为老百姓往往是不见兔子不撒鹰的，县长讲得唾沫横飞，农户们往往只是在观望，所以一个特色产业的打造，往往蕴含着一届政府的心力和汗水。

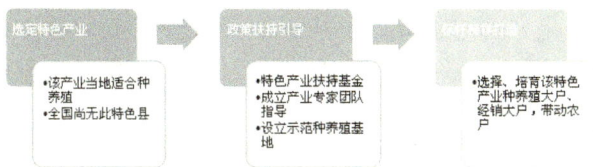

五常百万亩稻田

中国核桃之乡——甘肃成县

第二步，孵化几家能够成为经营主体的龙头企业

产业化完成了，并不代表着电商就能够做了，因为真正作为电商经营主体的一定是企业，而非种养殖大户们，更不能是一家一户的农民。电商是一个看起来简单，真正规模化运作却很复杂的系统工程，种得好不等于卖得好，尤其是电商渠道。在改革开放的浪潮中，全国已经有不少地区完成产业化了，2017年5月，我去河南省内黄县进行县域电商巡讲，才了解到当地已经是全国最大的辣椒产地和交易地，30万亩的辣椒种植面积已经足以独步全国。另外，当地还有50万亩的大枣产地。但是，当地却几乎没有一家能够作为经营主体的企业去带动整个产业的电商化发展。全国各县类似的情况比比皆是，有产业而无企业。

如何孵化企业？关键在于没有企业家！企业家从何而来？一个县里面，怎样才能找到能成为电商经营主体的企业家？很多县开始病急乱投医，引进电商平台，希望其成为当地经营主体；或者引进服务商，期待其成为本县电商经营主体。这种行为是荒谬而毫无价值的，这有点类似于地主家后继无人，于是把附近搞大集的张三请来或者请了个师爷来，指望他们像地主亲儿子一样振兴地主家的产业，怎么可能？当然，这个比喻有点无聊，那么究竟如何孵化县里的经营主体？这样分步骤来，刚开始的时候，的确没有企业家，但是每个县都或多或少有几个出门见识过又回来了的返乡大学生或者打工者。他们在经历过沿海城市的互联网洗礼后，回到家乡，有不少会想把家乡的农产品卖到网上去。虽然他们没钱、没工厂、没经验，但有着一腔创业热血，还有着"没吃过猪肉，但见过猪跑"的见识，这群人就是县里做电商最早可以笼络的一批人。当然，实事求是地说，他们大多可能只能作为县里做电商的先驱，无法真正把县里的农产品电商搞起来，但是没有这批先驱，也就不可能有后来的龙头企业。而且，说不定在这些先驱中，就隐藏着未来的"三只松鼠"呢。

发掘完这些电商先驱后，县里开始有了电商氛围，接下来，就该撬动真正有资源、有经验的企业家群体了，那就是县里那些传统企业家们，他们或者是房地产起家的，或者是搞市政工程的，或者是搞矿产的，总之县上那二三十个年产值过千万的企业家，从中如果能够发动两三家投身电商，那么就逐渐有了龙头企业的雏形。还有第三种可能，那就是由县里的外地女婿们，这些女婿企

业家，在孝敬岳父母的时候对县里的情况有了了解，有些可能就会发现县里农产品电商的商机，把根扎到县里来。我在甘肃庆阳调研的时候，就发现了这样一位女婿企业家，原来是北京的一家咨询公司的高管，跑到庆阳宁县包了5000亩地，种植黑枸杞，这样有资金、有魄力又能扎根县里的女婿企业家，当然也是县里电商龙头企业的上好选择。

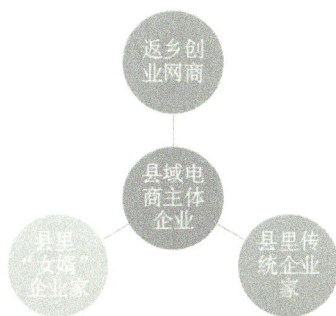

第三步，塑造产业"链"

所谓产业链，当然指的是让县里的电商能够形成一个有机运行的链条，而不是孤立的几个点。为何要形成链条，因为让任何一家企业从头到尾地从事电商，都是玩不转的；真正优秀的电商企业，必然是整合了业界最优秀的智慧和服务资源后，形成的一个产业链式企业。术业有专攻，分工各不同，会种养殖的往往不会卖，懂电商的往往不愿意下到农村去；更不用说像仓储物流这样极其专业而且要辐射全国的产业工种。如何形成这个产业链？我们先把它拆分成几个部分来分析。

第一个部分是供应链环节。农产品电商的供应链，是怎样完成的？经营主体企业自己种养殖靠谱吗？如果我们了解目前我国土地流转的情况就会发现，这是一个一次性投入相当大而且找不到产业工人的方式，土地流转的价格，全国基本在 500 元~1000 元/亩之间，如果一个县里的 50 万亩土地，都由一家企业来承包，那么流转成本就是 2.5 亿~5 亿元，显然县里没有哪个企业有能力这么干。那么既然不可能通过土地流转来完成，就只能从农户手里去收购产品了。向农户一家一户地收购是否可行呢？如果真这么干，企业的精力就全部陷入到跟无数个农户去谈判中了，而且当前我们的农民绝大多数都是没有诚信合作精神的，只要有人开始大量收购，立马就会有农户漫天提价；如何完成农产品的集货，这需要借助一定的中间组织，这个中间组织，基本上就要靠"合作社"这种模式来完成。简单来说，就是以村子为单位，形成一家或几家合作社，一个县假设有200个自然村，电商主体企业如果能与100个村子的合作社达成联合，那么也就基本控制了全县一半以上的特色农产品产量。这样，基本就完成了全县产品的集货任务。而且，通过这些合作社，也能完成农产品种养殖标准化和追溯体系的建设。当然，除了合作社这种模式外，有些地方是"经纪人"模式，也就是县里有一批经纪人，每个经纪人控制几十户农户产品的销售，这其实也是一种变相的合作社形式。

供应链的问题解决了，接下来我们看看另一端"销售链"。农产品的电商销售，其实是我们做农产品电商首当其冲就要干的事，因为县里的人们都有不见兔子不撒鹰的习惯，如果销售没有起色，再怎么宣传农村电商的好处，也不会有人行动。所以用销售倒逼产业链的改革，这个一向是经济学上的一个核心原理。销售链包含什么，我们在前面已经有了详细的论述，这里回顾一下，农产品的全渠道，基本上包含了"电商零批"、"集团采购"、"小区配送"三大类渠道。打通这三大类渠道，就把农产品电商的销售链建设起来了。

再接下来，是农产品电商的"运营链"。何谓运营？很多刚做电商的人，都不理解运营的含义，实际上，运营与销售是电商经营中同等重要的事情。没有好的运营，也就不可能把电商做好。做好运营，首当其冲的是产品和店铺的运营，产品的运营，简单来说就是拍好图片和写好文案。电商不同于线下，消费者是看不到实物的，所以如果照片不够诱人、文案不能让人冲动，就不可能产生销售，所以电商运营首先是产品运营。其次，县里运营链要包含"营销"，就是要通过营造活动、话题等来促进销售，包括找各种电商资源上活动，生鲜APP平台的团购，淘宝、京东大平台的大促，打造各种各样的特产节日等，通过这些营销行为，把县里特色产品的电商销售一波又一波地推上一个新高度。再次，县里电商运营链还要包含人才的培养与供给。人才是企业的根本，没有电商人才就谈不上电商发展。能够帮企业把现有员工培养成电商人才，或者培养出电商人才来供给给企业，这就是运营链在人才层面要做的事。

第四，还有使全国各地县域都头疼的物流链。这个链条，包含仓储、长途物流和末端配送。仓储相对好解决，一旦县里有了龙头企业，基本都可以建设冷库。长途物流也都可以交给四通一达和顺丰们去承担。县里最头痛的就是末端物流，即所谓的"最后一公里"或者"最初一公里"。目前四通一达都不愿意下到农村去，并不是他们瞧不起农村，而是下沉到村配送或收件，一定是亏的，因为我们广袤的农村大地大多数地方都是地广人稀的，一个快递员一天送三五个村子，派件或者收件所赚取的费用，连油钱都不够。如何解决这个难题？很多县想到的办法是补贴。然而如果县里电商发展不起来，补贴到什么时候是个头呢？除非给快递公司补贴一辈子，否则停掉补贴的那一天，也就是他们撤掉村级配送的那天。所以在这个问题上，解决办法也只能是"内求"——想办法在县里孵化出一个做末端配送和收件的小快递公司。这个快递公司，严格意义上，只是一个衔接村子和县城的二传手。通过县里撮合，让四通一达要派送到村子去的包裹，都统一交给这个本土小快递公司派送；同样，从村子里往外发的件，也统一交给这家小快递公司送到县里转给四通一达。但即便如此，这个小快递公司可能还是亏损的。那就再把村子和县城之间的一些生活服务也交给它来做，比如村民订县城里的生日蛋糕或者情人节鲜花，都交给它负责派送。如果还是没人愿意做，县政府就再拿出点钱来买一批电动三轮车，借给这个小快递公司使用，产权还归政府。基本上，全国看下来，能够解决末端配送和取件问题的，都是采用这个模式。

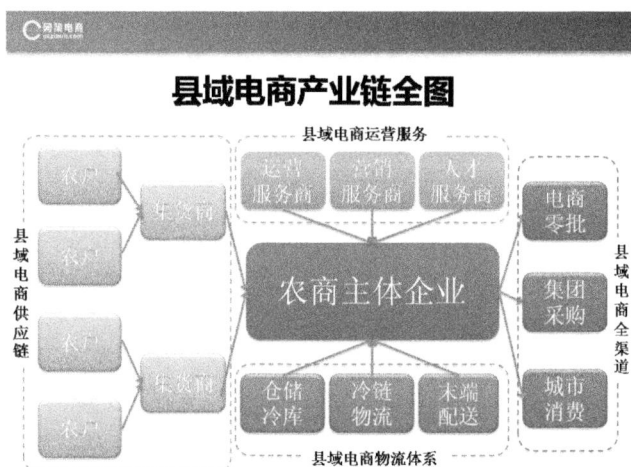

县域电商产业链全图

产业的孵化、主体企业的孵化、产业链的集成，这就是目前我国县域电商普遍没有做好或者根本没去做的事情，这也是县域电商发展中最难啃的骨头。然而越是"骨头"越是核心和关键，如果单单只去做简单易行的事，那么建再多电商服务中心、服务点，弄再多电商产业园，也都是镜花水月，最后经过一番折腾没有效果。所以，县域搞电商，务必要俯下身子，一步一个脚印地把产业孵化出来，企业孵化出来，产业链构建成功，这才是电商万丈大厦的坚实地基和钢筋龙骨，这是再漂亮的外墙装修都无法取代的。

（作者系上海网策管理咨询有限公司 CEO）

区域公用品牌建设中的四种错误认识

贾枭

区域公用品牌为产品提供价值背书，为产品销售搭建平台。实践证明，区域公用品牌是区域农产品品牌化的基石，也是区域农产品上行的重要支持。

受多地成功实践的影响，加之 2017 年又是农业部确定的"农业品牌年"，一时间区域公用品牌建设成了热点，许多地方都将打造区域公用品牌作为农产品上行的一项重要工作内容。按理说这是好事，但由于对区域公用品牌及其建设内容、方法的不了解或片面理解，实践中存在着不少问题。在我看来，目前区域公用品牌建设方面大致存在着"把作用看轻"、"把建设者看少"、"把内容看简单"和"当成一阵风"的四种错误认识。

一、很多人认为区域公用品牌建设就是打造一个牌子，没看明白区域公用品牌建成后的关联作用，把作用"看轻"

我们说，区域公用品牌是一种特殊类型的品牌，其建设内容大致包含三个层面，即以品牌化为核心内容的"产品战略"，以组织化为核心的"产业战略"和以融合化为核心的"区域经济战略"。在此，我以陕西"白水苹果"区域公用品牌建设为例，来阐述这三个方面的内容。

（一）"白水苹果"的产品战略。早些年，白水苹果也出现过"卖难"。为解决这一难题，白水狠抓苹果品质提升，通过扩大良种"红富士"的种植面积，改进果园管理技术，和西北农林科技大学合建"苹果试验站"，为白水县苹果生产提供技术支撑。这一切，使得白水苹果品质得到大幅度的提升。2012 年，白水县政府聘请影视明星许晴为白水苹果代言，打出了"白水苹果，亿万人的口福"的广告。一时间，白水苹果的知名度大增，成为果市中的"香饽饽"。

（二）"白水苹果"的产业战略。在提高果品质量和白水苹果知名度的同时，白水大力培养果品龙头企业，推动白水苹果组织化建设。从推动企业建冷库入手，提高企业的市场竞争力。目标，白水县苹果储存量达到 50 万吨左右，规模果企约百余家左右。从提高苹果储存能力入手，推动企业建果品储存库。白水县年产苹果 50 万吨左右，据说白水的果企每年流通的苹果达 200 多万吨。也就是说，陕西省乃至周边的山西、甘肃等地，都成为白水果企的"领地"。

（三）"白水苹果"的区域经济战略。目前，白水苹果产业形成了从苹果生产、苹果科研、苹果加工、苹果储藏到苹果销售等多个业态。据统计，白水苹果产业年生产总值达 80 多亿元，苹果产业成为白水县域经济的重要组成，"白水苹果"富民又强县。

随着白水苹果知名度的提高、白水果企的壮大以及产业相关配套的完善，白水苹果电商销售变得易如反掌。

我们认为，以县域资源为主体的区域公用品牌建设，是一个大系统，也是一个大战略，更是地方上的一件大事。当下许多地方的区域公用品牌建设，和当地的"精准扶贫"、"农村电商"、"供给侧改革"等重大工程息息相关。因此，我们要用关联的眼光，看待区域公用品牌建设的作用和意义，绝不能"轻视"。

二、认为区域公用品牌建设只是某个部门的事情，把品牌建设者的范围"画小"

首先是把品牌建设职责只归为"农口"。我们在区域公用品牌战略规划时，通常都会召开当地政府相关部门的座谈会。一开始，许多人会流露"这是农口的事，咋叫我们参会"的态度。等我们对品牌建设中各职能部门的职责说明后，大家才"恍然大悟"，也往往会主动"揽活"。比如，宣传部表示会加大对当地"农人"、"农事"、"农产"的报道，为上级媒体主动"爆料"，提供新闻素材；市场监管局（工商局）表示会结合中央、省市等上级部门的政策，为本地企业争取各种政策资金；还有一些看似"不相关"的部门，也会找到自己的"工作"，比如"三亚芒果品牌建设座谈会"上，市城建局主动表态，在售房中心为"三亚芒果"争取广告位，利用工地围栏为"三亚芒果"做宣传。

很多人认为区域公用品牌建设"与己无关"，主要是因为区域公用品牌涵盖的大多是农业资源和产品，看似和自己无关。因此，要沟通交流，提高大家对区域公用品牌建设的理解认识，加强彼此之间的协作。

我们常说，区域公用品牌为"大家"，就得"大家"干。比如市场监督局负责品牌的保护，旅游局负责农旅项目的开发，商务局推动农产品电商销售，宣传部负责产业的宣传报道。区域公用品牌建设就是要充分发挥各个职能部门的作用，大家分工协作，这样才能走得快，提高创牌效率。

其次是品牌建设很少用"外人"。许多地方在品牌创建中，只着眼于本地企业和平台的利用，很少用"外力"。

众所周知，县域企业搞生产有优势，做销售是短板，且短板短时期内难以弥补，因此打造品牌就要善用"外援"，借助"外力"。比如对果品产区而言，品牌打造中就要和一些成熟的大型连锁企业比如"百果园"、"鲜丰水果"合作，借助这些平台，快速打出自己的知名度。

当然，农产品电商可以借助的大平台就更多了，比如淘宝天猫、京东商城等平台类电商，"每日优鲜"、"易果网"等移动电商，还有"本来生活网"等垂直电商平台等。大农批市场有北京新发地、广州江南以及长沙红星等，这些都是大宗类农产品公用品牌建设可以借助的"外援"、"外力"。从这个意义上说，这些"外援"应被视作品牌建设者，而非"外人"。

三、认为区域公用品牌建设就是品牌推广宣传，把工作内容"看简单"

品牌建设的一个重要内容就是价值挖掘和品牌创意，但这不是品牌建设的唯一内容。由于存在这样的认识，现实中在不少农产品区域公用品牌打造中，只见宣传推广，不见农口及农企的参与。品牌打造和产品生产脱节，造成了"品"和"牌"两张皮，不融合。

品牌建设是一个系统工程，是多项工作的交叉相融。我以2015年在农本咨询中做过的"蒲城椽头馍"公用品牌设计举例说明。

蒲城"椽头蒸馍"起源于四百年前当地的一种特色食品，是用小麦面粉做成的一种形似"椽头"的蒸馍，其工艺在2009年被认定为陕西省非物质文化遗产。蒲城椽头蒸馍以形美、味香、耐储存等特点，深受当地老百姓及周边西安、渭南等地市民的喜爱。

农本团队通过走访蒲城橡头馍工艺传承人，结合蒲城橡头蒸馍的历史文脉及产品特点，总结了制作蒲城橡头馍的"八道工序"，提炼出了"蒲城橡头馍，有来头更有吃头！"的价值口号，赋予了蒲城橡头馍品牌形象广告新的创意。

事后证明，蒲城橡头馍品牌价值与形象对市场提升起到了重要作用。但若将品牌建设内容只限于此，那就大错特错了。当时的情况是，蒲城生产橡头蒸馍的大大小小厂家（作坊）有上百家，却无生产标准和商品馍标准。另外，还有馍保质期短、原料（小麦粉）不稳定、生产环境良莠不齐等诸多问题。倘若没有一个系统的解决方案，就无法确保蒲城橡头馍产业的健康发展。因此，围绕品牌建设，农本团队提出了"五位一体"的品牌建设思路。

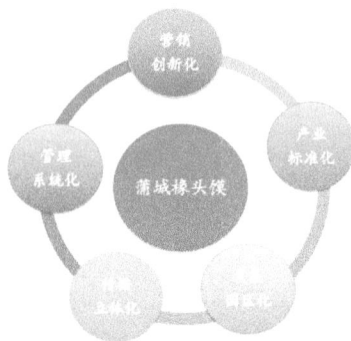

围绕产品品质，我们提出"产业标准化"的发展思路，即建议制定生产标准及原料标准，确定商品标准（大小、克重以及包装材质要求等）。同时，针对产业发展的难题，建议与蒲城县域第三方技术团队合作，就延长保质期、制定原料标准、研发机械化设备等进行技术攻关。这些技术难题不解决，产业不能持续发展，品牌建设就是空谈。

围绕企业升级，我们结合蒲城发展工业园区的计划，提出椽头馍企业"园区化发展"的思路。将扶持产业的政策落实到园区，并完善产业配套和服务，吸引企业入园，通过园区强化生产监管，从源头上确保蒲城椽头馍的品质。除此之外，我们还进行了一系列规划，包括对品牌管理机制，组织管理建设，系统化、低成本的传播规划；对品线设计以及产品开发方向、渠道体系及商业模式提出建议等。

对于"蒲城椽头馍品牌发展战略规划方案"，按照负责项目合作的原蒲城商务局局长唐飞龙的话说，就是"消费者看到的是广告，产业管理部门看到的是工作思路和方向，甚至一些工作就是农本给蒲城安排的'任务'"。

我们说打造农产品区域公用品牌，不能将工作只停留在"广告设计和形象创意"层面，而应依据产业的实际，结合相关职能部门的工作以及产品生产过程，将品牌建设渗透到相关工作中去。围绕着品牌创建，推进标准化、组织化、质量安全、融合发展、渠道建设以及管理体系建设等。对此，我个人的体会是，农口及相关职能部门"无参与感"或"看不懂"的方案，一定不是"好方案"。

四、认为区域公用品牌建设只是当下的热点，视其为"一阵风"

今年，许多朋友一见我就说，"今年是农业品牌年，你们要'发大财了'"。我理解大家的意思是说"品牌推进年"里，各地会热衷区域公用品牌打造。每每听到这些话，说实话我心里并不高兴。这不是"装"，我担心大家把"品牌化"尤其是"区域公用品牌建设"视为"一阵风"。

2016年，农本咨询为全国18个地区提供了19个区域公用品牌战略设计。合作中我常说的是，打造区域公用品牌能快速提升区域农产品的知名度，能确保区域产业的"长治久安"，品牌化建设不仅能将相关工作"系统化"，更为重要的是，能将工作成效累积沉淀，形成"无形资产"。从这个意义上说，以"农业品牌推进年"为开端，中国农产品品牌才刚刚开始，区域公用品牌建设必将成为农业的常态。

之所以说区域公用品牌建设是今后各地工作的常态，有其深刻的原因。往大里说，随着内部机理和外部环境的改变，效益是农业发展最大的动能，品牌成为市场竞争的焦点。现在做农业，没牌子效益就低，没牌子就没竞争力。农业部在 2015 年就做出了"品牌化是现代农业的核心标志"的论断，2016 年第十四届中国国际农交会上的"省部长专场推介活动"，2017 年"全国农业品牌发展大会"的召开以及社会各界名人参与的"家乡的味道"农产品推广活动，无疑让品牌化成为农业发展的主旋律。

从日常工作来说，现在农业部门着力推进的标准化、组织化、融合化，无一不是区域公用品牌建设的核心内容。不同的是，以往由于没有品牌这个抓手，这些工作各自为政，不能形成合力。一方面造成了品牌建设资源的浪费，另一方面由于缺乏资源配置的路径，眉毛胡子一把抓，将资源"平摊"、"撒胡椒面"，难见成效。反之，一旦有了品牌这个"总舵手"，不仅能让相关工作有效衔接，也能将资源合理配置。更为重要的是，"成绩"最终沉淀成"品牌"，为产品销售提供了平台与支持。

以农本咨询为烟台福山区做的"福山大樱桃"品牌战略设计为例，在"福山大樱桃"公用品牌指引下，福山大樱桃产业不仅明确了思路，也有了道具。别的不说，单是去年在福山召开的"中国大樱桃产业年会"上，福山在活动中全程植入"福山大樱桃"品牌宣传，不仅提升了活动形象，也宣传了福山品牌。同时，依照福山大樱桃品牌建设的相关要求，福山区在合作社、电商企业等组织的培育上，有了选择的标准，也有了扶持的手段。用时任福山区副区长李良的话说，就是"有了区域公用品牌这个'指挥棒'，福山大樱桃产业发展的各项工作成为一个大系统，大大提高了工作效率。"

从这个层面上说，创建区域公用品牌不是"一阵风"，是各地工作的"新常态"。

（作者系农本咨询创始人、首席专家）

农产品上行需要懂得控制规模

钟文彬

中国式的农业滞销悲剧，从来不会因为政府关注、媒体报道或者公益售卖而停止。只有自救。人性是贪婪的，而且国人喜欢走捷径，别人能赚钱的跟着做就得了。很多产业梦都是被一拥而上的人群挤碎，尤其是从业者众多、文化水平还不够高的农业。

一、玛卡

2016 年 2 月 23 日，昆明木水花野生菌交易市场里，玛卡商贩制作玛卡干片。在过去数年内，玛卡一度很疯狂，优质的玛卡干片价格上万，鲜果价格也冲过百元。如今玛卡鲜果每公斤只要 7 ~ 10 元就可以买到。这和去年 3 月中旬每公斤 100 多元的鲜果价格相比，跌幅近 9 成。

二、红枣

2016 年前曾传出，山西大枣滞销，挂在树上无人问津，变成了当地山羊的口粮。这个还好理解，红枣产业正在从原来的河南、河北、山西，往新疆、陕西转移，相对来说西北的枣品质更好，价格能卖得更高。但是，一晃几年过去了，新疆的枣又好到哪里去了？曾经的新疆枣农喜欢囤货，囤到红枣价格涨到一个自己心理预期的水平的时候，再出手。但是这几年，他们发现价格越囤越低，去年的枣子还没卖掉，今年的枣子就要上市了，有的甚至存着前年的枣子。苦不堪言！

在滞销产区中的企业，就更难受。枣子在库里换不成现金，银行催着还款，无奈只能从民间借高利贷来做过桥，本来就不高的利润，几乎都被高利贷赚走了。如果银行借贷一旦收紧，公司借不出下一笔资金，那就是雪上加霜了。

这样的例子在全国遍地都是，传统产区滞销，新型优质产区也滞销！请问：这一切的根源是什么？

▲山西一地的红枣

三、农产品的最后一道防线——规模

首先，我们来看农产品的消费。在一定的区间内，它是有一定的弹性的。比如现在的红枣便宜了，一般家庭购买食物的时候会多买点红枣，少买点其他，这就扩大了消费。但是农产品的消费弹性是有限的。很简单，再穷的家庭，也不能天天吃红枣，顿顿吃红枣吧。所以在一定时间内，农产品的消费量是固定的。

然后，我们再来看供应端。一般的枣树5年就可以进入产果期，8年进入盛果期，而如今就是当年新疆政府大力鼓励种下去枣树的红枣开始大量上市的时候。大量的红枣像洪水一般的涌来，谁也挡不住价格滑铁卢，政府也绝对挡不住。

任你再鼓吹一天三颗枣，任你再9块9包邮，哪怕你把刀架在消费者脖子上，他们也吃不下这么多枣啊！

四、不顾市场端，盲目引导农民种植

反观国外，一个产业都由一个行业协会来统一协调，一边通过市场宣传扩大产品需求，或者导入深加工，形成产品输出的组合，一边有克制有计划地引导生产，两头循序渐进、相辅相成。体系内，需要扩产，需要严格的申报审核，

根据来年预期的市场容量来指导生产。

通过品种、地理气候、文化，形成农产品的独特性；通过统一的公共品牌建设，形成消费者的认知，从而拥有产品定价权；再通过规范产品标准，制订生产计划，把这种定价权传导到农民和经营主体手上。

单纯靠补贴去引导生产，拿种了多少亩，产了多少吨做政绩，以为这个就是三农政绩，无疑等于拿农民的未来开玩笑。

无奈，国内的行业协会少有人尽到这个责任。从这个角度上来看，一旦出现大面积滞销，媒体不是应该大肆渲染人文关怀，而应是第一时间质问职能缺位！

五、农产品不是工业品，不是规模越大、品质越高、成本越低

商业的利润，来自于垄断，或者相对垄断。简单理解，就是人无我有，人有我优。

从成本的角度来看，工业企业的垄断，靠技术，靠规模，靠大规模形成的成本优势，把小企业挤出市场，从而形成自身垄断；而农业企业却不是如此。农业有一个天然的大背景：

你的身边有一群农民，他们搞农业生产根本不计自己的人力成本，他们的违法成本很低，他们还受政府保障。所以在成本这件事面前，你根本没有任何优势。

从品质的角度来看，精致的农产品一定是有一个适中的规模的，因为它需要精细化的管理。动植物毕竟是个活物，它们不像机器，你只要给电添油，它就给你没日没夜地干。只要是活物，就有生老病死。考察农企这些年，我发现能把农产品做好的基地，都是把农作物当孩子来照料的，懂它们的规律，甚至懂它们的脾气。这样的特点，决定了优质产品基地不可能规模无限大。

从风险的角度上来看，规模越大，抗风险能力越弱。

当下国内的农业，除极个别品类以外，大部分还是靠天吃饭的。一旦有个异常天气，就像去年冬天的寒潮，规模小的农场还能搞点措施补救一下，规模大的话，你就等着哭吧！说句更要命的，你就是找得到办法，也找不到足够多来给你干活的人！把什么都揽在手里面的农企，抗风险能力是极弱的，没有保

险公司保护你，更没有政府保护你，一旦市场有个风吹草动，量小的大不了放血离场，量大的估计只能割肉跳楼。

六、在轻模式和重模式之间，农企必须收收心

细心的朋友，或许观察到，温氏、大北农、新希望在养殖上进行的尝试，是一种与农户捆绑的轻模式生产模式。

企业提供种苗，控制产品所有权，包括土地、地上作物，还有投入品、产品标准、技术投入；农户作为种养殖劳动力进行承包，并制定相应方式激励；产出后，企业按照标准筛选，然后统一出售。

这种模式说重也很重，说轻也轻。但至少它让企业与农户进行了风险分摊。忘了说，大家熟知的褚橙基地，也是通过这种方式来管理的。一对夫妻，管理几十亩，无论是管理水平还是抗风险能力都是最高的。

七、做农业必须认清的一些事实

做农业企业的，永远不要忘记自己是站在一个有 8 亿农民的大背景下，从事商业活动。你不是孤立存在的！适度的规模是产业前期的准备，为的是形成初期优质产品，以及产品背后的标准。但我从不认为，新农堂在座的各位，你们的企业的未来，在于你流转来的那一亩三分地。如果仅仅是那样，劝你趁早别干了，因为账可以算得很清楚，你不可能掌握定价权，你也不可能挣到什么钱。

中国传统农业落后就落后在散乱小，没有秩序，没有标准，这是问题也是机会；中国农业的前景，在于不同品种、不同地域、不同文化集合而成的不同原产地的潜在定价权，不用你拼死老命、无休止地研发技术，这种垄断性天然在那里。形成了定价权，那就是躺着挣钱的事，可以把事业做得很长久。

但是在你掌握定价权之前，产地该滞销的还是会滞销，而控制规模就是控制你的自救底线。

（作者系闻字品牌顾问机构 CEO、首席顾问）

分享农业的特点与实现路径

康春鹏

近年来，分享经济作为互联网经济的一种形态，席卷全球。党的十八届五中全会公报中首次提出要发展"分享经济"，2016 年分享经济首次写入《政府工作报告》，2017 年分享经济再次写入《政府工作报告》。据国家信息中心发布的《中国分享经济发展报告 2017》显示，2016 年我国分享经济市场交易额约为 34 520 亿元，未来几年分享经济仍将保持年均 40% 左右的高速增长，到 2020 年分享经济交易规模占 GDP 比例将达到 10% 以上，到 2025 年占比将攀升到 20% 左右。随着农村互联网的快速发展，分享领域也逐渐向"三农"领域渗透。在可预见的未来，分享农业作为分享经济在农业农村发展的延伸，必将成为推动农村经济社会发展的新引擎。

一、分享农业的概念与特征

分享经济主要是指利用网络信息技术，通过互联网平台将分散资源进行优化配置，提高利用效率的新型经济形态。它强调所有权与使用权的相对分离，倡导共享利用、集约发展的创新理念；强调供给侧与需求侧的弹性匹配，实现动态及时、精准高效的供需对接；强调消费使用与生产服务的深度融合，形成人人参与、人人享有的发展模式。分享农业则是分享经济在"三农"领域的经济活动总和。分享农业起步虽晚，但发展迅速，前景广阔。从目前来看，它具有以下特征：

（一）分享而非共享，协同生产或消费。"分享"就是个人某些东西跟别人共同使用、占有或享受的行为，其所有权仍然归属个人，只是将使用权以有偿方式让渡给他人，以给他人带来便利，进而实现共赢。"共享"是指个人自己的东西与他人共同拥有。分享农业仅是在生产和生活层面上资源使用权的有偿转让，不涉及产权转移。

（二）尊重所有权，有偿让渡使用权。分享农业倡导资源的"租"而非"买"，也就是说在不实现所有权转移的情况下去实现使用权共享。对所有权人来说，使用权的有偿转让可以避免闲置资源浪费。而对租借使用权的人来说，可以不必付出购买产品所有权的更高成本去获得其使用权，以满足自己的需要。

（三）通过互联网平台实现规模化效益。分享农业借助于"零边际成本"的互联网平台进行信息的集散，使得资源持有者与需要者之间实现了动态分享。资源持有者通过线上操作发布资源信息，并对资源需求者进行动态匹配，或让资源需求者进行自主选择，在工具、人力、农技、土地和物流等方面，将个人的生产和消费需求汇集起来，形成规模效应，便利生活，降低生产成本。

二、分享农业的形式及案例分析

从农业产业链角度来看，从生产到销售的整个环节，可分享的资源可以整理成如下表：

农业产业链可分享资源

产业链	内容	可分享资源
产前	育种、规划	信息指导、品种规划、金融信贷、保险
产中	种植、养殖	基地、种子、农机、饲料、农药、技术、信息、服务、作物
产后	农产品加工、制造	原料信息、厂房、设备、生产线、生产工艺、生产许可证、产出及供应信息
流通	运输	网点、物流
销售	终端销售、消费	产品、渠道、营销知识、市场资讯、需求

从上表中可以发现，分享经济可以贯穿在农业的整个产业链过程中，甚至可以把农业、农民和农村都贯穿起来。分享农业未来可以成为统筹城乡发展、解决"三农"问题的重要抓手，从现有发展情况来看，分享农业已在以下几个方面初露端倪：

（一）生产工具分享。利用互联网平台对于大型农机，如旋耕机、播种机、收割机、烘干机等生产工具需求方和提供方进行匹配，快速实现在线查询和对接，实现生产工具在更大范围内的分享，提高生产工具的利用效率，激活闲置资源的使用价值，为农民节本增收。

案例：农业部农业机械试验鉴定总站开发了农机直通车（全国农机化生产

信息服务平台），利用互联网平台把分散的农户、作业市场和机手快速连接，编织成一个高效、便捷的服务网络，为机手、农民提供农业版的"滴滴打车"（滴滴麦收），通过手机 APP，将农民的作业面积、地理位置等信息通过平台推送到附近机手手机上，机手抢单完成对接，实现"我去收谁的麦子"和"我的麦子谁来收"的就近智能化配对。"滴滴麦收"已累计向 339 203 名机手发布各类农机作业相关信息 295 万条，发布作业信息 2.2 亿亩，有 9 536 名用户通过手机客户端完成了作业信息对接。

（二）农技知识分享。当农户遇到种养等问题时，可以通过互联网平台在线咨询，平台将问题再推送给数据库内对应领域的专家，专家在规定时间内为农户解答并与他们交流互动。可以解决现在农技服务落地难、缺口大、市场不成熟等问题。

案例：云种云养（北京）网络科技有限公司推出基于农技服务问诊的移动 APP"云种养"，帮助农业从业者快速、专业、免费解决农业生产过程中的各类难题。当农户遇到种养问题时，可以通过手机 APP 进行在线咨询，平台将问题在后台进行系统匹配，推送给数据库内对应领域的专家，专家用户收到提示，在规定时间内为农户解答，针对专家建议，农户可以继续交流，最终可以对解答问题的专家进行评价。

（三）土地分享。农民将土地的位置、面积等基本信息提交到互联网平台，平台根据供需双方的需求进行土地流转撮合，或者平台与农民签订土地使用权流转协议获得土地使用权，并将土地交由当地的农民合作社管理，平台再将土地使用权分拆出售，消费者可以根据需求在网上订购土地使用权。

案例："聚土地"是浙江兴合电子商务公司在淘宝平台推出的以"农业众筹"为标签的产品。公司与农民签订土地使用权流转协议获得土地使用权，并将土地交由当地的农民合作社管理，公司利用淘宝平台将其拥有的土地使用权分拆出售，消费者可以根据需求在网上订购土地使用权，并提出种植需求，然后农业合作社雇用农民按照消费者的需求种植相应的农作物。除获得农作物外，消费者还可以获得免费到当地旅游和住宿的附加体验。

（四）作物分享。订单农业的一种形式，在确保质量的前提下，将植物和动物产品通过互联网平台进行预售，参与预售者可获得不同的回报，并全程参与、管理和了解动植物的生长过程、收获过程，待收获后将产品采用邮寄的方式寄给消费者。这种方式大大降低了农业投资风险，减轻了农民资金压力，提高了农民收入。

案例：2016年，浙江省遂昌县以高坪乡茶树坪村村集体流转的300亩高山梯田为基地，通过网络发起"让你成为梯田稻米体验师"众筹项目，众筹时间30天，目标金额5万元，众筹金额从9.9元至9999元不等，参与者可获得不同的回报，并全程参与管理和了解大米的生长过程、收获过程，随时进行全程溯源跟踪。

（五）民宿分享。随着休闲农业和乡村旅游电子商务的发展，涌现出了客栈民宿的分享形式。通过互联网平台，有效匹配民宿租赁双方的信息，并为交易完成提供信息咨询等配套服务。

案例："小猪短租"作为试点开发了神农架地区隐居作家古清生的特色房源，并以当地红举村、木鱼村为面，推广复制经营模式，依托当地政府资源，发展、整合更多当地民宿房源（当地原生态民房和已在经营的商业民宿），以创造当地新经济增长点。未来还将在全国的美丽乡村进行推广，让乡村民宿与乡村旅游有机结合。

（六）其他分享。除了以上分享形式之外，分享农业的想象空间巨大，比如劳动力分享，利用移动互联网汇聚闲置劳动力信息和用工需求，实现供需双方信息对称，改变农民进城接工的方式。还比如物流的分享，利用互联网平台对接乡镇司机和物流方，通过乡镇司机将货物直接送到村镇，解决物流"最后一公里"问题。再比如，由于乡村传统金融信贷供给严重不足，可以通过城乡之间的金融分享来解决农村金融信贷难的问题。

三、推进分享农业的路径选择

（一）推进农业农村信息化是发展分享农业的着力点。分享经济的迅猛发展要归因于移动互联网的发展，分享农业的发展也需要互联网平台作为支撑，因此，分享农业的发展也离不开农业农村信息化的支撑。目前，分享经济在城市发展迅速，主要是得益于城市互联网的快速普及。由于农村互联网发展相对滞后，分享农业还无法在农村地区大范围推广。但随着4G和宽带网络的快速发展，智能手机等移动终端迅速向农村延伸，未来农业农村信息化的建设，要牢牢抓住手机这个"端"，做好农民手机应用技能培训工作，加快提升农业生产智能化、经营网络化和服务在线化水平。同时也要重视网络信息安全问题，加强个人信息安全审核、征信以及交易监管。

（二）完善农业社会化服务体系是发展分享农业的切入点。农业社会化服务体系是为农业生产提供社会化服务的成套的组织机构和方法制度的总称。它是运用社会各方面的力量，使经营规模相对较小的农业生产单位，适应市场经济体制的要求，克服自身规模较小的弊端，获得大规模生产效益的一种社会化的农业经济组织形式。分享农业也是农业社会化服务的一种，通过互联网平台，将分散的小农需求集聚起来，形成一定规模后对服务供需进行自动精准配对，为供需双方提供服务。政府部门要积极鼓励社会化服务组织发展农资供应、飞防、测土配方施肥、农产品加工、仓储、冷藏、保鲜、物流、生态循环等农业生产性服务业，不断开拓市场预测、信息传递、农产品开发推介等服务。大力支持工商资本、社会资本进入种子种苗、农业信息、农产品流通等服务领域。完善政府购买农业社会化服务的政策措施。

（三）创新体制机制是发展分享农业的关键点。分享农业作为一种全新的后现代农业模式，需要政府部门深化认识和观念，创新体制机制，不能用传统发展现代农业的思维方式和制度来套用，而应该按照分享经济的运行规律去建立相应的制度。政府要以包容的态度来对待分享农业的出现，规制好分享农业的风险，建立和完善补位性、底线性和保障性的制度和规范等工作，通过试错机制来不断完善规制策略，及时修改已经明显不适用的法律法规，要防止将网络约车改造成出租车的现象再次发生。监督分享平台在发展过程中加强数据开放、准入制度、交易规则、质量与安全保障、风险控制、个人信息保护、信用评价机制等自律监管体系建设。鼓励产业联盟、行业协会等社会组织在加强产业间联系与协作、推进信息共享和标准化建设等方面发挥作用。

（作者系农业部信息中心副研究员）

参考文献：

[1] 中国分享经济发展报告 2017[R]. 北京：国家信息中心，2017.

[2] 关于《分享经济发展指南（第二次征求意见稿）》向社会公开征求意见的公告 [EB/OL] http://gjss.ndrc.gov.cn/gjsgz/201704/t20170428_846368.html，2017-4-28.

[3] 王锋. 分享经济的可行领域及推进路径 [J]. 云南社会科学，2016，(5).

[4] 钮钦，赵苹. 分享经济进乡村：动因、创新及未来——对 H 省 W 县乡村的调查 [J]. 现代经济探讨，2017，(2).

[5] "互联网+"优秀案例之全国农机化生产信息服务平台 [EB/OL]http://www.moa.gov.cn/ztzl/scdh/sbal/201609/t20160905_5265228.htm，2016-9-5.

[6] 阿里"聚土地"法律属性分析 [EB/OL]http://finance.ifeng.com/a/20140821/12968762_0.shtml，2014-8-21.

[7] 祝灵潇等：副县长"众筹"促销生态大米 [N]. 丽水日报，2016-5-18. 第6版.

[8] 《分享经济》案例之小猪短租："有人情味的住宿" [EB/OL]http://www.sic.gov.cn/News/249/6398.htm，2016-05-27.

3

第三篇　平台战略

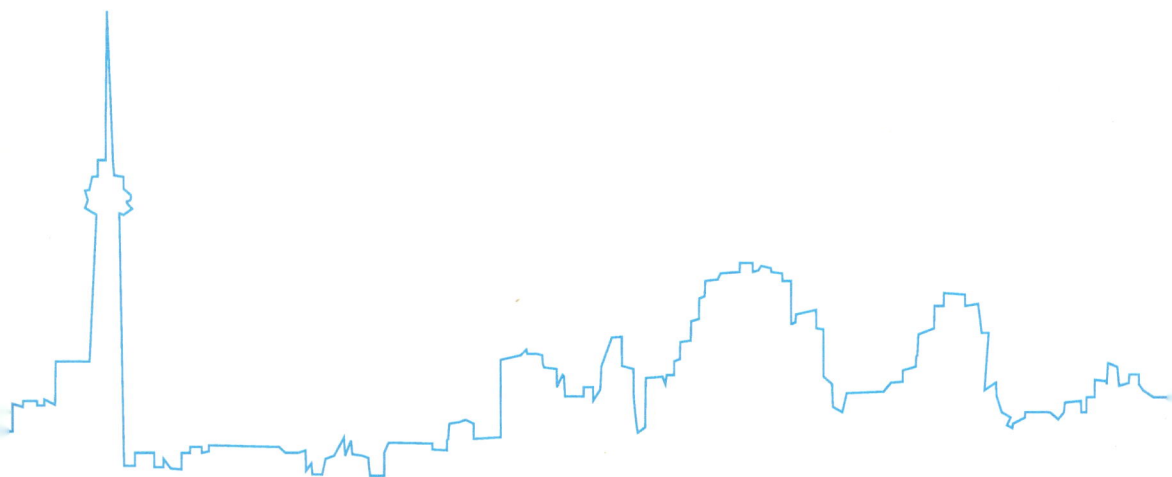

新零售赋能最古老产业，看阿里巴巴的农产品上行布局

张瑞东

从 2016 年起中央一号文件连续提出"推进农业供给侧结构性改革"，开始着力推进农业提质增效、增强农业可持续发展能力、拓展农业产业链价值链、引领现代农业加快发展等各项工作。阿里巴巴集团自 2014 年开始布局农村战略，坚持践行中央 1 号文件精神，发挥数字经济下全平台全生态的优势，以农村淘宝项目为旗舰，以众多涉农业务为依托，开展了一系列农产品上行的创新实践，在推进农业供给侧改革方面积累了有益的成果和经验。

一、阿里平台上的农产品销售

2016 年在阿里零售平台（淘宝＋天猫）上共完成农产品销售超过 1000 亿元，同比增长超过 40%。从品类来看，销售额最高的是坚果，超过 100 亿元，紧随其后的是茶叶、滋补品、果干和水果；销售增速最快的五类农产品依次为蔬菜、蛋制品、肉类、肉类制品和米面。在地域分布上，江苏和浙江均超过 100 亿元，列前两位，广东、上海、安徽紧随其后。

2016 年在阿里国内批发平台（1688）上，农产品销售同样增速明显，通过支付宝成交的农产品约为 50 亿元，因为批发平台的交易者基本采用"线上询盘线下交易"的模式，按照内部"线上线下支付比例"的模型测算，保守估计 2016 年通过阿里国内批发平台完成约 300 亿元农产品的销售。

二、阿里平台上的农产品销售的主要模式

阿里旗下各平台上的农产品上行呈现出百花齐放的格局，既有传统 C2C 方式受到社群经济、移动互联网的赋能而涅槃重生，又有 B2C、B2B 因阿里农村

战略深耕而有机会与传统农业产业链深度融合，更有在五新理念基础上应对消费升级而进行的新零售创新探索。同时，各平台在与贫困地区的农产品资源对接中，更是体现出新经济的力量，践行了电商扶贫理念。

（一）C2C（淘宝汇吃）：内容营销产品

淘宝是国内最大的 C2C 平台，最早的农民网商就是借助淘宝平台把自家的农产品销售出去的，最典型的代表如山西临县卖杂粮的王小帮和四川青川卖香菇的赵海伶。2016 年，随着《新食安法》、《广告法》、《新消法》等政策趋严，品质和服务逐渐成为市场的基本要素和门槛，平台下架和清退了不符合规定的商品和卖家，经过短期阵痛，开始深挖内容化、无线化和社区化，聚焦于卖家的成长，通过内容化、社区化的运营达到爆发。

2016 年 8 月淘宝汇吃推出自制剧《一千零一夜：鲅鱼水饺》，片中的淘宝店在播出 14 小时后卖出了以往 13 年才卖得完的饺子，整个淘宝水饺 / 馄饨品类销量也因此暴增 488%。2017 年 6 月，淘宝汇吃尝试推出一档"鱼羊早市"的直播产品，主打产地寻鲜，目前有 20 多位村民主播参与进来，主要在果园、养殖基地、海产市场等进行即时直播，消费者反馈非常热烈，同时因为直接在种养现场，现场收割当场发货，保证了农产品的极致新鲜程度，购买效果特别好。国家级贫困县安徽宿松位于大别山区，拥有丰富的农特产资源。6 月 12-16 日连续做了 5 次直播，包括分割黑土猪、深山抓土鸡、挖新鲜小土豆等内容，累计观看人数 4.5 万人，直接引导订单 163 笔，成交金额 1.38 万元。"鱼羊早市"的直播使得宿松在网络上出尽风头，大别山黑猪和土鸡成为网红遭到热捧，进而拉动种养殖者收入提升。

（二）B2C（天猫）：全链路与全效劳

天猫是中国最大的第三方品牌及零售平台，致力于为日益成熟的中国消费者提供选购顶级品牌产品的优质网购体验。在农产品上行领域，天猫生鲜、天猫食品、天猫超市，构成了天猫在农业和食品领域的主要通道。近年来阿里农村战略的深耕，使得平台开始有机会与传统农业产业链深度融合，2016 年天猫开始与地方政府携手，从产业链升级、物流服务、农村产业金融、跨境电商、原产地采购、线上营销等环节，探索全链路合作，打造从产源地到消费者的全程效劳体系。

2017 年 6 月 7 日，天猫与江苏盱眙政府签署战略合作协议，独家合作"中国盱眙互联网龙虾节"，这意味着盱眙龙虾不再仅仅是一个地域品牌，它正通过天猫实现真正的全渠道。而在前一天的聚划算活动中，来自国家级贫困县湖北洪湖的"星农联合吮指虾"单品在 1 小时售出 15 万只，当选天猫生鲜"最受吃货青睐"的小龙虾当红卖家。从 5 月底开始，星农联合吮指小龙虾在天猫上累计热销已达 139 万多只，盒子累积起来的高度相当于 15 座埃菲尔铁塔的高度，但背后我们看到的是产业链前端的洪湖渔民因此获益。

（三）B2B（1688）：发现一片蓝海

近年来农产品电商 2C 市场的快速发展，对电商运营能力的要求水涨船高，这无疑加大了中西部广大后进地区种养殖者们进入电商的门槛。但是如果从直接面向消费者转为面向卖家或零售商，则显然不需要那么精细的要求且市场巨大。1688 正是发现了这样一片蓝海，它们希望打造农产品电商领域的"B2B2C"模式，利用在全国的上百个服务商，为各地合作社、龙头企业或种养殖大户进行赋能孵化，帮助他们触网，将农特产品销售给淘宝卖家、微商群体或线下零售商，最终实现产业链的延伸和再造。

国家级贫困县甘肃省永登县的七山绿嘉园种植养殖农民专业合作联社，主要从事七山羊、野山鸡、黑枸杞、籽瓜等的种养殖。2016 年加入诚信通会员，当年线上线下累计销售提升到 9000 余万元，这包括了在传统线下渠道销往周边乡村的 4.1 万只七山羊约 4400 万元；也包括了利用 1688 平台销售的 2.1 万只七山土鸡约 189 万元，和 3.9 万只七山羊约 4200 万元，这些主要销往四川成都和江西上饶的商家，完全属于增量。另外通过网络零售平台还销售掉了 2 千只七山羊、近 6 千盒土鸡蛋和 2 千箱杂粮等。该合作联社与 1500 多户农民签署了种养殖协议，与 24 户当地残疾户签订了帮扶协议，还有 100 多名固定员工和 300 人次的农忙雇工。通过 1688 平台获得的电商增量，将极大地带动这些农户和残疾户的脱贫增收。

（四）S2B（农村淘宝）：打通本地供应链

农村淘宝是阿里巴巴集团在各地农村落地的旗舰项目，借助其在全国各地建立起的县域电商服务体系（县级服务中心＋村级服务站＋乡村物流）及电商生态系统（村小二＋淘帮手），通过改造当地的产业供应链体系，逐渐探索出了一条 S2B 的农产品电商上行模式，打通本地供应链（Supply Chain），对接天猫等平台的商家（Business），然后再卖给消费者。

国家级贫困县新疆巴楚盛产一种绿瓢甜瓜，本是南疆盆地的普通品种，远没有哈密瓜、伽师西瓜等的品牌价值，自然不能给种植者带来更高的收入。2016 年 7 月，农村淘宝、天猫和巴楚政府，帮助当地网商维吉达尼，开始对该甜瓜进行产业供应链梳理，改进种植技术，打造全新品牌，于是"巴楚留香瓜"在网络快速升温，迅速霸屏。2016 年该瓜销售 536 吨，销售金额 1000 万元，农民每亩收入从 400 元提高到 1500 元。2017 年该瓜的销售会涉及吐鲁番市的鲁克沁县和托克逊县、喀什市的巴楚县和哈密伊吾县，惠及农户 1500 户，销售区域覆盖全国。未来三年，村淘、天猫和巴楚政府将共建"沙漠农场"，在新疆环塔克拉玛干沙漠边缘支持农户建立 1 万亩现代化的农业设施基地，包销全部蜜瓜，让 1 万名农户增收，希望将每亩收入从 1500 元再提升到 3500 元。

（五）S2C（盒马鲜生）：创新新零售

盒马鲜生是阿里巴巴在新零售领域的尝试，定位于线上与线下结合的高效体验式消费中心，基于对餐饮零售业消费模式的重构，以打通线上 APP 下单与线下会员体验店的方式，打造一个全新的零售生态系统。盒马的主要品类是生鲜＋餐饮，主要满足消费者吃的需求，与传统 B2C 和餐馆、菜场不同，盒马是基于店铺服务 3 公里范围内的消费者（Store to Consumer）——可到店，也可 30 分钟免费送到家；盒马的海鲜和蔬菜，比菜场便宜、品质好、干净卫生。2016 年 1 月盒马 APP 上线，至 2017 年 3 月已经达到 100 万用户。盒马鲜生实现了线上外卖与线下展示的实时共享库存，目前线上订单已经超过 50%。目前盒马在全国有 10 家店，上海 8 家，宁波、北京各 1 家，今年内还将覆盖杭州、广州和深圳。

盒马鲜生也注重与贫困县域的对接，把在传统 B2C 中不好实现的"少特优"生鲜农产品，通过预售的方式，直供城市高端消费者。目前盒马正在与国家级贫困县黑龙江抚远和陕西佛坪对接，不久之后鲜活的黑龙江和乌苏里江淡水鱼和秦岭深处的生态娃娃鱼将直供上海和北京，满足城市高端消费需求的同时，助力贫困县域产业发展。

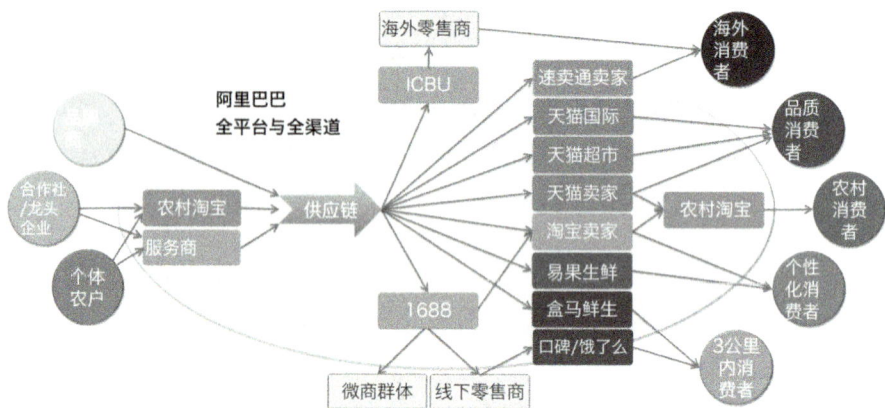

阿里巴巴集团的农产品上行路径

三、打造从生产到消费的全渠道体系

从"阿里巴巴集团的农产品上行路径"图可以看出，渠道端的百花齐放，不仅在消费端迎合了各类消费者的需求和心理，在供应端，也满足了不同农产品生产者的能力需求，助力其插上电商，甚至新零售的翅膀。

先看消费端，我们看到通过从跨境到农村，从全国到社区的布局，阿里巴巴的全平台全渠道已经实现了对品质消费者、个性化消费者、社区消费者等各类需求的满足，甚至覆盖了国外和农村市场，尽管这两个市场目前较小，但随着阿里国际化和农村化两大战略的深入，势必也会激发出更大的潜力和需求。

再看渠道端，阿里巴巴全平台搭建起的供应链体系，不仅满足了平台上各类商家的需求，对于其他平台（如微信群体），或者线下传统零售渠道，均提供了货源支持，同时借助 O2O 市场的布局（如口碑、饿了么），也帮助他们扩展了线上的需求。

最后来看生产端，第一类如品牌商，自身拥有熟识的品牌、成熟的供应链，甚至电商销售体系。他们很容易直接对接淘宝、天猫，建立面向消费者的阵地，同时也可以成为天猫超市、盒马鲜生的供货体系，自身成熟的供应链使他们无论 toC 还是 toB，均游刃有余。第二类如合作社或龙头企业，他们拥有建立供应链体系的标准化和产业化能力，但电商能力较弱。因此可以通过 1688 或 ICBU 等批发平台，直接供货商家，如淘宝卖家、微商群体、线下零售商等，或者加入天猫超市或盒马鲜生的直采，还可以通过农村淘宝或本地服务商，建立起供应体系，再通过天猫、淘宝等平台完成销售。第三类如个体农户，生产能力小，电商能力弱，基本没有建立供应链体系的能力，如今他们可以通过加入合作社形成组织体系，也可以通过对农村淘宝或本地服务商的整合，再对接平台和市场。

随着新零售概念的提出，大数据和物联网技术的成熟，阿里巴巴各平台上农产品供应链条的路径还将不断演化升级，如果再加上智能物流体系的迭代更新，农产品电商这张大图将会更加复杂和精彩。插上了数字经济的翅膀，农业供给侧结构性改革有了新的注解，农产品的生产者和消费者将成为最终受益者。

（作者系阿里巴巴集团农村事务资深专家）

京东农产品上行策略与实践

李 敏

当前我国经济面临较大下行压力，一方面在多个领域出现了产能过剩的现象，另一方面消费者的需求在国内市场得不到满足，企业的产品供给与市场需求没有完全对接起来，供需结构不平衡。近年来，国家大力推行供给侧改革，2017 年中央 1 号文件《中共中央、国务院关于深入推进农业供给侧结构性改革加快培育农业农村发展新动能的若干意见》明确指出，要优化产品产业结构，强化科技创新驱动，推行"互联网＋"现代农业。

京东集团积极响应国家战略，充分发挥电商企业优势，大力发展农村电商。2015 年初，京东推出农村电商"3F 战略"，分别是工业品下乡、农产品进城和农村金融，其中农产品进城是京东农村电商战略的核心。2016 年初，京东与国务院扶贫办签署《电商精准扶贫战略合作框架协议》，以产业扶贫、创业扶贫、用工扶贫、金融扶贫等措施塑造产品品牌，促进产业发展，推动产业链融合，积极参与国家精准扶贫战略。

一、塑造产品品牌

我国的农业还是以小规模生产为主，如果没有品牌化引领，就会陷入大量的同质产品的低价竞争中。而要更好地发展农业，就需要有品牌的支撑。打造农业品牌的难度在于渠道和宣传，电子商务的快速发展大大降低了这些门槛。利用电子商务这种新的营销方法，能够快速了解到消费市场的变化，并及时地做出反应，容易与消费者形成良好的沟通。京东通过品牌引领，提升产品质量，与众多产品形成差异，主动划分市场等级，吸引一批忠诚度高的客户，从而帮助企业在激烈的竞争中脱颖而出。

京东在全国多省区推动特产馆的快速建设，截至 2017 年 6 月底，京东平台上共开设 109 个贫困地区特产馆。自 2016 年第 4 季度开始，京东平台贫困县农特产商品销售额大幅提升，2017第1季度同比增长158%，2017年第2季度同比增长156%，京东特产馆已成为贫困县农产品上行的重要通道。

京东还将金融众筹理念引入扶贫，帮助贫困县产品开拓市场，拓展销路。目前已成功完成来自近50个国家级贫困县的107个项目的众筹，平均超过筹款目标3～5倍，众筹金额8.6亿元，贫困家庭平均增收5300元。

二、促进产业发展

京东大力发展农村电商，一方面利用互联网打破供需双方的信息不对称，使农业生产者能够及时了解市场信息，根据市场需求合理组织生产，从而降低农业生产风险。另一方面，京东利用电子商务可以跨越时间和地域限制的特点，使本地的农产品可以方便快捷地对接到广域大市场，解决农产品卖难问题，帮助农民脱贫致富。

与地方龙头企业合作，通过龙头企业来促进地方产业发展，带动贫困群体脱贫致富，是京东实施产业扶贫的一大措施。京东与1000多家地方龙头企业建立合作关系，像苍溪的华普农业、延川的宏达公司、阜平的汉夏阳光、饶河的北纯农业、乌兰的吉仁农牧、同江的江渔源等。以华朴农业为例，京东生鲜自2015年开始即尝试与其建立直采合作。通过生鲜冷链的对接，苍溪猕猴桃可以保证高品质、低损耗、高效配送至全国市场。2015年9月中旬，苍溪县与京东合作举办了首届线上红心猕猴桃节，华朴农业承担了核心运营商的角色。在京东商城的掌上秒杀页面中，仅仅用了36秒的时间，5000件猕猴桃就一抢而空。猕猴桃节期间线上独立访客达100余万人，总销售量接近500余万元。2016年8月底，第二届京东苍溪线上猕猴桃节如期举行，生鲜直采平台的优势得到了充分展现，猕猴桃节期间华朴在京东平台的销量实现了超过70%的增长。2016年10月，京东苍溪特产馆上线，这个馆囊括了苍溪县各类优质、特色农产品，帮助苍溪当地更多商家将自身的优质产品通过京东平台销售，以及在未来3～5年可以带动5000个贫困家庭增收。

三、推动产业链融合

2016年，京东深化"互联网+"现代农业模式，将农产品进城和农村金融战略细化为 7 个环节，从人才培养、资金筹集、农资电商、安全追溯、电商物流、销售渠道、农业品牌等方面，打造标准化、规模化、现代化、品牌化的四化"互联网 +"农业特色产品，打造可追溯、全冷链、高价位、高品质的"互联网 +"现代农业发展模式，全面打造农村电商服务生态体系。

仁寿县位于成都南部，有着丰富的农产品资源，拥有"中国枇杷之乡"的美誉。随着电子商务的发展，线上生鲜农产品市场越发红火，而线下水果销售市场逐渐受到挤压，销售路子越走越窄，寻求新的销售模式，拓宽枇杷售卖渠道，成为农民面临的一大难题。

2014 年 12 月，仁寿县与京东签订战略合作协议，成为京东下乡进村"星火燎原"计划的首个签约县，京东通过实施农村电商战略[1]，发挥电商平台的优势，与传统农业相结合，有利于将"仁寿模式"推广到其他县域，尤其是贫困县地区，在京东的扶贫战略方面探索成功经验。

2015 年 1 月，京东集团"京东帮仁寿服务店"正式开业运营；3 月，京东县级服务中心在仁寿电商产业园开业；招募乡村推广员近 300 名。目前已建立起完善、便捷的县域服务、销售通道，让农民足不出户就能享受到与城里人一样便捷、放心的购物服务。

京东协助仁寿开通了线上"中国特产·仁寿馆"，签约仁寿枇杷产业基地为京东直供基地，并与当地电商服务平台、农产品加工龙头企业等合作，实现了城市消费者通过手机、电脑等随时上网下单，果林田间完成包装发货，再通过京东物流配送 36 小时送达购买者手中的新路径。

2015 年 9 月，京东金融向四川福仁缘农业开发有限公司发放了首笔近百万元贷款，用于丰收季枇杷的收购。同时，京东金融联合福仁缘推出"仁寿京农贷"，向当地农民发放贷款 500 多万元，有力地解决了农民贷款难、农产品销售难问题，激发了农民种植积极性。

2015 年，仁寿县联合京东举办了首届线上"中国·仁寿京东枇杷节"，21 万亩枇杷通过京东电商平台与物流网络销往全国，带动全县枇杷销量超 6.2 万吨，销售额达 6.82 亿元，同比增长 76%，开创了一个农产品电商的新纪元。

1　京东农村电商战略，又称"3F 战略"，分别是工业品下乡、农产品进城、金融农资等服务。

四、完善物流体系

为更好推进产业扶贫，京东投巨资自建仓配一体的冷链网络，在全国 11 个城市建设了先进的多温层冷库，覆盖 268 个大中城市，实现北京、上海等 39 个大城市生鲜当日送达，81 个城市 211 时效送达，为贫困地区生鲜产品的推广提供基础设施保障。

在商品流通渠道建设方面，京东同样加大了投资力度，在 423 个国家级贫困县设立自营物流配送体系，在 507 个国家级贫困县设立京东帮服务店，为贫困地区的贫困家庭提供低价、正品的商品以及快速送达、无条件退货的优质服务。

五、助力脱贫攻坚

2016 年至今，京东销售扶贫地区产品累计达 153 亿元。为了大力促进贫困地区农产品上行，京东在 832 个国家级贫困县吸纳 6003 家合作商家，上线 283 万种商品，设立 109 个扶贫地方馆，扶持 1000 多家地方龙头企业，重点推进 28 个产业。

京东作为国际领先的互联网企业，涉及电商、金融、技术三大领域，京东金融提供理财、保险、支付白条等服务，京东技术开发了无人仓、无人机、无人车等高科技产品，在 52 个城市运营 256 个大型仓库，拥有 6906 个配送站和自提点，物流体系覆盖全国 98% 的人口，还是同时拥有大件、中小件、冷藏冷冻三大物流体系的电商公司。京东凭借在消费市场的独特优势，将资源聚集在重点产业上，可以培育地方企业发展壮大，帮助企业打造品牌，提高产品溢价。作为有社会责任担当的企业，京东愿意将所拥有的设施、技术和服务向社会开放，尤其是向贫困地区开放，充分发挥京东的优势，和政府、企业一起推动地方产业发展，提高社会整体效率，促进地方经济可持续发展。

（作者系京东扶贫战略首席专家、博士）

苏宁以"三化五当"深化农商互联

赵海涛

近年来，苏宁积极贯彻落实国家促进农产品流通的政策，切实响应商务部"互联网＋流通"的号召，充分发挥自身线上线下双线融合的优势，加快助推农产品产销对接等系列行动，推进一二三产业融合发展，率先创新探索互联网零售企业在农商互联中的示范作用，经过多年不断的探索研究逐步形成了"三化五当"服务农商互联的新模式。

一、"三化五当"解决农商互联存在的突出问题

苏宁针对农业电商发展过程中的三大问题：农产品经营"小而散"、农村物流网络不健全、农业电商人才匮乏，苏宁探索用互联网思维推动农业农村改革发展，靠改革、靠创新、靠科技，加快推进农业信息化、品牌化。苏宁经过连续多年的总结，形成了符合中国国情的"三化五当"模式。"三化"即是促进农业产业化：以苏宁易购直营店、中华特色馆等渠道反向推动农业的产业化发展，产业化发展是根本目标；推动农产品品牌化：苏宁大聚惠、苏宁众筹等营销平台助推农产品的品牌化发展，品牌化发展是高效手段；提升农业人才专业化：成立苏宁农业电商学院，推动农业电商人才的专业化发展，人才专业化是基础措施。"五当"：销售在当地，服务在当地，就业在当地，纳税在当地，造富在当地——立足农村，服务农民，倒逼农业。

近两年来苏宁在全国范围内共布局完成易购直营店 2079 家，开设授权服务网点 833 家，网络覆盖全国超过 2000 个县、5000 多个镇、50 000 多个村，经营日趋成熟，效益逐渐体现，店面销售收入同比增长 33.51%；中华特色馆超过 200 家，超过 10 万 SKU，并通过本地化人才招募策略，带动回乡创业就业青年超过 1 万人，为 1500 多万农民提供了高效优质的服务。全渠道累计实现

销售超 50 亿元，每个特色馆可提供当地的农副产品、特色工艺品、中华老字号产品，累计惠及 200 多万农民。

二、苏宁在农商互联领域的一些经验做法

（一）"电商＋直播"，以视频溯源引爆消费移动端

苏宁农商互联团队对农特产品坚持以"绿色电商发展"为路径，因地制宜塑品牌，聚焦品牌推广，协助农产品打造品牌。如在湖南永顺县就是利用线上资源曝光 600 多万人次，策划视频溯源，运用"电商＋直播"的模式，开辟"红人网购直播间"，网红直播松柏自然风光和猕猴桃种植方式，传播全国，让消费者买得安心，吃得放心。其中 8 月 11 日，通过苏宁易购原产地直播平台进行了《镇长带你去猕猴桃原产地》全网直播，由松柏镇镇长陈玉兵和猕猴桃种植大户向欣主播。在线观看人数达到 51.2 万人。截至活动结束，累计视频浏览次数近 300 万人次。三天活动期间，苏宁易购线上销量达到 60 万斤，线下采购量达 40 万斤。通过本次活动，苏宁以实际销售效果做出样板提振了当地农民兄弟对发展猕猴桃走电商之路及坚持"绿色电商"的信心！

（二）标准与系统：苏宁电商学院赋能农户

如我们做的新疆哈密瓜"万里挑一"项目，是以一个单品作为突破点，扩大到产地文化、创始人故事、品牌强关联等方法，营造原产地直送氛围。通过苏宁员工前往产地拍摄、采访和真人讲述，提升顾客信任度。把原产地元素和平台元素充分结合，提升关联性，最终实现了 4 天售罄 10 001 个哈密瓜，销售额总计 39.6 万元。销售额不是最重要的，主要是在培训经验与方法的基础上，苏宁电商学院更坚持传递标准化和食品安全知识与要求给当地农民，反复强调标准与系统服务的重要性，不断提高服务的标准化，提出具体明确的闪电赔付、品质精选、严苛质检、极速送货等服务要求，协助制定了服务指南与操作手册。比如，缺斤少两包赔，果径低于标准包赔，坏果包赔；首创业内不满意基金险与"包甜基金"，购买商品不满意找客服理赔 10 元以内基金（任何理由都可以，1～10 元不等）。

（三）探索"电商平台 + 农特产品 + 休闲旅游节"的高效助农模式

我们除了推动各地"名特优新"、"三品一标"、"一村一品"农产品上网营销外，还推动"互联网 + 农特产 + 旅游"项目，借助苏宁易购线上线下协同发展的优势，以预售、众筹、竞拍、秒拍、订制等方式扶持当地农业产业亮点，整合农特产品和旅游资源，推进休闲农业、定制农业与最美中国休闲乡村的发展。今年的 6 月 15 日就选择在高淳老街，与省商务厅、省农委推荐的商户一起开展"农产品促消费"的直播，边吃边逛，民间剪纸街头曲艺，品酒投壶品茗赋诗，明星网红抚琴献唱，百家小吃等等，直播 3 个小时有 50 000 人次在线关注该活动，老街知名度也获得了较大的提升。

（四）定期举行主题营销活动

江苏馆按季度举办"苏货网上行"主题营销活动，依托苏宁旗下苏宁易购超市、中华特色馆等线上资源及线下苏宁广场、苏宁小店等多渠道的展示、推广、助销优势，围绕中华老字号、地理保护标志产品、特色小镇等主题开展品质商品推广活动。重点活动包括 6 ~ 8 月龙虾节（盱眙龙虾、洪泽湖龙虾），10 ~ 11 月大闸蟹节（阳澄湖、固城湖、洪泽湖、高邮湖、溱湖、大纵湖）。

推广方面，地理标志产品——高邮咸鸭蛋，2016 年"818 发烧节"期间，通过苏宁易购青春社区在线产地直播，展示了中国鸭文化博物馆、红太阳生产加工车间以及高邮鸭良种繁育中心，吸引近 50 000 名粉丝网友在线观看，开辟了一个全新的在线推介高邮鸭文化和销售高邮特色美食的新模式。

（五）助推电商精准扶贫政策的落实

2017 年 3 月 25 日，徐州馆爱心助农，义卖徐州房村滞销莲藕，帮助当地农民销售了近 8035 斤鲜莲藕。因近期鸡蛋滞销，苏宁易购也积极参与"电商精准扶贫"工作，截至 7 月 10 日 24：00，苏宁易购线上鸡蛋销售价格在 0.99 元 ~ 3.3 元 / 枚不等，均价在 1.8 元 / 枚，累计销售 86.37 万元，累计售出近 48 万枚鸡蛋，从农户处鸡蛋采购价格为 0.9 元 / 枚，鸡蛋主要来自镇安、罗田、武隆、乌兰察布、太湖、秭归、英山等十余个国家级贫困县的近 800 户农户。

8 月 7 日绵阳北川红皮萝卜滞销达 100 多万斤，市场供大于求，现在 6 毛都卖不出去，苏宁相关领导连夜拉群讨论，并制定了"抢救萝卜"行动计划。

通过线上线下的优势，9 日起，采购的红皮萝卜在成都、绵阳等地展开爱心售卖，同时联合了成都春熙路街道办，号召苏宁超市春熙店周边商户前来购买；并联系了合作的超市供应商，帮忙预定了十万斤萝卜。线上通过苏宁中华特色馆·绵阳馆，连夜赶制北川萝卜的商品页面，并于 9 日开始在线上售卖，并且通过苏宁易购平台和自媒体等渠道向全国宣传。截至目前，所采购的萝卜已被全部销售一空。

2017 年湖南地区历史罕见的特大洪水，让怀化辰溪县锦岩村 485 间房屋被洪水淹没，其中垮塌 40 间。500 多亩稻田被淹，15 000 斤稻花鱼全部被冲走，其他经济作物也大多绝收。因为黄桃地处高山，现在几乎成了村民灾后重建的唯一依靠。辰溪县锦岩村的 6 万多斤黄桃已经成熟。今年这些黄桃对村民有着特别的意义，不仅可以脱贫增收，还可以通过黄桃筹集资金积极进行灾后自救。苏宁易购中华特色馆·怀化馆承接运营辰溪黄桃，株洲馆承接运营炎陵黄桃，发挥当地区域优势，整合营销资源。开放苏宁易购主站流量支持入口单品大聚惠、掌上抢、社交乐拼购资源。线上苏宁易购超市频道、中华特色馆频道重点突出辰溪黄桃活动。发挥苏宁 O2O 模式优势，在苏宁全国 1500 多家主力门店，O2O 联动布展黄桃二维码，店员全线推广，加强电商扶贫影响力。利用苏宁易购会员微店，乐拼购社交传播发起微营销、社交营销，形成传播扩散效应。截至目前湖南苏宁云商累计销售炎陵、辰溪黄桃 50 多万斤，通过扶持农产品的销售，加强了炎陵、辰溪黄桃品牌知名度，有效地带动了当地乡村旅游的发展，帮助村民筹集灾后重建资金，形成了"互联网＋农业＋精准扶贫"一套行之有效的模式。

三、建立农商互联发展长效机制的几点建议与思路

（一）平台搭建。苏宁充分利用在互联网 O2O 线上线下的平台优势，整合资源，创新农产品流通与实现电商精准产销对接。通过特色馆、大聚惠、闪拍、众筹、网红直播、新媒体平台传播、线下实体店推广等方式，拓宽特色农产品销售渠道，提升知名度和竞争力，推动贫困地区农产品的产业发展。

（二）资金支持。苏宁针对贫困地区的实际情况，为当地支柱产业企业及电商企业提供金融服务，对符合条件与要求的种养殖农户、合作社、创业青年

等提供 10 亿元的农村金融支持，并加快农村金融的嵌入，积极发展农商互联平台的消费贷和供应商的供应链融资及流动资金贷款。在农村金融领域，苏宁众筹已经有了很好开端。一是传统的实物型众筹（订单农业，类似预售），成功案例有中国好樱桃（雅安车厘子）、泗阳黑山羊（平安保险承保）等。二是"实物＋金融"众筹，成功案例有消费宝（江苏馆）。即顾客支持 500 元参与江苏特色馆百味鲜"消费宝"项目，如顾客全部消费将获得 650 元的中华特色馆·江苏馆的特色商品；如果顾客未消费或部分消费，将获得对应本金及年化 7.08%的补偿金。消费宝产品一经推出就受到消费者的欢迎，当月累计售出 2000 万元。

（三）品牌塑造。依托特色农产品资源，发挥苏宁双线融合的全渠道优势及营销策划能力，深入挖掘更多特色资源，择优塑造成农产品的公用品牌，持续推动特色农产品走向全国，乃至走向世界。

（四）示范打造。苏宁协助贫困地区打造"双创与返乡青年等电商示范项目"，以苏宁创业培训为抓手，帮助当地电商企业、合作社、养殖户等社会团体通过农村电子商务实现致富脱贫。

（五）人才培养。苏宁将针对性地开展定点电子商务培训，培训政府部门、转型企业、涉农组织、专业合作社、养殖业等相关工作人员以及大学生村官和创业青年等，通过电商培训，实现创富增收。

（六）基地建设。苏宁协助贫困地区打造"特产基地"和"电商产品示范基地"，建立苏宁易购大聚惠与农产品众筹常年直采基地。在政府的支持下，制定标准，联合农户等生产经营主体向全国供应高品质农特产品。

（七）创办微型工厂。微型农产品工厂主要是针对贫困地区土地破碎、连片耕地较少、农业体量小的特点，将贫困地区的农特产品、手工艺品的生产流程进行科学、合理、规范的分解，使之既保持原汁原味的农特产品、手工艺品属性，又符合商品流通的规范性，同时提高农民单位时间的劳动生产率。通过将生产出来的产品对接广大的电商市场，缩短土地和市场的距离，提高农产品的附加值，促进农民增收。

（作者系苏宁易购集团公共事务部副总经理）

发挥行业独有优势，中国邮政助力农产品上行

刘小刚

尽管千难万难，农产品电商发展势头强劲，已成为拉动消费、促进农业传统产业升级、发展现代服务业的重要引擎。全国邮政电商分销经过多年的探索，在农村电商发展及农产品上行上影响力不断提高，农产品返城业务有了一定的规模，边际效益及对邮政"一体两翼"发展的拉动作用显著。不含线下销售和寄递，仅邮乐网农产品板块 2017 年上半年就实现交易额 30.18 亿元，同比增长 63.5%，订单量达 55.8 万单，同比增长 253.7%。

一、中国邮政立足行业特性做农产品上行的集成服务商

在 2000 年前后，大部分省邮政部门介入了种子邮购业务和工业品下乡领域。在农资下乡的过程中，以线下分销的模式逐步涉足农产品返城，并在农村电商大潮流中，农产品上行与电商精准扶贫线上线下联动，经过探索与发展成效非常显著，但在取得显著成绩的同时，也遇到了不少共性的困难与问题。如，在农产品收购与品控、初级加工及标准化、冷链物流配送体系，以及发挥邮乐网及邮乐小店的作用推进精准扶贫工作等方面，邮政企业还应该做更能迎合社会需要的前瞻规划，发挥出行业的全网优势，尽快形成规模效应。

（一）在邮政农产品上行战略方向上。发挥邮政企业优势，进一步融入"互联网＋农业"，以及供给侧改革潮流，整合邮乐线上平台、分销线下渠道，强化各省份原产地农特产品，尤其是快速推进中央苏区、老边少地区农产品上行组织工作，积极承担服务社会责任，助力电商精准扶贫工作开展，使邮政成为电商扶贫工作的示范者、南北干货流通桥梁的架设者、农特产品外销的主渠道、农产品上行领域的领先者。同时，加快电商分销业务融合，提高联动力，助力

邮政普惠金融和电商包裹业务发展，通过业务融合发展，反哺农村电商和农产品上行，形成工作良性互动。

（二）在邮政农产品上行战术上。一是全国邮政统一规划，各省邮政协同作业。围绕"一月一品类"，以"同唱一首歌"为活动主题，集中全网线上线下力量办大事，每月集中打造 1~2 款有销售规模、在全国和电商精准扶贫领域有较大影响力的农产品爆款。二是依托邮乐网电商平台，通过跨省联销、城市结对联动，实现线上线下资源互补，打造"邮乐农产品"和"农佳汇"品牌，并形成标准化流程运作。三是下大力推进"集订分送 + 落地配"模式，促进规模提升，走农产品大单品和品牌战略，并积极涉足定制运输，实现降本增效，促进业务规模提升和实现可持续发展。四是深度激活邮政自有客户群体，以客户节、优惠购、积分换购、定制服务等手段加强客户回馈，把邮政历年来积累的过亿级别的海量客户盘活，增加农产品消费，促进邮政综合业务发展。五是立足邮政寄递业专家及领袖的地位，强化农产品上行内部标准或作业准则的编制与推进工作。通过准入、仓配或寄递、全程时限及售后服务的规范化，保证农产品质量和客户体验，促进寄递规模提升。

二、一月一品类，打造大单品

充分发挥中国邮政总部引领及邮乐网"邮乐农产品"线上平台优势，侧重平台自营批销，每月推出若干款适销、适寄的农产品，强化总部组织，由中国邮政集团公司总部每月提前发布农产品征集令，筛选各省对运输、寄递要求较低，产量有保证的农产品，并在确定运作的项目、计划目标后，提前下发活动方案。同时，推动区域互动，全国抱团打造邮政自营大单品和农产品返城标杆项目，做大农产品返城规模。

此外，要注重配送难问题的解决，保护及兼顾各参与省份的利益。结合农产品大单品特性，采用以下两种方式解决农产品上行及销售难点：一是抛单直递，由组货邮政企业将农产品上线至邮乐农产品网等线上平台，设定佣金，通过邮乐小店在一定范围内分享推广，组织开展限量秒杀、爆款等活动，订单生成后，组货邮政企业直接将农产品寄递至客户。二是集订分送，由营销邮政企业通过进驻邮乐大网或其他电商平台和大客户走访、营业厅宣传等方式开展农产品预售，汇集批量订单，由营销邮政企业寄递或配送至客户。

三、同唱一首歌，形成爆发力

为避免邮政在推进农产品上行工作陷入天女散花和零零散散、不成规模、没有影响力的困局，着重中央苏区、老边少地区的农村电商发展及农产品上行工作，全国邮政平台资源、客户资源、营销资源在同一时期一同"走进"中央苏区、老边少地区，密集地针对同一地区、同一系列产品开展宣传，组织爆款，全网集中运作原产地农产品，平台出台相应政策，再通过遍及全国的邮掌柜、邮乐小店和广大营销员，使上行的老区贫困农户、合作社的农产品快捷地"走进"城市。

比如"同唱一首歌——走进井冈山"，着重销售井冈山中央苏区原产地毛竹制品、红薯、小米等；"同唱一首歌——走进延安"，着重销售延安、洛川老区的苹果、红枣等知名农产品；"同唱一首歌——走进北大荒"，唤起社会对老知青战天斗地打粮食的记忆，并弘扬知青精神，主销知青农场的大米、菌菇干货等；"同唱一首歌——走进红都瑞金"，销售原产地赣南脐橙等等。这种抱团发力的打法，能快速形成规模和社会影响力，不仅与党中央、国务院的重大决策和重大时政紧密结合，每回"走进"还可为贫困地区销售农产品至少10万件以上，可有力地传递党中央国务院的关怀、全国人民的爱心，助力中央苏区、老边少地区产品上行及电商精准扶贫工作开展。邮政品牌张力和农产品代购、农产品寄递规模也可快速提升。

为更好地发挥"同唱一首歌"扶贫活动的效果，必须遵循以下原则：一是必须是政府推动的项目，并有政府"背书"、适当补助邮政寄递费，支撑相关活动开展，并指导合作社落实收购、标准化等工作。二是必须是项目所在省份邮政部门自愿及提出，并保证能在人财物等上全力支持。三是产品必须是原产地，侧重中央苏区、老边少地区，并组织本地其他农特产品联展联销，有助于党委政府精准扶贫工作开展，也有助于邮政农村电商品牌塑造。四是产品必须适合寄递，对仓储及配送要求相对较低，内外包装能满足寄递要求。组货省提前明确供应商售后保障措施，形成条例，并保证严格履行。

四、联动联销，提升规模

有组织、有计划地组建产销联盟，引导东部沿海经济发达地区与内地及西部经济欠发达地区之间开展跨省合作和城市结对，优势互补，搭建东部工业品、西部农特产品互补互通的桥梁，从而促进内地及中西部地区农特产品外销到消费需求较为旺盛的东部及沿海城市。

前期，通过摸底，掌握各省邮政电商分销的产品需求，协助省际间结对，如尝试东北与西北省份结对，互通原产地农产品（东北大米、菌菇与西北水果、坚果互换），形成"黄河以北农产品交换带"；西北与东南省份进行生鲜农产品与工业品互换，形成"东西走廊"；以"长三角"、"珠三角"、"闽台港澳"为服务龙头，打造农产品深加工知名商品、快消品供应链，覆盖全国，形成有邮政特色的商品"动车组"。同时辅以多省份邮政联席会等机制，强化区域合作与商品流通，既荟萃商品、互通有无，又能集中力量，联合发展，在产品共享的同时，实现资源共享、创意共享、智慧共享。通过以点带面和一个时期运作后，使结对地市达 100 个以上。

五、集订分送，提速增效

时限和生鲜度是农产品上行工作的"拦路虎"，让不少企业心有余而力不足和望而却步。邮政是全网企业，网点及邮件处理机构遍布城乡，整合到位、提速保鲜，就恰恰成了邮政的比较优势、竞争优势、运作优势。

针对农产品配送差异化要求，邮政部门在传统的"抛单直递"模式基础上，积极稳妥推进"集订分送＋落地配"模式，实现农产品提前批量入仓，线上预售和线下销售同步，以"极速鲜"为依托，辅以"定制运输"，从不同层面解决运输寄递问题，实现了提速，从而降低产品损坏和寄递成本，以降本促增量，以增量促增效，实现农产品返城与包裹物流的双向提升、互为促进。

六、造节营销，回馈社会

有节过节，没节造节，电子商务模式的商业活动，离不开销售氛围刺激。中国邮政有平台、有客户，为农产品造节营销提供了强有力的保障。立足邮政自有的三个群体，强化造节为农产品销售能力提升造血。

一是每年组织两次大型的"邮政农村电商节"，组织各类品牌影响力大的快消品和原产地农副产品，以 B2B 模式下行到城市及农村的邮掌柜店铺，为数十万邮掌柜提供批销服务。

二是因地制宜，指导各省份开展客户节活动，集采全国各地原产地时令农产品，通过线上展示、预订，以及线下团购等，以"优惠购"、"积分换购"、"爆款及买赠"、"满立减"等方式回馈邮政金融、票务、订阅、集邮等客户，并不断持续增粉和固粉，不断扩大 B2C 市场。

三是强化短平快电商线上造节，征集各地特色产品、文创产品，以及手工初级农产品，在邮乐网平台造节大促，吸引小资及白领和粉丝、会员消费，起到电商平台持续造血和交易"恒温"，积少成多，增加农产品外销量。

七、电商助农，精准扶贫

中国邮政有数十万乡镇局所，是电商扶贫最为宝贵的资源。从电商扶贫的角度看农产品上行工作，邮政首先要从电商扶贫站点建设入手，依托电商站点实现邮政农产品返城与精准扶贫的有效对接。

一是改造邮政农村网点，构建邮乐购线下站点，并邀请乡镇政府扶贫工作站进驻，邮乐站点成为扶贫站点，以及农村电商及精准扶贫工作的桥头堡，并代表政府开展致富培训、电商创业培训等，抓好农村电商"能人"、"带头人"培训，发挥辐射带动作用。

二是邀请合作社进驻，推行靶向种植新模式。通过政府引导、平台做导向，由农业合作社发挥其本质作用进行规范种植管理，一对一结对指导困难户生产，甚至病虫害统防统治，收购农产品，推行好订单农业，负责农产品线上销售，并协助优质农资下行。有条件的合作社或专业户还可开展农家乐休闲旅游、采摘、食宿等，实现增收，助力脱贫。

三是快递超市构建。邮乐购站点发挥前店后仓功能作用,建立基地(或农户)→城市中转仓→消费者或社区→最后一公里物流形态的第一环节，实现农产品轻仓储及农产品上行物流模式。

四是金融入驻，推广普惠金融服务。邮政自身有银行、保险等金融从业资质和业务，可以在邮乐购站点推动专柜贷、小额取现，以及各种简易保险等。

五是发挥邮掌柜、邮乐小店这两只巨手农产品销售的作用。大力发展邮掌柜加盟店，将农村邮掌柜打造成农产品上行、快消品批销、工业品下行的"利器"，将城市邮掌柜转换为农产品批销、代购的主渠道之一。同时，动员全国百万邮政员工使用邮乐小店，进行社群营销做大分享经济，促进返城农产品落地和进家庭。

八、推进上行农产品标准化，走可持续发展的道路

邮政不仅完成初级加工的农产品外销，更关注零散的农户，尤其是劳动力缺失、文化水平较低的贫困农户，他们不仅是小规模种养，而且无法完成产品初级加工甚至基本的标准化包装，为这类弱势群体服务和替他们销售农产品更是精准扶贫目标所在。邮政加快农产品上行"标准化"课题研究，及早出台邮政农产品上行标准等规范性文件，给上行及寄递的农产品指定进入邮政体系内运作前置条件、准入品类、准寄范围，统一品牌及设计元素，制定各品类的内外包装、收寄、内部处理及运输、售后服务和全程时限等标准或规范，促进农产品上行工作健康和可持续，与包快业务协同发展。

（作者系中国邮政集团公司电商分销局局长）

全国供销总社"供销e家"农产品上行策略

孙 伟

作为一个成立 60 多年的传统经济组织，供销合作社仍然在农村商品流通中发挥着重要作用。近年来，供销社紧紧抓住电子商务的发展契机，成为了农村电商中不可忽视的一股力量。2016 年，全国供销社系统电子商务交易和在线商品销售额达 6031 亿元，同比增长 52.3%。而在这其中，最知名的就是全国供销总社的"供销 e 家"电商平台。

一、"供销e家"介绍

"供销 e 家"（http://www.gxyj.com/index.html，首页如图 1 所示）是供销合作社系统发展电子商务的全国平台，由中国供销电子商务有限公司负责运营。中国供销电子商务有限公司成立于 2015 年 5 月，是中华全国供销合作总社的全资企业，注册资金 16.55 亿元。

图1 "供销e家"网上商城首页

当前，农产品电商市场一方面存在"散、弱、小"的问题，一方面充斥着，虽打着"农村电商"旗号，但却以获取政府资金补贴为目的的乱象。通过城市消费市场发展起来的大型电商平台，如阿里、京东，近年来也在积极发展农村电商，但其资本属性决定了逐利化的倾向，同时对本地的实体商业产生了迅猛冲击。"供销e家"是在对现有农村电商模式充分剖析的基础上，结合供销社的体制机制优势，建设的旨在充分融合本地商业、以县域为基础的全国互联互通的电商平台。"供销e家"将基于"前台多样化，后台一体化"的技术架构，与各地供销社（以县级为主）合作，搭建出"供销e家"的多重平台（包括全国平台和基于手机地理定位的县级平台共数百个平台），致力于整合全国供销社资源，成为农村电商国家队和打造中国优质农产品的第一平台。"供销e家"电商平台于2015年11月5日正式上线。

截至2016年底，"供销e家"平台与31个省（自治区、直辖市）的近千个市县供销社实现了对接，上线品种超过4.6万种，其中主要为农副产品。"供销e家"计划用三年左右的时间，建设和改造1000个县级运营中心和35万个基层经营服务网点。目前，已经确定天津宁河、四川泸县、湖北宜昌、浙江上虞、江苏镇江等20个地区作为全国样板县，力争短期内形成示范效应。

二、"供销e家"农产品上行模式

在"供销e家"电商平台的全部业务中，最为核心也最有特色的模式是县域电商生态圈和全国优质农产品互联互通，如图2所示。接下来从这两方面来详细介绍。

（一）县域电商生态圈

1. 前台多样化，后台一体化

"前台多样化，后台一体化"既是公司的运营理念，又是"供销e家"平台的技术架构和独有商业模式。该模式着眼于县域电商生态的广阔前景，充分考虑供销社资产分级管理的现状，确保了全国供销系统和"供销e家"平台的优势皆得以发挥。它确保了各地供销社电商平台都能背靠零售和批发这两个资源库，不仅能打造出极具地区特色的县域电商生态圈，还将助力优质农产品在全国范围内开展零售、批发和大宗交易业务。在这一过程中，各级供销社电商公司将借助市场化的采购和销售分润机制实现共赢。

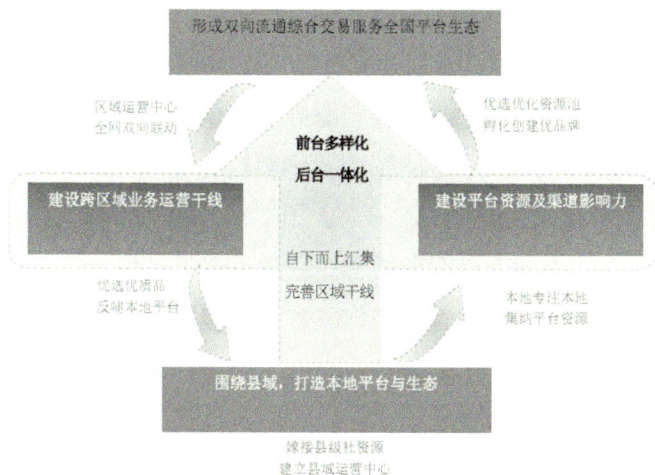

图2 "供销e家"核心商业模式

具体来说，"前台多样化，后台一体化"的运营机制可分为如下两类业务。

B2C业务：是指地方平台整合农特产品资源，不但向本地消费者销售，还把有竞争力的商品推荐至全国平台的B2C优选商品资源库（地方平台对商品的质量和信息负责，全国平台审核），面向更大范围的消费者进行销售。它的优势在于，汇聚各地的优质特色产品，丰富全国平台的商品种类。

B2B业务：是指地方平台整合农特产品资源，不仅面向本地各类商家进行批发，还把有竞争力的商品推荐至全国平台的B2B优选商品资源库（地方平台对商品的质量和信息负责，全国平台审核），面向其他地方平台开展批发和集采业务。它的优势在于，不但可以作为地方农特产品销往全国的上行通道，而且还帮助各地平台获得优质商品的一手采购价，实现了点对点的直接交易，显著提高了盈利能力。

不管是B2C业务，还是B2B业务，都要遵循"农民信得过，消费者用得好，党和政府靠得住"的运营原则，确保商品质量可靠放心。各县级供销社运营中心是商品质量的第一责任主体，要严格制定所售商品，特别是优选商品的准入标准，从源头上确保质量。还要通过对销售流通路径的实时监控，确保全程可追溯。

2. 建设县域运营体系

"供销 e 家"将以推进县级供销社业务转型为切入点，促进线上线下融合。按照"全国供销一张网"的指导思想，把"供销 e 家"平台的技术和资源延伸到县域，建设县域运营体系，包括免费搭建县级电商平台、提供支付结算通道、协助建立县级运营中心和拓展村镇综合服务网点等。县域运营体系要推动供销社传统业务向互联网转型，提升经营收益。具体来说，包括如下四个主要环节。

县级电商平台：无自有平台的地区，由"供销 e 家"为其免费搭建地方平台，指导开展运营工作；有地方平台的地区，评估设置过渡期，尽快将原有地方平台的业务转移到依托"供销 e 家"搭建的县级电商平台上来，实现底层资源互联互通和后台交易结算一体化。

县级运营中心：由县供销社电商公司负责建设和运营。县供销社电商公司是"供销 e 家"在各地的具体运营和管理主体。县级运营中心可根据本地供销社业务和资源优势，因地制宜地确定业务发展模型，制定县级电商平台发展计划，并确定组织架构和组建运营团队。县级运营中心首先要整合供销社现有业务资源和本地其他商品、服务资源，依托县级电商平台以及线下村镇综合服务网点开展业务，建设集商品销售和本地服务于一体、农产品上行和工业品下行于一体、线上销售和线下销售于一体的县域电商生态系统。其次，要围绕县域市场开展多种经营业务，打造平台特色，持续扩大影响力。

村镇综合服务网点：由县级运营中心负责对农村各类网点进行信息化改造，使之具备开展业务的基本条件，并对其统一管理。村镇综合服务网点要依托县级电商平台的资源和业务，为附近村民提供服务。要按照互联网思维进行标准化建设，包括门头标牌、装修空间布局、管理软硬件和服务制度等。

县级仓储物流体系：在县域内通过自建、整合第三方、众包等方式搭建县级仓储物流体系。根据自身条件和业务发展需要，建设仓储物流中心，承担县域电商货品的存储功能，包括物流分拨仓和前置仓等。构建县域配送体系，承接在线订单、第三方快递和其他货品的配送任务，在县城和农村分别实现"当日达"和"次日达"的快速配送能力。同时，依托有实力的物流快递公司实现本地商品的全国发运要求。

3. 打造县域电商生态圈

县级运营中心要在"供销e家"的支持下,结合县供销社在当地市场耕耘多年积累的丰富资源和良好网络,争取当地政府的政策扶持。要发挥地推优势,整合县域市场的线下实体商贸体系,实现线上和线下的融合,丰富业务内容,扩大业务规模,充分服务本地生产生活,打造县域电商生态圈。

县级运营中心将带动本地商家实现互联网升级,为城乡居民提供丰富的商品和便捷服务,后者包括休闲农业、餐饮娱乐、充值缴费等生活性服务和农产品收购、农资销售、农技业务等生产性服务。有资源优势的本地商家还可以通过"供销e家"平台将优质产品销往全国。

(二)全国优质农产品互联互通

1. 形成优选商品资源库

在市场机制作用下,县域电商生态圈中的商品会自发地分为基础和优选两类。基础商品主要采取本地供应、本地消费的模式,满足县域市场需求,为"供销e家"积累业务流量。以农产品为主的优质商品将被甄选汇集到全国平台,形成优选商品资源库。依托全国供销系统和"供销e家"平台,各地的优选商品将在全国范围内低成本、高效率、精准化地流通。渠道资源与商品资源在此实现共赢。

2. 打造"千县千品"

优选商品不仅增强了本地产品的外销能力,还会成为"供销e家"平台的资源优势。优选商品将借助"供销e家"的孵化体系和品牌体系,推动农产品的品牌化进程,打造"千县千品"。其中,"供销e家"孵化体系是指利用涵盖地方推荐、系统优选和市场口碑的三维数据测评模型,塑造特色形象和优选品牌。"供销e家"品牌体系是指在"供销e家"母品牌下,形成"供销e家"的子品牌、关联品牌和背书品牌。"供销e家"将对优选商品实现品牌保护和市场赋值,并助其在"供销e家"平台和线下体系进行全网营销。

(作者系中国人民大学公共管理学院博士生)

供需精准打通，县域规模互行，乐村淘精准实践农产品上行

赵国栋

2014 年，乐村淘从晋商发源地山西成立并开始走向全国，在不到三年的时间当中，已经成为一家覆盖 25 省、800 多县、85 000 余村的全国性农村电商平台（截至 2017 年 7 月统计数据），其中国家级贫困县已覆盖超过 300 个。2016年，乐村淘平台交易规模已超过 30 亿元，上行 5.2 亿元，下行 26.2 亿元。其中国定贫困县平台交易额达 5.18 亿元，其中上行 1.4 亿元，下行 3.78 亿元，上行占比超过 30%。2016 年 11 月乐村淘开始入驻中国社会扶贫网扶贫商城，截至 2017 年 6 月底已对接国定贫困县上行销售超过 7000 万元。

在互联网产业发展并不领先的山西，能够产生这样一家互联网企业确实值得我们惊喜，这一点固然离不开政府的信任支持，从对创始人、董事长赵士权和合伙人团队的了解，才发现这一切并非偶然：一方面源于创始团队生于农村长于农村，深深了解农村社会和农民物质和精神文明需求的痛点；另一方面在传统业务的摸爬滚打中积累了丰富的实战经验，对三四级市场消费场景有敏锐的洞察和颠覆创新能力。可以说，基因决定了乐村淘在农村电商行业的差异化竞争优势。

在农产品上行中，往往农民手中的农产品集中于初级农产品和加工农产品，缺乏产业指导和流通渠道的农民，在过往只能面对传统流通批发商的采购压价而没有讨价还价的能力；品质安全保证和标准化在现实操作环节当中又成为农产品成为好网货的第一道门槛，如何迈过去，如何行得通，乐村淘在模式建设发展的过程中逐渐摸索出了一条适合自身模式的农产品上行方法和体系。

一、尊重规律，因地制宜，深挖特色

乐村淘一猛子扎入农村电商的时候，也同样遇到了物流配送的难题，但经

过对农村消费场景习惯和规律的思考，一举用集中预售，集中下单，集中发货，集中配送的方式破解了工业品下乡物流成本高的行业传统瓶颈，颠覆性地将农民喜闻乐见的赶集文化背书到互联网的业务创新实践，用刚需、高频、爆品打造出农村老百姓身边的"线上大集"，获得了业务模式快速发展的坚实基础。与此同时，得益于乐六集的创新实践，乐村淘在 2015 年末，也开始将农产品上行列入了模式创新发展的战略视角。结合线上 B（乐村淘平台）2B（县级管理中心＋村级体验店）2C（农村消费者）的交易模式和线下县、镇、村三级渠道流通体系，乐村淘意识到农产品上行必须因地制宜，首先将做好减法放在第一位，只有集中优势产品资源，连接线上与线下的有效供需，控制好中间关键流通环节的成本和品质，才有可能在农产品上行当中形成有把握可持续的发展和盈利模式。因此，聚焦农村的爆品，采取倒逼的上行，将乐村淘全国县域的特色农产品的推广、预售、批量发货、线上线下供需渠道整合，乐村淘的农产品上行业务——乐村淘特色馆正式上线运行，将农产品上行结合自身的平台特点和优势做成了买农村卖农民为主的"农产品互行"的"A2V"（汪向东老师语）。

面对初级农产品选择和加工程度不足，标准化不规范，品质不一致等现实的问题，电商平台企业普遍缺乏标准选择和界定资质，这时必须要结合专业的力量去推动采、供、销体系的有序建设。乐村淘组织遍布全国的县级管理中心和村级体验店围绕农产品上行开展内外部专业培训，采取线上线下结合的方式打造了一批有集中优势和经验意识的农产品"好买手"；另一方面与当地优势的合作社和龙头企业联动，将规模农产品和大宗农作物的电商销售优势因势利导，让惠于民，很快形成了线上线下打通的农产品供销双向渠道，不仅为村里的农民提供了上线销售的电商渠道，而且也让他们作为农村消费者与城市一样享受到千里之外舌尖上的美味。

二、电商扶贫精准实践的"三优先"

在国家和地方有关商务、农业、扶贫政府部门的鼓励支持下，乐村淘作为电商扶贫的积极实践者，将"三优先"作为自身电商扶贫的差异化标准模式和有效抓手：即重点围绕建档立卡贫困村和贫困户，优先吸纳有意愿有能力的贫困户积极参与电商运营服务和示范县建设的一二三产业工作，就业扶贫；优先建立建档立卡贫困户的农产品上行大数据，销售贫困户的优质优价农副土特产品，销售扶贫；优先培训建档立卡贫困户，授人以渔，治愚扶志，增加掌握电子商务运营技能的机会，精准到户，精准到人展开。

2016 年 3 月 28 日，乐村淘在国务院扶贫办、山西省商务厅、山西省农业厅的支持下举行了"枣聚吕梁"专项行动，围绕吕梁临县红枣滞销难题，积极通过线上活动策划，全国各省、县联动，整合线上和传统全渠道，目前累计红枣上行销售额已达 913 万元。

2016 年 6 月 6 日，乐村淘举办首届"6 月 6 农民节——农民网上大赶集"活动。活动当期平台交易总额达到 5.58 亿元，活动期间上行销售额达 7687 万元，主要以特色农产品、大宗农作物为主，成功实现了上行销售和增收。大宗农产品销售冠军为五台特色馆销往外省的玉米，销量 1200 吨，销售额达 200 万元，及时解决了由于滞销造成的返贫困境。

小米节正式上线引爆了活动高潮，从 2016 年 8 月 26 日启动，到 9 月 25 日结束，为期一个月的小米节活动联动了全国 300 多个县级管理中心、15 000 家村级体验店，带动全国其他 4.5 万家店铺，合力销售武乡小米。截至 9 月 22 日，日销售额突破 100 万元。武乡小米节行动开始后，乐村淘武乡、河北迁安、湖北武汉、黑龙江、四川高新区、辽宁等多个特色馆同时开售，其中河北已进入当地超市，四川、湖北、黑龙江、辽宁等省则通过乐六集、乐县域线下活动成功售卖。此外，乐村淘总部把武乡小米作为公司 9 月奖励和中秋福利，还积极发挥晋商协会作用，多途径、多渠道助力小米上行，圆满达成了本次太行山武乡小米节的预期目标，为脱贫攻坚事业再次贡献了自己的力量。

2016 年 9 月，乐村淘将土豆上行销售从岚县、静乐联动扩大到毗邻区域，并且也具有马铃薯产业优势的和顺、娄烦、右玉形成吕梁片区土豆上行潮，将区域土豆品牌打响，并与精准扶贫实践紧密结合，收到了一品带动多片区的电商精准扶贫经济效果。其中优先直采贫困户农产品，增收效果显著。截至 2016 年 9 月 25 日，仅在静乐县区域，乐村淘就已帮助老百姓实现销售土豆 300 余万元。2016 年 10 月 17 日是国际扶贫日，活动当天静乐乐村淘共收购西马坊村 12 户建档立卡户的土豆近 80 000 斤，每斤收购价高于市场收购价 0.1 元，按照每斤增收 0.1 元计算，户均增收 660 多元。

2017年1月乐村淘接到中央农业部有关领导反馈信息，临汾隰县贫困户村民千万斤酥梨销售遇阻。乐村淘人立即行动，乐村淘隰县县管中心与特色馆人员前往该村调研，太平村全村共有326户958人，其中贫困户有95户269人，全村酥梨种植面积达4000亩，占耕地面积的80%以上，全村农民收入三分之一以上为梨果收入，截至2017年1月，全村待销酥梨近千万斤。经过三天筹备，2017年1月初，"隰梨暖冬"——乐村淘助农扶贫专项行动正式上线。首先与县扶贫办对接贫困大数据，优先上行贫困户酥梨，在为期15天的活动中，收购农户酥梨达16万斤，合计销售额45.96万元。

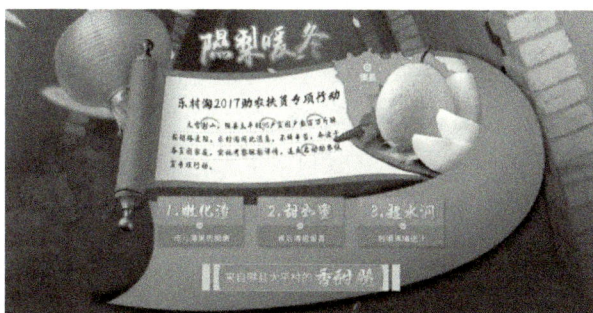

隰梨外销总量

成果	礼盒装	纸箱装	合计
销售额（万元）	35.27	10.69	45.96
销售量（万斤）	10	5.93	15.93
销售数（箱）	11795	2375	14170

2017年2月27日，乐村淘中阳核桃节上线。中阳核桃，素来以"皮薄，果仁饱满,原生态"闻名于世,但近几年销路单一。在中阳县委县政府的支持下，总部特色馆和乐村淘中阳县级管理中心联手打造中阳核桃节，依托乐村淘全国的资源优势，帮中阳的核桃走出大山，走向全国。历时一个月，主推产品为中阳核桃5斤装，以B2B的模式为主，共计销售22.64万斤，销售额226万元。

中阳核桃外销总量

	5斤装1袋起发	5斤装50袋起发	合计
销售额（万元）	1.2	224.8	226
销售量（万斤）	0.12	22.53	22.64

同时，乐村淘为鼓励农民工、返乡大学生创业就业，为了让新吸纳进村级体验店的贫困户合伙人迅速掌握电商知识，专门建立了一套完整的培训体系。每个月都会分别对省、县级团队以及农村体验店店主和农民进行电商升级培训。在全国，2016年对省、县级团队开展了1000余次培训，对体验店开展了3500余次培训，共实现培训人数50余万人次，其中贫困户及贫困人员培训的比例占到了60%，直接受益影响贫困人口达300万人。

农产品上行在乐村淘平台正在呈现出"供需精准，规模互行，县域打通，增收扶贫"的发展态势。对未来3～5年，乐村淘提出"六个一"的核心发展战略，即在中国内地建立2800个县级管理中心，2800个一公里镇级物流中心，2800个县域特色馆，整合10 000家战略核心供应商，建立300 000家线下村级体验店，年交易规模超过1000亿元。在促进农村消费升级的互联网升级过程中，将"乐6集"和特色馆为代表的上下行电商运营模式持续作为发展的差异化优势，不断用做好减法的爆品结构满足农村消费日益增长的多元需求，保持旺盛的生命力和盈利规模，同时要通过智能系统在体验店村级网络的布局升级，充分挖掘农村大数据和农业区块链价值，将乐村淘形成社会化的可以公开共享的消费需求购销数据库。

（作者系乐村淘合伙人，副总裁，研究院、商学院院长）

发挥B2B业态优势，一亩田提升
农产品上行效率

高海燕

由北京一亩田新农网络科技有限公司营运的"一亩田"成立于2011年，定位于推动"农产品进城"，致力于促进"轻松买卖农产品"。截至2017年9月底，一亩田平台用户规模已达到658万，买卖用户比为3∶7，平台在售农产品近1.2万种，产品来源于2310余个县。一亩田在农业互联网的应用实践中率先探索和开展了B2B电商模式，目前主要为具备一定规模的农产品经营主体提供交易撮合服务。平台的供应商主要有农民专业合作社、农村经纪人、农业种植大户、家庭农场和农业企业等，采购商主要有农产品批发商、加工企业、商超、餐饮连锁企业、社会化电商（B2C卖家、微商等）、出口贸易企业、机构买家等。

一、以交易规模覆盖交易成本，提高农产品上行的执行率

一亩田现阶段主要是立足产地端，对接销地端，用移动互联网在农产品流通的供需两端实施连接，制造了扁平化和动态性的交易结构。扁平化是指买家和卖家直接对接，中间层级相比传统流通体系大大减少。动态性是指传统流通体系中的买卖关系在数量上的有限性和相对固定性，变成买卖关系因为距离、价格、季节、产品等多种因素而表现出异动性强的特质，并且变换买卖关系的成本不高，让买卖关系更为合理。

另外，在农产品贸易的互联网化应用中，因为农产品货值低导致单位交易成本过高，成为农产品上行的主要障碍之一。但以商家或机构为典型买家的一亩田平台，因为买家具有规模需求的特质，使得单位交易规模大（如客单价普遍在1万元以上），交易频次高（买家刚需性强，一般每周具有1~5次的采购频次），能更有效地解决一般电商形态下（农产品）单位业务量偏小造成的

交易成本过高的问题，大大提高了农产品买卖的成交率。

二、以整车制为主的物流形态，突破农产品上行的物流障碍

农产品上行普遍存在"最先一公里"问题，一方面因为农村物流基础设施薄弱和物流服务缺乏，另一个原因在于农产品交易形成的物流业务规模带动物流设施的能力不足。在农产品电商化的一般性业务中，后者往往成为"有买卖做不了"、"有买卖不划算"的主要原因。

一亩田作为 B2B 平台，买卖双方基于田间地头的流通业务，其物流形态一般为整车制，现有主要产区的物流条件（仓储、运力、通路）基本能满足。规模化业务的产地供应方同时大多具备产品分拣分包分装的能力（核心是成本组织和成本覆盖能力强）。

一亩田的实践证明，在现阶段由于一般电商形态下单位业务量偏小造成的交易成本过高、物流条件不匹配等而形成障碍的情况下，B2B 业态是一种可选的解决方案。

三、以平台机制为准则，形成互联网化交易的农产品标准。

互联网化交易是海量市场和陌生人市场，首先需要解决的就是货品的标准化问题。所谓"无标准不成交"。尤其是 B 端用户，与个人用户的个性化需求不同的是，他们对产品的标准化诉求强烈。

作为目前全国买卖用户集中度最高的农产品 B2B 电商平台，一亩田把农产品标准化作为平台交易环境的底层机制来建设，希望以平台标准促进农产品网货化标准的建立。目前，平台已经梳理出超过 1 万种农产品，并通过 4 级体系对其进行分类，每个分类整理出标准化的规格参数，建立起全行业最大的农产品电商交易标准体系，使地域性很强、标准化模糊的农产品交易在通过互联网方式交易的时候有了"普通话"。

此外，一亩田发挥 B2B 平台规模订单的优势，通过重点合作伙伴（如易果生鲜）的采购订单标准（如产地环境、分拣分级等）推动产品标准化，并针对消费升级建立依托品质的标准化标的，搭建品质层级，以提升供应商参与标准化的积极性。通过专业采购商的理性采购需求的传递，倒逼农产品生产的标准

化，催生农产品的规模化、品牌化生产，提高农产品供给质量。

打造互联网化的农产品交易环境，除了产品标准外，诚信的市场主体也非常重要。长期以来，农产品交易诚信缺失的问题普遍存在，包括货品不实，虚假买卖等。一亩田通过明确原则、完善制度、严格执行、梳理流程以及反馈机制、奖惩措施等多方面加强内部管理，通过负面曝光、机制引导、正面典型、反馈通道等方式进行诚信宣贯，建成由用户资质、用户评价、合规经营、实名认证、货品管理等多项内容构成的诚信体系，形成广泛、深入、持久的诚信建设态势，打造为行业内诚信体系建设的标杆。

四、打造互联网产品群主体，优化用户的商务决策能力。

与B2C的个人用户感性和个性的需求特质不同的是，B端用户呈现出强烈的刚性（需求）、理性（判断）和效率敏感性的特质。

因此，针对B端用户重决策和重效率的特点，一亩田平台提供的不仅仅是行业普遍意义上的商机（买卖机会）服务，同时也是在线化的流程便利度服务和决策支撑性服务。

一亩田持续提供移动互联网化的产品群服务，并保持迭代能力。目前可为全国农业经营者提供（买卖）信息发布、行情查询、产品展示、交易撮合、线上支付、订单管理、物流匹配、农资买卖、社交和社群、认证和诚信经营等多项服务，并在操作使用方面力求简单实用，贴近农村农业农产品实际，赢得广大涉农用户的好评，被誉为"脚上沾满泥巴"的电商平台。

同时，一亩田把行情产品作为平台化交易环境很重要的条件来建设。目前，一亩田拥有31 000余个分布在全国各地的官方行情信息员，每天提供主要蔬菜水果的产地价格和销售行情，具有覆盖面广、数据精准度高、连续性强、多维度监测（包括上市时间和周期主产区、供需热度、市场情绪、价格走势等）的特点。是目前为止全国农产品行情样本点规模最大的商用平台。一亩田的农产品产地行情能力不仅仅为平台用户在交易中提供了决策参考服务，还参与了国家发改委"国内农产品市场价格监管体系及预警平台"课题研究、农业部"全产业链农业信息分析预警团队"等工作项目，同时，还利用自有农产品价格监测数据，为北京市农村工作委员会北京城乡经济信息中心等地方政府涉农部门提供农产品行情数据服务。

　　下一步，一亩田将发挥用户规模（包括用户集中度）和交易规模两大优势，重点在提升农产品交易在线化流程（便利度）、再造农产品流通场景、发展农产品分级标准、创新农业服务业、带动新兴农业市场主体上发挥更大的作用。

（作者系一亩田创始合伙人、副总裁）

疏通末梢、赋能站点、激活县域、结网全国，淘实惠推进农产品上行之策略

陈 军

淘实惠（全称"深圳智慧城电子商务有限公司"）是深圳动态集团旗下的全资子公司，是一家致力于"互联网+"县域流通、探索农村电商自生态建设的电子商务服务平台，2014年11月在深圳市成立。截至2016年底，落地23个省、近300个县、30 000多个村。其中，国家级贫困县53个、贫困村近4000个；平台交易额累计近80亿元，单月最高交易额近10亿元；为县域培养了近7000名电商综合实用人才；为当地创造税收1.15亿元，年纳税总额超过100万元的县域12个；直接为县域创造电商就业岗位超过6万个，为各贫困县直接带动就业12 000多人。针对农产品上行中普遍存在的五大制约，即食品安全制约带来的安全感、信任感严重缺失；物流运输制约产生的物流成本高、运输损耗大；优质农产品规模化生产难、标准化程度低、品牌化运营严重不足所导致价格波动、优质无优价的制约；品质控制与检测、质量认证与溯源、品牌培育与推广、包装设计与策划等生态体系建设等刚起步、路漫长的制约；农村既掌握电商技术又会运营的本地化复合人才匮乏的制约等实际问题，淘实惠发挥自身业务模式优势和平台技术特点，在农产品上行上，大胆进行了一些有益的探索，形成了自己的实践特色。

一、疏通末梢——利用"捷风"物流平台在县域健全县乡村三级物流体系，疏通下行末梢和上行脉络，筑牢上行流通根基

淘实惠"捷风"物流平台立足于物流本地化，利用互联网技术对县域物流资源进行整合优化，实现集约化经营、数据化管理、网络化运营，提升了效率，

降低了成本。首先，让不同的快递企业在县域物流平台上进行物流信息的交汇，将县以下物流聚合在一起，形成"上面千条线，下面一针穿"的效应；其次通过县域运营中心整合当地运力，通过集散中心按计划为各个村服务站送货，利用返程的运力，将农产品带回集散中心，进行分拣、包装、销售。

案例：

湖北巴东县纵横 800 多公里，道路崎岖，山峦起伏，峡谷幽深，沟壑纵横，物流交通不方便。巴东捷风通过线上物流平台，线下整合利用现有的乡镇商贸中心、农村电商、快递物流、邮政等资源，以县级农村物流配送为中心，短短 10 天配送量超 200 吨，覆盖山区 50 多个村点。快速打通巴东县物流配送"最后一公里"，农产品进城"最初一公里"，解决山区农村物流交通闭塞、内联外通不便等问题。

巴东淘实惠合伙人陈和平表示，山区农作物批量小而分散，物流成本居高不下，捷风利用返程空车资源提供最后一公里服务，并通过淘实惠县城社区服务站为城区居民提供了品优价廉的农产品，既帮助了农民解决成本问题，也符合经济效益，将会持续地推广下去。

二、赋能站点——利用"顾乡"平台和APP端，赋能村级站点，指导农民自己开展网络销售，推进有特色、品质好的农产品上行

从授人以鱼到授人以渔再到授人以欲，淘实惠对农村服务站坚持采用虚拟货架与实体货架结合的形式，推动现有商业门店电商化，实现线上线下融合发展，在帮助小店扩充商品品类和服务内容的同时，让农民学会网络销售，把自己的特色产品、品质好的农产品通过网络销售出去，既实现人才的本土化，更增强了小店的成就感。公司充分利用自主开发的"顾乡"平台和 APP 端，会同县域合伙人，根据农产品特点，指导和帮助服务站点人员学会如何发现产品，如何把自己生产的农产品或经初级加工的农产品转变为网货，如何加强农产品网货化的视觉效果，如何增加农产品的文化内涵，学会讲故事等农产品网络销售的基本方法，把网络销售变得更简单。

案例：

湖北省谷城县域合伙人谭云峰，在政协任副主席任安强（原任县长）的关

怀和支持下，协同扶贫办和团委各级领导，通过淘实惠"顾乡"移动端销售平台，利用互联网销售赵湾青龙山正宗土鸡蛋，助力精准扶贫。

土鸡蛋销售活动同时对谷城县域内外开放，通过培养村小店为网商，在"顾乡"平台圈定谷城在外务工的人员进行"家乡营销"，形成了县域内的鸡蛋1元1个，县域外的鸡蛋1.3元1个的差异化销售方案。"顾乡"平台销售的土鸡蛋，不仅卖到县城，最远的还卖到了上海。

一个月销售的8万多枚土鸡蛋，其中3万多枚通过快递寄出谷城，部分还批发到县域里的餐厅和超市。谭云峰表示，虽只是小试牛刀，但激活了农户的积极性，也积累了团队对农产品上行的经验，下一步，将逐步扩大农产品上行的品类，通过"顾乡"平台，带动大家创业致富，把"家乡的味道"送到各地谷城游子的餐桌上。

三、激活县域——利用"聚百优"组网县域商贸平台，推进适合的农产品进城销售

淘实惠电商平台的设计和动作理念就是让每个县域成为一个中心，通过聚百优组网县域商贸平台，用平台技术和平台数据推动传统商贸流通企业互联网化，通过助推其转型升级，在每个县域构建一个自循环的小系统，从而激活原本沉寂的县域之间的商品、资金和信息流，再搭上捷风物流体系，推进那些不具备QS生产资质或尚未有效解决供应链问题的初级农产品、生鲜农产品等在县域或周边县域本地化销售。

案例：

湖北省建始淘实惠，2015年3月正式启动，落地第一年，淘实惠合伙人陈训便投身到了本地农特产品的整合销售中，从生鲜水果到腊鱼腊肉，淘实惠平台汇聚了全县20多个品类农产品，包括本地特色产品的整合，60%的销量通过淘实惠"聚百优"本地网批平台覆盖了县域200公里的半径范围，在推动传统县域的农特产品和渠道进行了线上线下的互联网融合升级的同时，还极大地提升了县域流通生态的效率。

截至目前，通过淘实惠平台县域内的交易额达2.8亿元，其中本地农特产品的交易额达到了1.2亿元。企业在获得一定利润的同时还为当地政府贡献了

近 300 万元的税收。其中在 2016 年 11 月 1 日，滞销的富硒猕猴桃上线淘实惠"聚百优"批发平台，一小时的销售额就达到 20 万元，为当地果农化解了一场滞销危机。

四、结网全国——利用淘实惠全国网络，推进农产品跨区域销售

对已经解决了标准化、保鲜、品牌、包装等问题且能在一定时间内保鲜的农产品，以及不需要解决保鲜问题、有 QS 认证的农产品或加工产品，淘实惠总部通过建立的全国网络体系开展宣传策划、业务指导和信息服务，推动县域特色农产品跨区域销售。

案例：

机会总是留给有准备的人，四川省兴文县，淘实惠合伙人李科在完成了对本县域零散生鲜农产品的整合后，已经不再满足于兴文淘实惠县域内部网络上行所带来的体量，执着于对家乡特产的热爱，李科相信兴文县能在淘实惠全国舞台走得更远。

在 2016 年 9 月，淘实惠深圳总部就如何进一步突破上行瓶颈，打通自身全国网络农产品对流的主动脉进行了深入布局与思考。适逢 2016 中国（合肥）农产品产销对接会的盛大召开，淘实惠深圳总部受到了安徽省商务厅的邀请，共同承办该活动，在深思熟虑下，淘实惠总部决定同步举办 2016 年淘实惠全国合伙人年会，并协同全国 300 多个落地县域的优质农产品与农产品产销对接会现场对接。

兴文淘实惠精心策划的赵氏泡菜在总部的协调与推动下，在 2016 中国（合肥）农产品产销对接会上成为了主打爆款，并在同期举行的淘实惠年会上，对全国 17 个省中的 113 个县域运营中心进行样品发放，并开展了 113 个县域中心对下属网点的产品测试，随后利用年货节等一些列活动进行长期主动推广，逐步为兴文赵氏泡菜系列产品建立起了一条稳定的全国销售渠道。

五、多措并举，持续推进，践行扶贫脱贫攻坚任务

在推进淘实惠落地县域的过程中，总部始终把扶贫脱贫作为一项重要职责，无论从人才培养还是站点设立，无论是业务拓展还是产品策划，都时刻不忘对

贫困人口、贫困户的帮扶，按照落地县脱贫攻坚的总体部署，主动积极配合地方政府建立以农产品上行为核心、"电商平台＋龙头企业＋合作社＋贫困户＋网店"的电商消贫体系，从增收和减支两个角度实现每个贫困村培育一个电商主体，培养一位电商达人。

案例：

江西会昌县拥有 19 个乡镇、118 个贫困村、21 445 户贫困户，在扶贫工作中，2016 年，淘实惠总部派出专门团队配合会昌县将其定为重点区域、重点对象，并逐个进行摸底建档，制定明确脱贫目标。

会昌淘实惠合伙人张祖良积极响应县工商联、县扶贫办"百企帮百村"精准扶贫行动，全力开展产业扶贫、就业扶贫和公益扶贫工作。作为国家商务部"万村千乡"市场工程的承办方，张祖良表示将在全县建设 300 个淘实惠电商服务站，通过"互联网＋流通"的线上线下融合，以市场流通为基点带动"建档立卡"的对口帮扶。2016 年实现线上销售额 2925 万元，线下 7000 多万元。带动社会帮扶 5 个村，60 名贫困户，投资 140 万元，带动就业 200 人。

在众多对口帮扶的建档立卡贫困户中，白鹅乡淘实惠服务站负责人温良玉 2015 年 9 月加入淘实惠，在工作人员的协助下在淘实惠"本地商家"平台上推广当地珍珠粉、扁萝卜等农特产品，运营至今情况良好，销售额达到 51.3 万元，个人从中获利 3.2 万元。

未来淘实惠将继续前行，在巩固完善现有实践经验的基础上，持续进行新的探索，让农民在电商发展中得到更多的实惠，让农业供给侧结构调整借助电商发展加快步伐，让农村在电商发展中获得更多的互联网发展红利。

一是探索建立推进农产品销售的线上与线下协同机制。更加注重挖掘产品背后的文化和故事，提高产品的溢价，让好产品卖出好价钱；更加注重发展农产品的线下体验，从而推动线上选购；更加注重技术、业务、数据的协同，通过数据分析，提升数据对生产的引导作用。

二是探索建立农产品品牌培育与共享机制。转换发展理念，调整发展思路，指导落地县域合伙人，强化品牌意识，主动积极参与到地方特色农产品的品牌培育中去，与农产品生产企业、加工企业、地方政府一起推动"产品＋电商"形式，共同加大对特色农产品的品牌培育力度，共享品牌发展成果。

三是探索建立农产品运营服务与保障机制。进一步健全完善总部各业务流程和技术规范，加大农产品上行策划和服务指导等运营服务保障，配合地方政府、企业、电商服务商共同推进信息基础、金融支撑、政策支持、物流服务、公共服务等基础保障。

四是探索建立农产品链条的利益捆绑与分配机制。总部将加大研究力量和技术支撑，一方面深入研究农产品生产者、供应链、渠道商、服务商、消费者之间的利益捆绑与分配关系，另一方面深入研究资源整合与共享时的利益捆绑与分配关系，让各方获取一个合理的利益收成，让生产者产出稳定，服务商服务真诚，渠道商拓展积极，消费者安全消费。

（作者系动态研究院院长）

4

第四篇　县域实践

基于4Rs探索梯田红米网红之路

井然哲

互联网时代，有着百年历史的经典市场营销理论，不断得以更新和发展。4Rs 营销理论强调且更好地阐释了关联、反应、关系和回报四个要素，更加符合网络营销的理念。本文从 4Rs 视角，并以梯田红米为例分析农产品上行策略。

一、4Rs营销理论概述

4Rs 营销理论是美国学者唐·舒尔茨提出的，4R 分别指代 Relevance（关联）、Reaction（反应）、Relationship（关系）和 Reward（回报）。该营销理论认为，随着市场的发展，企业需要从更高层次上以更有效的方式在企业与顾客之间建立起有别于传统的新型的主动性关系。

4Rs 理论以关系营销为核心，重在建立消费者忠诚度。它阐述了四个全新的营销组合要素：与消费者建立关联。在竞争性市场中，消费者具有动态性。要提高消费者的忠诚度，赢得长期而稳定的市场，重要的营销策略是通过某些有效的方式在业务、需求等方面与消费者建立关联，形成一种互助、互求、互需的关系，把消费者与企业联系在一起；提高市场反应。面对迅速变化的市场，要满足消费者的需求，建立关联关系，企业必须建立快速反应机制，提高反应速度和回应力；关系营销的重要性。现代市场营销的一个重要思想和发展趋势是从交易营销转向关系营销，从单一销售转向建立友好合作关系。所有这一切的核心是处理好与消费者的关系，把服务、质量和营销有机地结合起来，通过与消费者建立长期稳定的关系实现长期拥有客户的目标；回报是营销的源泉。对企业来说，营销的真正价值在于其为企业带来短期或长期的收入和利润的能力。而企业要满足客户需求，为客户创造价值。因此，营销目标必须注重产出和企业在营销活动中的回报。一切营销活动必须以为消费者及股东创造价值为目的。

从 4Rs 营销理论的要素方面来看，强调企业与顾客是一个命运共同体，强调站在顾客的角度及时地倾听和从推测性商业模式转移成为高度回应需求的商业模式，强调与顾客建立长期而稳固的关系。与传统市场营销理论相比较，完成了五个转变，从一次性交易转向强调建立长期友好合作关系；从着眼于短期利益转向重视长期利益；从顾客被动适应企业单一销售模式转向顾客主动参与到生产过程中来；从相互的利益冲突转向共同的和谐发展；从管理营销组合转向管理企业与顾客的互动关系。因此，它更符合网络营销的理念，更能适应互联网时代营销的创新发展。

二、梯田红米网络营销的"关联"策略

在"关联"策略方面，必须通过某些有效的方式在业务、需求等方面与顾客建立关联，形成一种互助、互求、互需的关系，把顾客与企业联系在一起，减少顾客的流失，以此来提高顾客的忠诚度，赢得长期而稳定的市场。

梯田红米是随着哈尼梯田的知名度的扩大逐步走向消费者的。起初，哈尼梯田作为世界文化遗产，由于地理位置偏僻，鲜人问津，后来政府通过"互联网＋"战略掀开智慧旅游大幕，游客逐渐多了起来，这时候，打造一款旅游产品成为当务之急。如何选择这款产品，必定要与消费者有很强的相关性。这时候，梯田红米成为了共识，认为做好这一颗高原上的红玛瑙，不但能够带动旅游业的发展，还能够促进农业发展，带领农民脱贫致富，这使元阳这个国家级贫困县看到了曙光。游客到哈尼梯田旅游，欣赏了壮丽的风景，再品尝一下生长在梯田上的原生态的梯田红米，自然拉近了距离。于是梯田上的农家乐都开始提供梯田红米饭，有些更是让游客直接参与到特色土锅烧煮过程中来，参与到水稻收割和打谷子的过程中来，形成了一种互助、互求、互需的关系，提高了顾客的满意度和忠诚度，让游客念念不忘那梯田上的红米饭，留在唇齿上的红米香。

梯田红米，来自哈尼梯田，原生态农作物，生长在海拔 1600 ~ 1800 米处，施农家肥，耘禾除草，引山泉水灌溉，生长周期 8 个多月，亩产量低。内含钙、铁、锌、硒等元素，维生素、蛋白质含量高于普通大米。口感软糯可口，具有极高的营养价值，可谓米中精品。山有多高，田就有多高，水就有多高。每个

哈尼村寨上方都矗立着茂密的森林，森林保护得好，山泉长年流淌，梯田中水也时时更新；下面是村寨，村寨下方是最高可达三千级的梯田；发源于森林的河流，经竹子搭建的水道，流出森林，流经村寨，而后流入梯田，最后汇入河谷，完成一个循环，所以梯田从不缺水，更不缺活水。

三、梯田红米网络营销的"反应"策略

在"反应"策略方面，过去营销活动多数倾向于说给顾客听，却往往忽略了倾听的重要性。在相互渗透、相互影响的市场中，对企业来说最现实的问题不在于如何制定、实施计划，而在于如何及时地倾听顾客的希望、渴望和需求，并及时做出反应来满足顾客的需求，这样才利于市场的发展。

作为一个市场化发展程度极其落后的边境贫困山区，如何赶上网络时代的发展，唯有倾听这些来自大城市游客的建议和需求，真正了解他们的渴望，才能更好地做出反应，来满足他们的需求。

通过一段时间的实践，游客们提出了很多希望，如何把这些希望逐一落实，这就需要一个反应过程。如果再依靠传统运行模式，可能会失去很多机会。同样，信息时代，互联网作为一种最有效的整合信息和资源的工具，发挥了巨大作用。通过网络平台不仅能够迅速对顾客需要做出反应，还能及时了解顾客对反应效果的评价。

无论是梯田红米产品的开发、包装设计，还是营销方式，无不与顾客意见相关，无不与网络平台相关。

梯田红米与梯田红米饭

四、梯田红米网络营销的"关系"策略

在"关系"策略方面，强调的是与顾客建立长期而稳固的关系，把交易转变成一种责任，建立起和顾客的互动关系。而沟通是建立这种互动关系的重要手段。长期而稳固的关系的建立不是那么容易，首先要赢得消费者的信任，让消费者认识到交易还是一种责任，对双方都是责任，一方面，企业提高价格销售原生态的梯田红米，保证了红米的质量和安全，体现了一种责任。另一方面，消费者通过购买贫困地区的商品，参与了消费扶贫，也是一种社会责任的体现。其次，长期稳固的关系需要消费者对产品本身的认同。不能让责任去绑架消费者硬性购买，要让消费者真正觉得值得购买，并且长期复购。

为了建立这种长期稳固的关系，需要政府和企业的共同努力，政府在定好位不越位的前提下，着力完成了一系列支持性的工作。比如世界遗产的申报和保护，文化遗产的挖掘，农耕文明的传播，红米之乡的申报，地理标志的申报，引导拓展国际市场等等。这些工作都有效地增加了产品的附加值，提高了产品品牌的影响力，增进了消费者的信任。

五、梯田红米网络营销的"回报"策略

在"回报"策略方面，兼顾了可持续发展和多赢的理念。一方面，企业和农户在销售收入提高的情况下获得了可持续的发展，另一方面，消费者通过参与生产、运营、流通、消费等环节，也获得了回报，特别是通过参与众筹等活动，获得了"股东"价值。

以梯田众筹为例，哈尼梯田的保护和可持续发展需要依赖于在土地上耕种的农民，如果农民弃耕，将无景可看，文化遗产的发展将不可持续。因此如何使旅游资源县变成旅游强县，是县委县政府一直思考的问题。哈尼梯田众筹认养就是在这一背景下，应运而生的一次有益的尝试。

哈尼梯田众筹认养定位于城市人群在农村的农业养生、休闲旅游、获取原生态农产品，融合农耕文化、生态农业、健康理念、生态环境、体验式旅游为一体，是都市人基于生态农业的养生、旅游的社交生活新模式。哈尼梯田众筹认养项目具有六大创新特点：

一是土地流转开发模式创新。梯田众筹认养土地拟从政府或集体手中按照

国家政策流转梯田，办理土地流转确权证，通过众筹认养、电商团购等方式，由每个认养者投入资金，对哈尼梯田红米等高原农产品以及世界文化遗产哈尼梯田旅游产业链进行一体化开发，将属地农民转为产业蓝领，承担认养梯田的日常管理，全面参与运营的各项工作，解决农民就业，提高农民收入。

二是体验式旅游业态创新。梯田众筹认养的受众体主要为城市人口，通过打造完善的生态农业养生产业链，推广绿色、健康、环保的农耕文化，引导一种体验式旅游模式。让城市人来农村居住、养生、参与农耕。他们在闲暇时游梯田、看云海、饮山泉水、观梯田日出日落、品长街宴、尝梯田红米、吃牛肉干巴、住哈尼族蘑菇房。在梯田里可以捉梯田鱼、摸泥鳅、逮黄鳝，可以享受收获的喜悦。同时又尽享农村的水土、气候、风景，延续和提高都市生活品质。

三是梯田农产品营销电商化创新。采用O2O线上与线下相结合的电商模式，线上采用阿里聚划算平台，采用众筹认建的模式，兼顾个性化的需求，在互联网电商平台进行电商团购推广梯田农副产品，如梯田红米、梯田鸭、梯田鸭蛋、梯田鱼、梯田泥鳅、梯田黄鳝、梯田螺等。线下与金融银行等机构合作，为大客户量身订制，建立互联网及微营销电商平台，突出客户体验，实现网络口碑营销。

四是教育扶贫模式创新。元阳县是世界文化遗产哈尼梯田核心区，同时也是国家级贫困县。梯田认养项目以及高原农产品电商收入按一定比例资助当地教育事业，为教育扶贫探索了一种新模式。

五是哈尼文化传播和继承模式创新。世界文化遗产——哈尼梯田，是哈尼族人世世代代留下的杰作。哈尼族、彝族等民族，用他们辛勤的汗水，开垦了壮观的梯田，历史超过1300年。造就一面山坡的梯田，就会花去三代人的时间。一家一户是做不成的，必须要合作。梯田，还是一个巨大而复杂的灌溉系统。哈尼梯田也以世界最大人工湿地而载入史册。梯田认养项目不仅有利于城市人体验乡村风情，而且创新性地传播和继承了哈尼民族文化。

万人众筹哈尼梯田活动

元阳商场实时交易监测数据图

六是世界文化遗产保护和可持续发展模式创新。哈尼梯田属于自然遗产、活遗产，也是第一个以民族名字命名的世界文化遗产。随着农民进城务工，梯田也会逐渐被弃耕，世界文化遗产的可持续发展将会受到挑战。梯田众筹认养让农民重新回到土地上，成为土地蓝领。"郡县治，天下安"。县域将成为中国经济未来发展的新的版图当中最基本的节点。"不离土，不离网"是人们新生活的生动写照。人们在家乡安居乐业，代替过往外出打工、背井离乡的工作和生活模式，同时，他们通过互联网与大市场紧密连接，在衣食住行等方面拥有多样选择和实在的便利。从而，人们不断提升生活的品质和幸福感。从更深远来看，由此孕育的以小城镇为中心的分布式城镇化，相比以城市为中心的集中式城镇化，可能更具可行性和持续性。

六、展望

哈尼梯田不仅仅是静止的历史物证，更是活的历史延续，世居元阳的哈尼族是一个与音乐歌舞为伴的民族，"哈尼古歌"是哈尼梯田文化的"活化石"，更是一张展现哈尼文化的"动态名片"。哈尼梯田代表了传统，更代表未来。梯田是哈尼人物质生活的依托。哈尼梯田不是纯粹的风景，而是哈尼人世世代代生活的地方，是多功能的重要农业文化遗产。不能仅仅因为美丽的风景去发展旅游，而要在建设我们古老家园的同时，保护古老的文化传统。只有把它建设好了，才能吸引国内乃至全世界各地的人们来一同感悟，一同分享，一同热爱哈尼梯田以及它所代表的智慧与宝贵遗产。

现代之风已日益在梯田里掀起涟漪，传统的农耕方式受到前所未有的关注。在保护种植农户利益的前提下，传承保护哈尼梯田红米，借助网络赋能，打造哈尼梯田红米品牌，使梯田红米闯出了一条新时代的农产品网红之路。

据悉，2016 年，全县实现梯田红米网络销售额 6316 万元，直接带动 5000 户贫困户群众增收。

国家提出的"互联网 +"行动计划，有效地突破了边疆民族贫困山区的很多局限，拉近了他们与发达地区的距离，甚至这些地区原生态的文化、农产品等成为了稀缺资源。过去受经济发展的诸多限制，让他们失去或错过了很多机会，在目前的网络时代，虽远隔千山万水，却如近在咫尺。互联网让他们站在了时髦的风口之上，也给远离经济中心，交通、物流等基础设施落后的贫困地区带来了新的机遇。通过社会力量广泛参与，使贫困地区对接互联网大市场，通过信息化赋能的形式提升其竞争力，推动整个贫困地区的产业发展取得新突破，实现贫困地区的自我造血功能。

（作者系上海财经大学副教授，曾挂职元阳县副县长）

从名不见经传到走俏全国：巴楚县库克拜热甜瓜的上行路

陈 兵 崔丽丽

新疆巴楚县盛产的库克拜热甜瓜水分多，口感香甜，含糖量在 12% 以上，单瓜重 1.5 ~ 3 公斤，亩产 3500 公斤以上，肉质脆或绵软，香脆甘甜，口感润滑，降温去火，营养价值非常高。与其他甜瓜相比，其与众不同之处首先是瓜瓤是绿色的，果肉普遍呈绿色，少数果肉呈青、白或淡黄色；其次表皮呈青、绿或有杂斑纹，和黑色的伽师瓜、花色的哈密瓜有很大不同。虽然品质优良、有特色，但由于在消费者中缺乏认知，知名度不高，库克拜热甜瓜销售情况并不好。2014 年夏天，上海市对口支援新疆前方指挥部巴楚分指挥部联合巴楚县政府，通过"西果东送"项目，首次将库克拜热甜瓜销往上海，但这种以线下渠道为主的销售方式对库克拜热甜瓜的品牌、影响力与销量的帮助并不大。

2016 年，上海市对口支援新疆前方指挥部巴楚分指挥部联合巴楚县委、县政府与电子商务企业喀什维吉达尼电子商务有限公司（以下简称维吉达尼），尝试采用互联网的思维和方式推广库克拜热甜瓜。首先，维吉达尼为库克拜热甜瓜设计了适合网络销售的"巴楚留香瓜"地域品牌，灵感来自于"楚留香"，通过互联网品牌传播、线上线下营销等一系列活动，由网络预订订单带动种植，倒逼库克拜热甜瓜的标准化、品牌化，改善种植标准和产品品质。

普通的绿瓤瓜如何声名大噪又畅销全国的呢？

一、巴楚县库克拜热甜瓜的"华丽转身"

"库克拜热甜瓜"是学名，库克拜热源自维吾尔语，意为"绿瓤"。然而无论是"库克拜热"也好还是"绿瓤"也好，都无法突出瓜品的特色、产地等重要信息，同时也不容易记忆。要让库克拜热甜瓜的美名传播出去，必须首先要给他一个响亮的名字。由于产自巴楚县，而且瓜品带有天然清香味，为了易于传播，维吉达尼团队灵机一动借着武侠小说中"楚留香"大侠之名，就为库克拜热甜瓜起了一个朗朗上口的名字"巴楚留香瓜"。同时还设计了身着维吾尔族服饰，手持"楚留香"折扇的巴楚留香瓜大侠卡通形象。这是互联网传播的第一步，首先要有一个易于传播的品牌名称和实物形象。契合网络生存人群和主要网购群体的爱好，以卡通、娱乐化的精神来设计产品实物形象。

有了"巴楚留香瓜"这个响当当的名字，接下来就掀起了线上线下各种形式的传播热潮。2016 年 6-8 月，"巴楚留香瓜"品牌在线上线下高度引爆，新华社、人民网、中新社、《文汇报》、《新民晚报》、《新闻晨报》、凤凰网、新浪财经、网易新闻、上海观察、中国网、爱微帮、解放网、中国喀什网、天山网、亚心网、最后一公里、喀什零距离、中国喀什网、中国瓜网等疆内外知名媒体对巴楚留香瓜进行广泛报道，在社会各界引起强烈反响，百度新闻搜索相关结果达到 59 000 余条。

有网络传播做铺垫，巴楚留香瓜还同时在淘宝天猫平台参与了"聚划算"、乡甜农场等相应的网络销售推广活动。2016 年 6 月 23 日的淘宝网"聚划算"活动仅仅开始一小时，巴楚留香瓜就销售了 5000 余件。巴楚留香瓜在互联网上产生了巨大的影响力，为新疆众多特色产品销往内地市场打开一条通道，形成了独特的农产品电商上行模式。

2017 年有了 2016 年的经验，巴楚留香瓜的上行又上一个新台阶。7 月 15 日，由上海对口支援新疆前方指挥部巴楚分指挥部、巴楚县人民政府和阿里巴巴旗下平台天猫、聚划算、农村淘宝、电商企业维吉达尼联合主办的"2017 年抢空巴楚留香瓜战役"发布会在上海举办。截至 7 月 15 日，于 14 日在天猫聚划算平台开启的"2017 年抢空巴楚留香瓜战役"，不到 12 小时已突破两万单，合计销售近 200 吨，已将巴楚县全县的早熟瓜销售一空。这次"抢空"活动，已为全县 1/5 的甜瓜找到销路，惠及 6 个主要乡镇上万户瓜农，农户每公斤巴楚留香瓜收入比往年增加三倍。同时，根据互联网终端销售的情况，由阿里巴巴天猫、聚划算、农村淘宝联合在巴楚沙漠边建造的 100 亩连栋大棚"天猫沙漠蜜洲农场"已完工投入实验使用，新疆首批通过现代农业技术种植的甜瓜，将于 2017 年 10 月初上市。在未来三年里，"天猫沙漠蜜洲农场"将从最初的 100 亩变成 1200 亩，从 1200 亩变成 10000 亩，让越来越多的当地年轻人投身到用现代农业技术种植甜瓜中来，解决就业，带动致富。

二、巴楚留香瓜电商上行的要素

巴楚留香瓜电商上行的核心是"互联网＋订单"模式，包括基于互联网的品牌建设、网络推广和网上销售。除此之外，注重体验，重视线上线下融合创新机会，最大程度提升巴楚留香瓜电商上行的实际效果。

（一）网络品牌建设

首先，要有叫得响的网络品牌。维吉达尼设计了巴楚留香瓜品牌和品牌吉祥物，并通过一系列的宣传、活动提高"巴楚留香瓜"品牌的知名度和影响力。

2016 年 6 月 21 日 -6 月 22 日，在杭州阿里巴巴两大园区举办"穿越沙漠，看见幸福，巴楚农民生活影像展暨巴楚歌舞快闪与淘宝全网"直播活动。李亚鹏、杨锦麟、王学兵、迪丽热巴等新浪名博通过新浪微博助力。

2016年7月9日，全球公益大会在杭州召开，喀什维吉达尼电子商务有限公司创始人刘敬文与潘基文、扎克伯格、马云、李连杰等一同作为分享嘉宾，向世界各地的朋友分享"巴楚留香瓜"扶贫案例，推荐巴楚特色农产"巴楚留香瓜"。

2016年7月18日，喀什维吉达尼电子商务有限公司带着巴楚留香瓜与楚留香公仔亮相"手拉手巴楚青少年上海文化之旅"，楚留香公仔萌遍申城。在上海，几个细心的巴楚孩子在涂色明信片背面，给自己写了一段留言，童真童趣，惹人喜爱。

除此之外，喀什维吉达尼电子商务有限公司通过形象设计及与客户互动的方式提高品牌的辨识度。喀什维吉达尼电子商务有限公司为巴楚留香瓜打造了专属的卡通形象代言人——一个蹁跹潇洒、名为"楚留香"的玩偶。这个形象的设计，是产品交互的一部分，它不仅呵护了一种新疆美食，更是新疆文化的传播载体。喀什维吉达尼电子商务有限公司将产品包装设计为《秘密花园》一样的填色画板，并随产品寄送《秘密花园》填色明信片，邀请消费者与家中孩子一起在明信片上涂色绘画，创作独一无二的作品，邮寄到巴楚，作为给巴楚县孩子们的一封回信。收到消费者涂色的《秘密瓜园》明信片后，从中随机选出部分作品，选中的各位吃瓜群众私信微信"维吉达尼楚留香"（bachuliuxiang），或者留言与楚留香的故事，便可赢新品试吃官的名额。

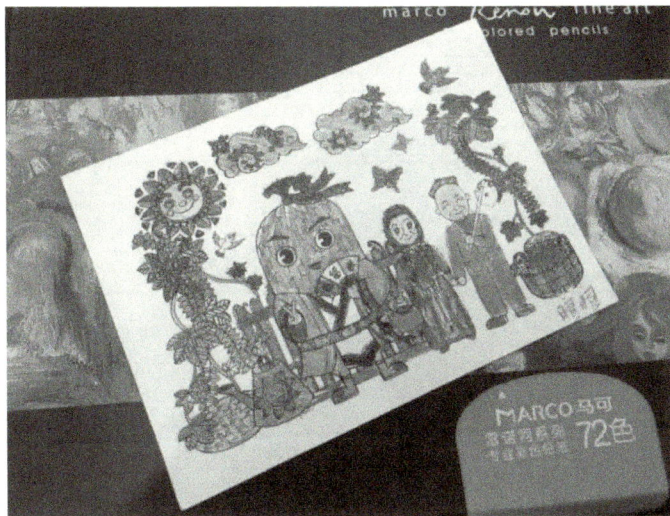

（二）网络推广和网上销售

刘敬文，这位维吉达尼的创始人，曾经是一个不折不扣的媒体人。通过网络讲故事、树形象、做推广是维吉达尼的拿手好戏。通过网络媒体和自媒体，维吉达尼针对"巴楚留香瓜"进行了广泛的宣传和推广。网络媒体包括：新华社、人民网、中新社、凤凰网、新浪财经、网易新闻、上海观察、中国网、爱微帮、解放网、中国喀什网、天山网、亚心网、最后一公里、喀什零距离、中国喀什网、中国瓜网等；自媒体包括微信公众号、微博大 V 和少数民族姑娘网红，如李亚鹏、杨锦麟、王学兵、迪丽热巴、汪小菲的新浪微博，住村干部约日古丽网红。进行大量的网络宣传和推广，百度新闻搜索相关结果达到 59 000 余条，巴楚留香瓜新闻曝光指数同期远远高于哈密瓜、伽师瓜、西洲密等品牌。

网上销售主要渠道有：淘宝、有赞、京东、天猫等第三方零售平台；乡亲直供、本来生活网、每日优鲜、食行生鲜、新农堂等垂直生鲜第三方平台；社区电子商务平台；参加网络销售活动，如聚划算；微信公众号、微商城等移动网上销售渠道等。网上销售是巴楚留香瓜的先导渠道和主要销售渠道。

从 2016 年 6-8 月网上销售数据看，巴楚留香瓜的网上销售主要通过为国内众多生鲜电商平台供货再由其面向终端消费者实现，占比超过 57%，详细数据见表 1。

表1　网上销售类型分布

分类	占比
批发（B2B）	57%
零售（B2C）	43%

生鲜电商平台的采购量占比见表2。

表2　生鲜电商平台采购分布

生鲜电商平台	占比
花果山	22.17%
鑫荣懋	17.17%
每日优鲜	13.08%
亲亲果园	12.51%
好果多	11.74%
妙生活	11.74%
本来生活	11.60%

通过零售方式直接面向终端消费者实现的网上销售额占比43%，网上零售的渠道主要有淘宝网、有赞、天猫和京东，其中淘宝网是主要销售渠道，占网上零售总额的93.75%，详细数据见表3。

表3　网上零售销售渠道分布

网上零售渠道	占比
淘宝网	93.75%
有赞	3.04%
天猫	1.81%
京东	1.40%

（三）传播与销售两个层面的线上线下结合

线上线下的有机结合也是巴楚留香瓜在电商上行中非常关键的形式。线上线下的结合主要体现在宣传和销售两个层面。

一是在宣传层面，注重网络宣传媒体和传统媒体的结合、互促，发挥各自优势，宣传效果最大化。如针对"巴楚留香瓜"品牌宣传的许多活动是在线下进行，线下进行不但可以通过传统媒体曝光新闻事件的方式来做宣传，同时也可以加强与消费者之间的互动，增加产品体验的机会。而线上则承担了进一步的宣传和放大的作用。尤其是进一步展开的互动和销售主要通过网络实现。

二是在销售层面，巴楚留香瓜虽是适应网上销售打造的一个更具互联网属性的品牌，但其销售并不仅限于网络，也应通过线下传统渠道销售。2016 年，巴楚留香瓜的销售虽主要通过网络渠道实现，但因其在互联网上的影响力已经吸引了一批内地线下采购商来巴楚县采购巴楚留香瓜。目前线下渠道仍是生鲜的主渠道，巴楚留香瓜虽因互联网而生，但其主要销售渠道仍是线下传统渠道，只有做好两个渠道的融合创新才能可持续发展。

巴楚留香瓜之所以很快在互联网上形成影响力和一定的销售规模，注重线上线下融合创新是很重要的因素。

三、巴楚留香瓜电商上行的闪光点

（一）"互联网 + 订单"模式解决农产品滞销难题

通过"互联网 + 订单"模式，品牌有认知了，产品有口碑了，在互联网上先搜罗订单，再通过订单整合当地农户、打造合作社的方式，让瓜农抱团，让瓜农利益共享、风险共担，通过订单直接将买卖双方深入对接，订单模式常态化的应用，又可以有效避免产出的农产品因卖不掉而浪费土地资源情况的发生。

（二）倒逼农产品标准化、规模化和品牌化建设

农产品发展了品牌才能够倒逼农业生产向规模化、标准化、品牌化发展，同时，在农业产业化和现代化建设方面也起到重要作用。巴楚县县委、县政府、上海市对口支援新疆前方指挥部巴楚分指挥部和喀什维吉达尼电子商务有限公司共同努力，对巴楚留香瓜从种植干预到产品标准普及，提高了巴楚县瓜农甜瓜种植的核心技术。网络订单规模的扩大为来年种植面积形成规模打下了良好的基础。

（三）在电子商务精准扶贫方面进行有益探索

巴楚留香瓜的电商上行直接扩大了瓜品的销售范围，增加了销售数量，提升了瓜品的销售价格，直接增加了合作瓜农的收入。据不完全统计，2016 年，巴楚留香瓜标准产品销售价与去年同比增加 3 倍，部分农户甜瓜收入比往年净增上万元，提高了全县一千多户瓜农家庭的经济收入。此外，为了配合巴楚留香瓜的网上销售工作，喀什维吉达尼电子商务有限公司在供应端组建了百位左右由农二代、返乡青年、大学生组成的本地甜瓜供应团队，对供应团队进行甜

瓜采摘、装箱、分级等技术培训，形成巴楚留香瓜本地供应链服务小组，本地甜瓜供应团队成员平均月收入达 3000 元以上，解决了一批维吾尔族青年的短期就业问题，培养了一批可以驾驭互联网的新型农民。

（四）线上线下融合创新

维吉达尼与淘宝、京东、天猫平台深度合作与推广，其中阿里巴巴乡甜农场将巴楚留香瓜项目作为年度重点项目，集中优势力量，着力扩大销量。与国内多家电商平台达成合作，其中包括鑫荣懋、本来生活、每日优鲜、拼好货、妙生活、新农堂、浙江省级代理、湖北省级代理、云南诺佳农业；与此同时还进驻线下一流商超，包括永旺、ole、星光世纪、亲亲果园、天鑫果园、好果多以及家乐福、沃尔玛、吉之岛等。线上线下同步销售，在巴楚留香瓜销售和影响力方面都取得很好的成绩。

四、未来规划

（一）进一步促进种植技术升级

在巴楚留香瓜品牌上网销售之前，巴楚县在瓜品的种植条件和种植技术方面相对落后，农户依然使用点播种植的传统方式，在近二十年没有进行过科学育种改良，甜瓜大小参差不齐，品种不一，部分甜度不高，商品率底。在形成品牌和产品之后，对瓜品的标准、商品率有了要求，未来将引导农户提高甜瓜种植标准，以科学育苗方式替代传统点播种植方式，从种植期到最后的采摘过程中提供专业的技术人员来指导，以提高商品率，持续维护好巴楚留香瓜的品牌形象。

（二）进一步完善采摘、供应保障

巴楚县紧邻塔克拉玛干沙漠，8 月份气候炎热，有时容易遭遇极端天气，甜瓜抗灾害能力低；加之有些当地农户采用传统的采摘和运输方式，以及冷藏设备的滞后，都容易导致瓜品出现大量损坏，不利于巴楚留香瓜的稳定、保质供货。未来将考虑建立恒温仓库，摒弃传统地窖储藏的方式；设计专用的防撞保护包装，避免流通过程中的磕伤、碰伤，降低损耗，构建较为完善的专业甜瓜供应链服务体系，以确保甜瓜的新鲜度和消费者的利益。

（陈兵，新疆大学教授；崔丽丽，上海财经大学研究员）

"小米加步枪，好米在武乡"
——武乡小米的电商上行传奇

张志鹏

"小米加步枪，好米在武乡"这是我在挂职武乡县委常委、副县长期间，为代言"武乡小米"而想出来的代言词从而也赢得"小米县长"称号。在武乡县委、县政府的正确领导和大力支持下，我和武乡小米团队赴全国20多个省市进行上百场"武乡小米"推介活动，借助"小米县长"的网红身份和行业传媒、全国各种商会等资源平台，通过社交形式，建立了"武乡小米"电商、消费、产业、旅游、新闻、教育和助学等近十个扶贫沟通交流群，并在全国爱心企业和爱心人士的帮助下，经过全国电商企业和电商从业人员的共同努力，1800多万斤积压谷子在短短几个月时间一售而空，解决了武乡米农的"卖粮难"问题。

同时，引发了品牌效应，让"武乡小米"从一个地产名，变成了"武乡小米"区域品牌名，仅仅8个月时间，"武乡小米"就实现了从无到有、从弱到强的独特发展历程。据农业专家初步估算，"武乡小米"区域品牌价值已经可以达到5000万元。与此同时，"武乡小米"团队还精心打造了全国第一款顶级品牌小米——晋黄羊肥小米，其市场价格升至80元/斤，成为高端小米市场的标杆。晋黄羊肥小米还在全县建立了4000亩的产业基地，直接带动了产业基地农户的大幅增收。

"武乡小米"在产业扶贫方面也产生了蝴蝶效应。2016年武乡县的小米种植面积达9.1万亩，其中贫困户占70%，所产的2800多万斤小米按平均4元/斤的价格全部售完，百姓存米率同比下降90%；"武乡小米"的谷子价格由之前的平均1.5元/斤，提升到平均2.5元/斤，溢价高达1元，带动全县贫困户户均增收2500多元。

一、县长代言武乡小米，撬动电商扶贫大资源

武乡县是著名的革命老区，被誉为"八路军的故乡、子弟兵的摇篮"，"小米加步枪"的说法就源于武乡，"百团大战"在武乡指挥，《亮剑》的故事在武乡发生。武乡盛产小米，上古时代称为"炎帝米"，十六国时期称为"石勒米"，明朝称为"爬山糙"，清朝改名为"沁州黄"，历史上皆为朝廷贡米。

2016年4月，我受中国煤科集团委派，到武乡县挂职县委常委、副县长。到任后不久，在调研过程中，有一个特殊情况引起了我的重视：全县有1800多万斤谷子仍积压待售。在武乡县委、县政府的领导和支持下，我四处奔走，联系销售渠道，为"武乡小米"奔走呐喊。同时，和华糖品牌农业研究院共同调研全县各乡镇的小米品种、品质、生长条件以及种植文化，以及县里一些主要的小米加工企业，对其产品品牌、营销等情况做了深入了解。调研的结果，喜忧参半。喜的是，武乡县既有"小米加步枪"的光荣传统，又有"贡米沁州黄小米"原产地之一的殊荣和与谷子生长气候吻合的地理环境；忧的是，"武乡小米"正面临着"好小米无品牌、无市场"的尴尬处境。针对这一实际情况，提出初步营销方案：整合资源、凝聚力量，先卖掉积压小米，完成眼前的任务。

随后，我带领县里的山西太行沃土农业产品有限公司一起参加了《品牌农业与市场》杂志社举办的"美味中国行农产品渠道峰会"活动，为"武乡小米"站台、代言、背书。正是这次代言，一"站"成名，成为网红"小米县长"，代言词"小米加步枪，好米在武乡"和"大米五常，小米武乡"也在全国各大网站纷纷被"刷屏"。此后，开始了"武乡小米"的推介之旅，先后远赴上海、成都、北京、广州等20多个地方，参加了"全国秋季糖酒会"、"美味中国行巡回峰会"、"互联郡生态农产品发布会"等一系列推荐活动。

在武乡县委、县政府的全力支持下，武乡小米团队的力量日益壮大，联合12县长共同推介"武乡小米"，使武乡小米的影响力不断提高。2016年10月，一场以"品味吕梁太行，县长携手代言"为主题的中央驻晋定点帮扶单位扶贫推介系列活动启动会在太原举行，12位中央驻晋挂职干部分别为本县的农特产品和特色资源代言，推销山货。

"武乡小米"不仅要对外宣传，而且要在武乡县成为一个有口皆碑的区域品牌。2016年11月份开始，武乡县政府和山西太行沃土农业产品有限公司组

织开展了"武乡小米在行动"活动，上门收购行动不便的米农的谷子，并通过现金、溢价收购的方式，解决农民的另一种"卖粮难"问题。特别是，在武乡县故县乡十里坡村举办的"武乡小米在行动"第九站扶贫助农活动，将全县"武乡小米"产业扶贫工作推向了一个新高潮。

二、巧妙运用社交电商，齐销武乡扶贫小米

通过不断的代言、宣传和推介，越来越多的人成为了我们的粉丝。为了使更多的人了解"武乡小米"，成为"武乡小米"宣传和推介队伍中的一分子，在武乡县政府的领导下，我先后牵头组建了"武乡小米"电商扶贫沟通交流群、消费扶贫沟通交流群、产业扶贫沟通交流群、旅游扶贫沟通交流群、新闻媒体扶贫沟通交流群、教育扶贫沟通交流群和助学扶贫沟通交流群，甚至还组建了"武乡小米"老乡扶贫助力团，把武乡在外地的老乡们聚在一起，共同宣传、推介和销售"武乡小米"。

近十个"武乡小米"交流沟通群，凝聚了强大的宣传力量，使"武乡小米"团队由几人增加到了几百人、几千人。其中，有企业家，有经销商和渠道商，有新闻媒体人，有艺术家，还有农业专家和社会爱心人士等。

随着"武乡小米"知名度的提高，购买"武乡小米"的人也越来越多，特别是受到了全国爱心企业和爱心人士的关心和帮助。于是，"武乡小米"团队根据社会爱心企业和爱心人士的需要，专门收购贫困户的谷子，打造了一款武乡扶贫小米，大受欢迎。

与此同时，越来越多的电商平台开始热销"武乡小米"，京东、苏宁、淘宝、一亩田等平台上也出现了各式的"武乡小米"。特别是山西本土著名电商平台——乐村淘，2016 年 8 月到 9 月，在其特色馆举办了为期一个月的"武乡小米节"，"武乡小米节"行动开始后，山西武乡、河北迁安、湖北、黑龙江、四川、辽宁等多个乐村淘特色馆同时开售，河北以进入当地连锁超市为主，四川、湖北、黑龙江、辽宁等省则主要通过当地乐六集、乐县域线下走进社区活动为主要销售途径。特别是乐村淘 25 个省、600 余县级管理中心全部拿"武乡小米"作为中秋员工福利，以及各地晋商协会等多途径、多渠道结合销售，"武乡小米"销售额共计 1 100 580.8 元。

　　"武乡小米"在各大电商平台的热销也带动了武乡米农开办电商和微商的热情。在全县 377 个行政村建设乡村电商服务站 230 个，全县开办网店、微店4000 多家。"武乡小米"等特色农产品上线销售，2016 年网上交易额达 9708 万元，其中农产品网上销售额 1535 万元，使武乡农特产品，尤其是"武乡小米"在粮食价格低迷的困境中，仍然保持了每斤 8 ~ 80 元的优势，带动全县 3 万多农户种植小米 8 万多亩，助推增收 500 多万元。

三、打造网络品牌，推动老区脱贫

　　武乡县还精心打造了我国第一款顶级小米——晋黄羊肥小米。一是选择全县土壤最好、最适合谷物种植的上司乡，作为羊肥小米的种植基地；二是使用产量非常低，但小米品质好的"晋谷 21 号"种子；三是使用天然、优质羊粪肥；四是进行生态轮茬种植；五是配备了 24 小时可追溯的视频管理系统；六是引进精米生产线，确保产品的内在品质。

　　由于羊肥小米品质好、营养价值高，目前市场价格达到了 80 元 / 斤，成为高端小米市场的标杆。我还真诚邀请"小米之母"陈瑛教授、"小米厨神"吴俊文加入"武乡小米产业扶贫团队"，为武乡小米提供最优质种子和独家烹饪秘方，增加了打造国家顶级产品品牌的"砝码"。

　　"武乡小米"和"晋黄羊肥小米"等网络品牌的打造，不仅使 2015 年以来积压的 1800 多万斤谷子在短短四个月时间内被一售而空，而且 2016 年新产的4000 多万斤谷子在 5 个多月的时间内实现了基本售罄，彻底解决了武乡小米的"售粮难"问题。武乡小米的谷子价格，也由之前的平均 1.5 元 / 斤，提升到平均 2.5 元 / 斤，溢价高达 1 元，带动全县 17 000 多个贫困户户均增收 2500 多元。晋黄羊肥小米，由于其品质好、营养价值高，目前市场价格达到了 80 元 / 斤，成为高端小米市场的标杆。该公司在武乡县建有 4000 亩的产业基地，2016 年共收购小米 10 万斤，直接带动基地的米农户均增收 7000 多元。

四、电商大数据指导精准生产，优化电商扶贫产业链

　　需求引导生产，武乡县科学运用电商大数据，指导全县武乡小米的布局和生产，并根据市场需求，将不同品质的武乡小米进行细分。特别是武乡小米种

植的基地化、订单化，进一步促进了武乡小米的精准生产。一是武乡小米基地化生产初见成效。截至目前，已经有山西太行沃土农产品公司、江苏永朔实业有限公司、中乔大三农智慧农业（北京）有限公司、山西金鳗集团公司等多家企业在武乡县设立了小米产业基地。二是武乡小米的订单化生产也有了初步尝试。2017年以来，通过开展权店杏花节、岭头梨花节、五村播种节等乡村旅游活动，实现了武乡小米的未种先订，金额达50多万元，五村的100亩小米地块也被一抢而空。

为全方位地深入打造"武乡小米"网络品牌，优化电商扶贫产业链，武乡县研究制定了一系列制度措施：一是组建成立武乡小米协会、武乡小米研究会，制定出台武乡小米未来五年发展规划；二是研究、建立武乡小米大数据库，包括土地数量及品级、适合种植的小米品种、产品可追溯系统等大数据；三是对每个地块进行系统的编码和标识，开展销售企业建立产业基地、单位职工或客户福利性订制地块，以及家庭认购地块，对于稀缺地块进行招标式拍卖活动；四是对武乡小米的地块进行集中统一"体检"，研究适合种植的武乡小米品种，制定施肥方案，确保"因地制宜"，实现小米品质最优化管理；五是出台实施武乡小米"双售馨公告制"；六是加强对武乡米农的标准意识、质量意识、市场意识等方面的教育和管理，确保武乡小米全部实现有机肥种植，科学适量使用化肥，绝对禁止使用农药特别是除草剂；七是加大对武乡小米的科研投入，提高武乡小米种植管理的科学化和现代化水平；八是开展武乡小米"四个一"工程，即扶持一家小米产业方面的上市公司；成立一家小米企业集团，延长武乡小米的产业链条（包括成立小米种子公司、小米有机肥公司、小米机械公司、小米营养品公司、小米油公司和小米营销公司等），提高其附加值；在武乡县建立一个山西小米交易中心；建立一个小米创业创新基地。

这些进一步完善"武乡小米"产业链条的举措，为优化电商扶贫产业链，为电商销售"武乡小米"的溯源追溯提供依据，对于"武乡小米"产业健康快速发展，对于"武乡小米"的供给侧改革和"武乡小米"电商扶贫工作，都具有重要的里程碑意义。

（作者系山西省武乡县委常委、副县长）

隰县玉露香梨品牌走出去的四大法宝

贾枭

隰县是山西一个不折不扣的贫困县，县财政收入一年只有 7000 多万元。这里出产中国最好的梨——玉露香梨。从 1984 年开始，隰县将山西果树研究所所培育出的玉露香梨引种到隰县，2010 年前后开始大规模种植。2016 年，隰县采用在每只梨上张贴二维码的"笨办法"，在北京、上海一些城市，采取"只送不卖"、"要买扫码"的方式，通过电商卖出了约 1800 万元的梨。

隰县认为，要确保产品的持续畅销且高价，就必须创建品牌。目前，由于玉露香梨"好卖"，全国一下子涌现了 100 多万亩的新梨园。一方面隰县感到危机和挑战。同时，由于小农意识作祟，当地个别梨农一味追求高产，大量施用化肥，大大降低了玉露香梨应有的品质。隰县玉露香梨产业的组织化程度也不高，种植标准化急需改进提升。于是，隰县下决心打造品牌，希望通过创牌解决隰县玉露香梨产业发展所面临的这些问题。同时希望品牌化为隰县梨电商提供支持，实现"业强、民富、县昌"的"隰梨梦想"。

针对隰县玉露香梨品牌打造，概括地说，我们做了四件事。

一、"塑金身"

为什么全国那么多的梨，非要吃隰县的玉露香梨？"塑金身"的一个任务就是要提炼出"隰县玉露香梨"的价值。大家看到"隰县"这两个字时，可能不知道这个"隰"字怎么读。第一次我看到这个字的时候，也不知道怎么读。这个字是《诗经》中的一个字，是个古文字。我们说创造一个品牌，你的名字大家都不认识，怎么能传播呢？老天爷给我们出难题的同时，也给了我们一个解决这个问题的思路。我们通过把"隰"变形后，用创意的手法，结合"梨"的造型，形成了一个"隰"字的梨，这就是"隰县玉露香梨"的符号。

隰县玉露香

XIXIAN YU LU XIANG PEAR

针对隰县玉露香梨的价值，我们创意了"稀有好梨"作为"隰县玉露香梨"的价值口号。为什么呢？首先是因为"玉露香梨"是一个优质的梨种。其次，隰县种植的玉露香梨品质最佳，被誉为"中国大美梨"、"中国第一梨"。这既得益于隰县的自然禀赋，同时得益于隰县梨农的用心栽培。隰县为"中国好人县"，民风淳朴。同时，梨是百姓的钱袋子，只有把梨种好了，卖好了，就能有收入，所以隰县梨农用心种梨。同时，"稀"和"隰"读音相近，我们用"隰县玉露香（梨），稀有好梨"作为广告语，也给"隰"字注了读音，就是希望解决"隰"字识别的难题。

二、"强基石"

"强基石"就是遵循农业的规律，确保优质隰县玉露香梨的生产以及商品的供应。

首先是抓生产。我们要着力培育隰县玉露香梨的生产主体，把以前的松散型合作社通过五统一（农资、技术、培训、商标和销售）的要求变成紧密的组织。其次依照规模、技术以及市场意识等，确定隰县玉露香梨示范基地。对隰县而言，要形成很大规模的生产基地比较困难，我们的方向就是通过利益咬合机制，发展农合联组织，把是否具有市场和品牌意识作为考量的重要指标。接下来就是出台扶持政策，把发展产业的政策、项目及资金，按照"谁引领示范给谁用"的原则，进行资源配置。

第二是定标准。我们提出"不是所有隰县产的玉露香梨都是隰县玉露香梨"，这一点非常重要。我们出台各类标准，首先是种植标准。依据果品种植的关键点，我们重点抓"施肥"，提倡因地施肥，并建议隰县与山西果树所及河北农大等科研院所合作，开展"测土（测叶）配方施肥工程"，抓好标准化生产。其次是明确采摘标准。采摘期不同，产品品质不同。今年隰县玉露香梨采摘前，技术人员每天都蹲在果园里，比照各种指标，最终定在 2017 年的 9 月 13 号开始采摘。然后是商品标准。今年推出新的隰县玉露香梨标准，形成了特 A、一级 A、一级 B 和二级果的分级指标。

第三就是育龙头。我们发现在隰县梨产业中，服务性龙头企业相对欠缺，主要体现在储藏、分选和包装上。因此，我们建议隰县加大这方面的龙头培育。其次就是培育企业。我们通过做靓"隰县玉露香梨"品牌，授权企业"用牌"、"用包装"助推企业成长。同时也为企业销售搭台、培育人才。做"隰县玉露香梨"品牌是为了扶持企业品牌的成长，计划 2018 年开展"隰县玉露香梨十佳品牌"评选活动，用公用品牌为企业品牌背书。大家看到的这个产品，一个是种植合作社的商标，一个是电商企业的商标，这就是"新"、"老"梨农的合作，政府为这些企业产品露脸创造机会。

第四就是强管理。首先构建隰县玉露香梨品控溯源体系，做到对隰县玉露香梨农事活动的全程管理。其次就是强化农资监管。凡是任何违禁农资都不能流入隰县境内。农资登记，采用实名制购买。执法大队不定期对农资点进行抽查，且在田间地头不定期巡查。一旦发现有违禁农资的使用就重罚。另外就是提供溯源系统（果贴或箱贴），掌握产品市场流向，这也就是"大数据"，成为下年度市场营销决策参考依据。

三、"拓市场"

我们培育"隰梨"的多元化渠道。

首先是产地市场。我们建议隰县高标准建设产地市场，把它作为品牌产品输出的首站。把分选、包装等关键环节在此落实。另外经纪人决定了每年产品的价格走势，我们建议隰县成立了"隰县玉露香梨经纪人联盟"，就是希望把经纪人联合起来，以便管理或引导。另外就是构建隰县玉露香梨大战略产业格局。虽然隰县玉露香梨种植面积在全国只占玉露香梨种植面积的四分之一，但必须有王者的格局。怎么干？我利用自己的一些社会资源推动隰县和中国果协合作，争取每年玉露香梨上市前，发布年度"玉露香梨价格指数"。2017年由于时间太仓促，没有发布价格指数，但是两家联合发布了"玉露香梨流通标准"。以后还有"产业＋互联网"等设想。

第二就是做电商。有了品牌（隰县玉露香梨）和产品（种植端的管理），电商就有了基础。针对隰县特点，我们提出三个战略：一是在平台类电商（京东、天猫）打造品牌知名度。2017年隰县和武汉云采团队合作，做了许多事。二是通过优质平台强化产品体验。一些平台比如"每日优鲜"有自己的采供团队，在一线城市影响力较高，我们希望隰县和它们合作，让大家品尝"隰梨"，为后续营销奠定基础。三是打造隰县电商队伍，让梨农变果商。在隰县电商人才培育上，王军龙的"讯唯团队"功不可没，短短半年里，在军龙的努力下，汪向东老师、魏延安、胡海卿、土豆姐姐等多位电商大咖被"忽悠"到隰县，这主要靠隰县政府的决心和真诚。

隰县现在成为山西农村电商的"黄埔军校"，山西及周边省份的农村电商人才从隰县走出去，成了隰县玉露香梨电商的人脉或团队。2017年10月隰县电商服务中心开业运营时，隰县把很时髦的共享单车引入县城。不是赶时髦，而是希望通过"共享单车"这个互联网的新事物，让隰县百姓近距离感受互联网的力量，也让隰县新农人觉得自己没有和世界脱节。现在隰县电商中心聚集了大小几十家电商企业，并且提出了"打造山西果品电商中心"的定位。2017年在隰县玉露香梨销售中，全国多个知名电商平台和隰县合作，多家物流公司助力隰县，大大降低了物流成本。农产品电商既需要硬件支持，也需要软件支持，比如"隰县玉露香梨"区域公用品牌就是重要软件。

第三就是"开专卖"。虽然有了线上销售，但是对于梨产品而言，电商销量是有限的。尤其是随着丰产期的到来，产量会逐年猛增，因此就需要构建"隰梨"专卖渠道。我们都知道，专卖店不是谁都能做好，隰县梨农种梨是行家，但开店不一定行，也不一定要开店，因此我们建议隰县和"专业人"合作。今年我们建议隰县和"专业人"合作，比如国内知名的果品专卖连锁企业"鲜丰水果"成为隰县的合作伙伴。与此同时，隰县鼓励各类经销商卖"隰梨"，就是说卖"包装梨"、"品牌梨"，政府给予一定的支持。

第四就是开拓特通渠道。隰县玉露香梨以往的知名度局限在山西临汾。我们提出将"隰梨"打造成"山西名片"，建议在山西窗口比如机场、高铁站等投放广告。在山西热门旅游景区和一些知名酒店开设隰县玉露香梨"专柜"，目的就是让"隰梨"多露脸。2016年，隰县的梨企给长江商学院定制鲜果礼盒，2017年我们让他们在礼盒上体现"隰梨"符号，鼓励企业给晋商开展各类"隰梨定制"。

四、"大传播"

产品就是广告。2017年对于隰县玉露香梨产品的包装，我们最早设计了四款产品："尝鲜装"（单只装）、"心心相印"（两只装）、"十全十美"（十只装）和"佛梨"（佛教文化）。之所以设计"佛梨"，是因为隰县有个寺庙叫"小西天"，庙小气场却很大。我提议在采摘节期间搞一个"祭梨大典"，就是给隰县玉露香梨"开光"，我们的目的是通过"宗教加持"形成仪式，塑造文化，创造价值，同时为媒体提供新闻素材。2017 年由于其他特殊原因没搞，打算明年搞。另外我们建议打造"隰梨宴"，就是把一些不适合用于流通的鲜梨烹饪，打造一桌"梨宴"，作为产品的体验。一些非优果进入餐饮系统做鲜榨梨汁，盛装器皿体现"隰梨"品牌。结合基地建设和美丽乡村创建，将隰县玉露香梨文化镶嵌进去，形成一个个"隰梨"基地和"梨村"。另外就是做延伸加工产品和文创产品，比如"隰梨膏"等加工产品、品牌纪念品等文创产品。目的就一个，全价开发，"吃干榨净"，立体传播。

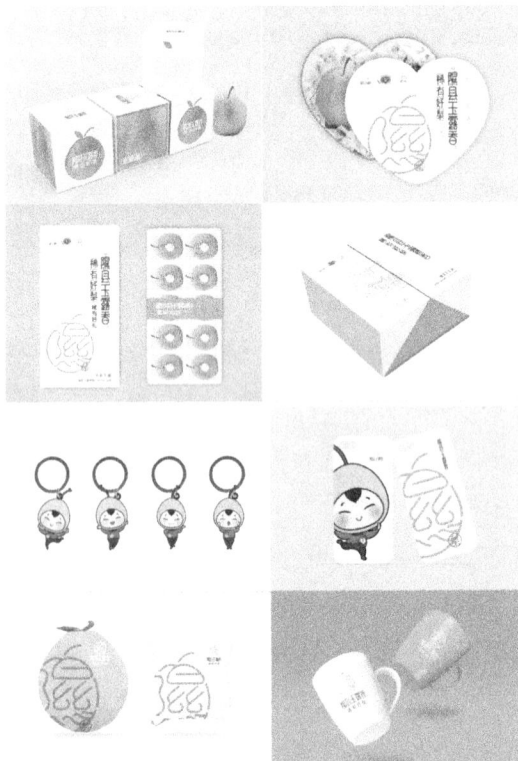

再就是"造节"。2018 年打算恢复"梨园九曲"活动，搞"隰梨祈福仪式"。创新每年一度的"梨花节"、"采摘节"，比如今年的采摘节就采用网红直播的方式，让一个黄土高原的"土梨"变得时髦起来了。许多活动如"梨王争霸赛"、

"趣味吃梨大赛"等，都是网红直播，让梨农和隰县人民有了获得感和参与感，激发他们对隰县玉露香梨创牌的热情。

此外，利用会展进行传播，隰县玉露香梨以统一的形象参会。现在隰县政府单位大多使用印有"隰梨"符号的办公用品，如纸杯、桌牌等。一些对外活动，也积极传播"隰梨"品牌。

2017年4月，隰县召开了首届"隰县梨想"论坛，邀请行业大家和各路大咖为隰县梨产业献计献策。之所以叫这个主题，就是"梨业强、梨农富、梨乡美"是隰县的理想。

概括地说，"隰县玉露香梨"区域公用品牌建设，让隰县梨业工作更加系统化，各方资源被有效地整合起来。更为重要的是，工作成绩有效地沉淀在"隰县玉露香梨"品牌上。随着"隰梨"的大卖，许多人认识了来自山西的"隰梨"。

（作者系农本咨询创始人、首席专家）

"百色芒果"借力电商弯道超车之法

余　斌

　　每年的六月，芒种伊始，雨水渐丰，这是整个广西壮族自治区百色市沸腾的季节，人们冒着酷暑穿行于林间，开始采收最令人期待的喜悦。百色右江河谷是全国三大"天然温室"之一，属南亚热带季风气候区，日照时间长，气候湿润，降水充足，具有得天独厚的芒果种植气候条件。百色芒果栽培历史悠久，是芒果的起源地之一，芒果种植面积达 92.08 万亩，占耕地面积的 13.6%，产量 40.35 万吨。2017 年，百色芒果种植总面积达 110 万亩；每年产量 50 万吨；苗木出圃量 990 万株。百色市是全国最大的芒果生产基地，被国家农业部列为全国唯一的芒果农产品地理标志示范样板创建基地。

　　近两年，乘着互联网之风的百色人民又有了一个全新的庆祝丰收的节日——"互联网＋百色芒果节"。2016 年淘宝、京东百色芒果节期间，全市通过电商平台销售芒果 4.5 万吨，快递单数 356.8 万单，销售额约 4.5 亿元，占百色芒果销售额 15%，在广西自治区县域电商大会上获得自治区人民政府陈武主席点赞。2017 年芒果节活动期间，80 家商家参加淘宝、京东商城、苏宁易购等平台的 120 场线上促销活动，通过互联网产生芒果快递件数 40 万件，销售芒果约 4500 吨，销售额超 4000 万元。

一、健全电商服务体系，夯实上行基础

在百色各级政府的支持下，百色市整体运营服务商百色闻远网络科技有限公司自 2015 年 6 月正式运作已来，以农产品上行为核心目标，分别于 2015 年 12 月和 2016 年 10 月正式上线了淘宝特色中国百色馆和苏宁易购中华特色百色馆，并在当当网、杭州十九楼、众筹网、微信平台、格格家等网购平台建立销售渠道，全程为百色市电子商务企业、个体商户以及电子商务创业者提供一站式电商服务。

为电商从业企业提供从筹划开店、网页设计、详情页制作、产品摄影、包装到客服、运营推广等一系列服务，全程为百色市电子商务企业、个体商户以及电子商务创业者提供一站式电商服务，有效降低了电商从业成本。组织商家参加聚划算、淘抢购、苏宁疯抢等活动，多平台抱团发展，帮助电商从业主体做大做强，协助电商企业发展壮大。

扶贫重在治本，重在扶志，重在造血。百色闻远通过举办专题培训班，采取以点带面、培养基层电商领头人的方式，邀请国内知名电商企业的高级讲师、创业成功人士等电商界能人，就百色电商现状、国家鼓励政策、业务销售流程等开展专题讲座培训，着重加强电脑操作、电子营销、未来电子商务发展方向等方面的知识，让农民掌握电商基本知识，了解电商销售农产品的好处，以及具体操作方法，手把手解决农民电商入门问题，不断提高电商主体的工作效率和实务操作能力，培养壮大电商队伍。共组织举办电商培训 150 多期，培训人数达 18 000 多人，培育 100 多家电子商务企业、300 多家网商，电商从业人群不断壮大，从业人数达 2422 人。

二、创新农产品上行模式，全面促进上行

征途漫漫上下求索，几年时间，老区人民沐浴了一场互联网的春风，苦于销售的芒农有了出路，百色芒果成吨发出的喜讯如雨后春笋般层出不穷，借力电商走出最关键的"四步"成功实现弯道超车。

第一步：通过连续两年的"互联网＋百色芒果节"系列促销活动持续打响

"百色芒果"。依托淘宝、苏宁易购百色馆和京东商城等平台组织商家参与线上营销活动，配合百色市人民政府在北京、香港、深圳、兰州等地举办"百色芒果"线下专场推介会进行宣传，进一步提升"百色芒果"知名度、美誉度。

在连续两年的芒果季期间，闻远科技协助百色市政府充分利用网络媒体、展会活动、电子商务平台等开展宣传推介活动，品牌认知度不断提升，影响力和影响范围不断扩大。通过线上线下传播全方位宣传方式，向全国用户推广了"百色芒果"这一地标品牌，引起了广大消费者的关注，使"百色芒果"走向全国乃至全世界，让更多的人看到、吃到百色的芒果。

通过互联网销售，2016年桂七的单价已经从三四块涨到了七八块，2017年价格一直在八九块钱左右。

第二步：突出品牌化，强力开展推介扩大品牌影响。闻远科技联合百色市政府从芒果的生产端入手，优化电商产品规格选择、电商包装、物流解决方案、供应流程等全产业链，为芒果上行做好供应链保障，打造优质的"百色芒果"品牌。

2016年在芒果节期间，"百色芒果"上了芒果台"天天向上"栏目。2017年7月11日，第十二届世界芒果大会在"中国芒果之乡"广西百色市田东县举行，使"百色芒果"成为万众瞩目的焦点。

第三步：用创意、文化、商业的力量"包装"农特产品。2017年，在芒果节期间，闻远科技独具新意地以芒果模型为标本，设计推出了芒果布偶娃，受到了全国各地消费者的喜爱，也使得芒果的销售比去年更加火爆，在区域品牌打造和促农增收方面成效显著。不仅仅是"百色芒果"通过电商热销，目前入驻百色馆的商家有390家，上线产品230个，打造了除芒果以外的圣女果、火龙果、茶叶、绣球等特色品牌，带动商家和百色产品参加超过200场创新文化促销活动。还根据百色产品特色推出了圣女果玩偶及表情包等创意产品，创建了"百色特色馆"品牌，统一产品包装设计风格，推动产品品牌形象提升。

第四步：引导百色市12个县（区）借助互联网春风把农产品卖得风风火火。德保县在淘宝、苏宁易购百色馆等平台销售脐橙1820吨，单价由2015年的3.5元/斤提升至6元/斤。举办2017年"互联网＋猕猴桃节"促销活动，带动15家生产流通企业、6家生产合作社在淘宝网销售2.4万斤猕猴桃，销售额超30万元；凌云县首届电商年货节和"我为家乡代言"活动，重点推出凌云白毫茶、山茶油、红薯粉、百香果以及乌鸡、麻鸭等农特产品和生鲜产品，在淘宝、京东凌云服务站、凌云易购等平台共实现交易额93万元。

百色芒果创意公仔

三、建立促农增收长效机制

以"让农村创业更简单"为宗旨，以农产品上行为核心目标，从健全电商服务体系、电商人才培训、品牌打造、举办大型网络营销活动等方面着手，营造电商促农增收发展氛围，形成电商生态圈，让百色市以芒果为主的农特产品搭上"互联网＋农业"的发展快车，极大提高了百色农产品在互联网上的爆光度和美誉度，促进了百色农产品线上销售，提升了整个百色特色品牌的市场占有率和影响力，使得芒果成为百色助农增收的第一支柱产业，促进了芒果产业快速健康发展，以"互联网＋农业"的创新扶贫方式打造了产业触网、助农增收脱贫的一县一品"百色模式"。

闻远科技在百色市人民政府的支持下，持续推动百色芒果上行，带动了当地芒果产业的可持续发展，大批百色果农从中得到实惠，增收致富。2013-2016年百色芒果总产值以每年37%的增长率在递增，2016年实现芒果总产值30亿元。全市参与种植芒果的农户约9.5万户、农民约45.25万人，2016年果农人均纯收入达3315元，其中辐射带动265个贫困村，占全市贫困村总数的35%，累计有6.8万贫困户32.38万人依靠种植芒果告别了贫困，走上致富的道路。

（作者系杭州闻远科技有限公司创始人）

环县小杂粮的电商历程

王雪莲

环县位于甘肃省东部，踞陕、甘、宁三省（区）之交界，是国扶贫困县和革命老区县。公开数据显示，全县 35 万人，截至 2016 年底，仍有建档立卡贫困人口 1.64 万户，涉及 6.81 万人，贫困发生率高达 20.66%。地处黄土高原土层最厚的地方，降雨量特别少，农村饮用水基本靠井水，是国家扶贫开发工作重点县，也是甘肃省 25 个特困县之一。然而就是在这样的环境下，环县却是绿色杂粮的原产地，所产杂粮品质优良，物美价廉。环县位于毛乌素沙漠与黄土高原的交汇地带，气候凉爽，干旱少雨，特殊的土壤、气候和降雨量造就了环县盛产荞麦、糜子、谷子、洋芋、燕麦等小杂粮和胡麻、葵花、黄豆、中药材等多种经济作物，质优品良，属纯天然无污染产品，被农业部确定为"全国粮食生产先进县"。其中小杂粮产量居全省之首，被命名为"中国小杂粮之乡"。

随着电子商务在农村的普及，环县也希望可以搭上互联网的快车，让小杂粮走出大山，走向环县外的千家万户。受地域偏僻、交通不便等因素制约，大量的特色农产品销路不畅，价格低廉，局限于自产自销，经济发展滞后。环县的电商之路困难重重：首先是交通物流问题，环县的面积相当于一个平凉市的面积，大约有 17 000 多个山头。这样的交通和网络情况为电商发展带来了极大的困难；其次是环县小杂粮产业链不成熟，网货产品供应不足，产品品牌识别度低，标准化程度低；再次电商人才缺失问题严重，专业的电商人才很难留在这样条件艰苦的贫困县，电商意识薄弱。环县政府面对重重困难，探索出了一条环县的小杂粮电商之路。

第一，环县县委、政府对电商发展给予高度重视和支持。

环县县委、政府主要领导研究部署全县电子商务工作，亲自挂帅指导和支持环县的电商工作，解决电子商务发展中存在的困难和问题。县上成立了由政府县长任组长，县委、政府分管领导任副组长，相关部门负责人为成员的电子商务工作领导小组。环县以"政府推动、企业主导、协会引领、社会参与、品牌带动、产业支撑、保姆孵化"的思路，借力"互联网+"模式，大力推进电商平台和电商服务体系建设。"村村通工程"通过搞通物流，解决电商"最后一公里"问题，网络覆盖工程解决了村级网络铺设问题和大山深处的信息通路问题。目前环县21个乡镇、251个村，基本上实现了通网络、通公路。"两路"的打通在基础设施层，为环县电商的发展提供了极大的便利。已实现21个乡镇电子商务服务站全覆盖，建成村级电子商务服务点141个。为加快建设仓储物流配送体系，投资3.3亿元，规划分三期建成环县电子商务仓储物流配送中心，今年实施一期项目，投资1.5亿元，建设集办公、仓储、冷藏、配送为一体的县电子商务物流配送服务中心。出台物流补贴政策，对县城、乡镇、村级网店经营者销售本地农特产品给予补贴，降低物流成本。在全县召开千人电商表彰大会，表彰为环县做出突出贡献的单位、企业和个人。

环县财政每年预算300万元作为电商发展基金，协调贴贷资金2000万元支持电子商务发展。并且，环县举全县之力，投资3000多万元建成了7000多平方米的电子商务创业孵化中心，着力打造电商服务六大平台：电子商务公共服务平台、种子企业培育孵化平台、返乡能人创业平台、大学生创业就业平台、电子商务培训交流平台和农特产品展示体验平台。

第二，打造环县小杂粮电商的产业生态链

贫困地区的农产品都会面临种植区域分散、标准化程度不高、缺乏质量追溯体系、品牌知名度不高等问题。为从源头上解决环县小杂粮电商发展中遇到的这些问题，由环县农牧局牵头成立了陇源农业发展公司，负责农产品的订单种植，保证产品原料供应充足；由环县麦上客食品有限公司建设的环县小杂粮初级加工厂，负责杂粮收购和初级精选加工，保障网货产品质量和供应量；由甘肃慧联信息科技发展有限责任公司建设环县网货供应中心，负责产品的研发、包装设计、品牌培育和销售策划。形成了环县电商"统一订单种植（农民）—统一生产加工（杂粮厂）—统一品牌包装（供货平台）—统一网上销售（电商公司）—统一打包发货（供货平台）—统一仓储配送（物流中心）"的"六统一"闭环发展模式。

此外，环县还积极推动"农户＋合作社＋网销＋快递"的模式，试图打造完整的电子商务产业链，积极开发新产品。在多维力量的带动下，环县涌现出了一批典型企业。环县进一步加快电商县域品牌培育，规划建设小杂粮加工厂和网货供应中心，从源头上解决产品供应不足、品牌知名度不高等问题；投资150万元，建成了环县农产品安全溯源系统，实现网销农产品"来源可追溯，去向可查证，责任可追究，质量可保障"。

环县小杂粮电商产业链的搭建，使环县小杂粮跨越了山沟沟与大城市之间的代沟，解决了供给端与需求端不匹配的问题，提升了环县小杂粮品牌的影响力。环县"麦上客"开发的"老麦良品"淘宝店铺目前月均销售红小豆、小米、小绿豆等杂粮50多吨；"傲林电子"的天猫店以红色革命文化宣传老区杂粮养红军的故事，赋予环县杂粮独特的红色内涵，销售"万佳欣禾"杂粮和荞麦醋实现月收入30万元以上；"道为电子"积极开发新产品，将葵花杆芯等边脚料变废为宝，摆上了电商平台。公司的淘宝店铺"赵掌沟山货店"月销售杂粮、葵花杆芯、胡麻油等农特产品6000多单，销售收入达到30万元以上。

第三，打造一支能战斗、带不走、留得住的电商人才队伍。

电商人才问题是所有贫困地区开展电商的最大瓶颈，环县作为偏远山区，人才问题尤为严重。请来知名专家、讲师多次，但是依然不能解决环县本地电商人才的问题。因此，作为环县的服务机构，甘肃慧联信息科技发展有限责任公司摸索出了一套适合于环县本地的电商人才模式。

公司对接了国务院扶贫办指导下的友成基金会培训资源，共同开发了"线上＋线下＋保姆孵化"的电商人才培训模式，目的是通过持续孵化，为环县打造一支能战斗、带不走、留得住的电商人才队伍，累计培训2341名妇女。同时以贫困家庭高校毕业生、农村致富带头人、创业妇女、返乡青年为重点人群，广泛开展电子商务应用管理和实际操作培训，年内计划孵化电子商务种子企业30家以上，培育个体创业者150人以上，培养电商专业人才200人以上。共累计组织开展了18期电商培训，举办各类创业大赛、创客沙龙、商务洽谈10余场。其中，涉及培训人数超过1万人次；成功引进京东、苏宁等国内知名第三方平台企业入驻；引导返乡创业人员成立电商企业30多家，累计实现销售收入3800多万元；经过保姆式的孵化培训，共安置高校毕业生670人。与这些数字相比，更为关键的是，整个环县人的电商意识提升了。

在打造电商人才的过程中，环县还呈现出了众多的本地小杂粮电商扶贫带头人，他们不仅通过掌握电商技能，为环县小杂粮的销售及品牌打造做出了贡献，还通过电商的行为，帮助了身边的贫困户增加收入，改善了生活状况。李涛是环县樊家川镇大名鼎鼎的人物，也是环县小杂粮电商的红人。2015年，他与200多户农民，一次性订单种植2875.5亩、30多种杂粮，种植的产品有黄豆、黑豆、红小豆、胡麻、谷子、葵花、绿豆、荞麦等。在订单协议中，要求农户不能在种植中添加化肥和农药，收购价格高于市场0.1～0.3元。这既让顾客满意，又让农户放心。无论是他合作的农户，还是电商服务站的打包、手工挑拣红豆的工作人员，大多都来自于贫困户。一个小小的杂粮电商公司就带动贫困户就业数10人，员工最低年收入1.5万元。他说："我们家乡的小杂粮绿色、环保、无公害，受到很多顾客的青睐。我想借助电子商务，把杂粮做大，带动更多的贫困群众脱贫致富。"

点滴之水亦能穿石。在政府指导和大力支持的基础上，环县汇集了本地企业、带头人、社会各界人士的力量，自上而下推动，自下而上落实，面对重重困境，不畏艰难，打造出了一条独具环县特色的道路，稳扎稳打，逐步推进。

2016年以来，环县共发展电子商务企业135家、个体网店经营户（含微店）1060家，累计实现线上交易额4.12亿元，其中线上销售额9700万元。按照环县2017年政府经济工作报告的要求，全年在电商领域计划实现21个乡镇电子商务运营中心全覆盖、251个行政村电子商务示范店全覆盖，电子商务销售额达到3亿元，占社会消费品零售总额8%以上，带动农民人均增收300元，增加就业10 000人以上的目标任务。

路漫漫其修远兮，环县小杂粮的电商之路还在继续。很多参与环县小杂粮电商的人说，我们之所以做这件事，就是希望更多的人能够一起做好一件事。这件事情就是把环县好的粮食，卖给真正懂健康的人、真正爱惜粮食的人，让他们更健康，让更多的人了解环县。这是一个朴素的愿望，但却是环县小杂粮电商之路的根基，在这样坚实的根基上，相信环县的小杂粮电商之路会越走越远。

（作者系甘肃慧联信息科技发展有限责任公司总经理，环县电子商务公共

服务中心副主任）

潜江小龙虾爆红的究竟

莫 夫

2017 年，"小龙虾"这个单品在互联网上的零售规模、占有的流量资源比例、形成的话题内容量，以及吸引的媒体关注度，都堪称现象级。就连大名鼎鼎的连名字都带"鸭"字的"周黑鸭"都忍不住也卖起了小龙虾。其中，潜江小龙虾在整个小龙虾品类中的表现尤为突出。人们不禁好奇，一个现象级的单品背后有着怎样的商业逻辑以及发展历程，哪些条件支撑了潜江小龙虾的爆红？本文旨在从操盘手的角度呈现一些事实、观点和方法，供大家参考。

2014 年 6 月份之前，整个线上没有潜江小龙虾这个品类，大名鼎鼎的盱眙龙虾大概也没谁在网上见过。小龙虾是一个没有商家、没有商品、没有搜索关注度更没有销量的四无新品。机缘巧合，我作为淘宝湖北馆创始人力邀时任淘宝网副总裁、食品类目负责人余向海到潜江参加"第一届潜江市电子商务发展高峰论坛"，老余的老家在江苏盱眙县的隔壁县，他好奇地问潜江市万副市长，你们潜江还有小龙虾？所有在场的潜江人都满腔悲愤……。一切就从这一次尴聊开始。

其实余向海不知道潜江有小龙虾是很正常的，因为，潜江小龙虾当时的主要目标市场是国外市场，中国绝大部分排名前十的小龙虾出口企业，80% 的出口量都汇集在潜江，除了本土餐饮企业，几乎没有规模化生产企业在国内市场销售小龙虾。而且那时候的小龙虾生产企业和餐饮企业没有半毛钱关系。一个主要是做大桶的清水原料虾出口，一个在后厨炒菜前厅上菜。谁也没有想到几年之后大家变成了同行。

一、首次网上造节，一发而不可收拾

2014 年 4 月开始，在潜江市政府和淘宝平台的支持下，我们策划并筹备了"第一届淘宝网·潜江小龙虾网购节"，6 月份上线的前三天，总共卖出近 3 万盒，销售额超过 300 万元。在这个数字的背后有着一长串的"第一"——第一个可以保证大规模出品一致性的标准化烹制工艺；第一种适合于网上销售的包装方案及产品规格形制；全国第一个熟食小龙虾的 QS 标准；第一个小龙虾熟食零售仓储物流及温控方案；全网第一次大规模小龙虾创意营销……。阿里巴巴集团发布的《2014 年农产品电子商务白皮书》收录并总结了这一经典案例。

紧接着 2015—2017 年，我们又连年操盘阿里零售平台的小龙虾新季首发大型营销活动，均产生了巨大的影响力和销售业绩。尤其是 2017 年，小龙虾作为战役级单品，让阿里系和京东系之间的平台竞争赚足眼球。市场蛋糕迅速做大了。

潜江小龙虾的成功直接改写了整个潜江小龙虾产业的生产和销售格局。潜江小龙虾触网仅仅半年，也就是 2014 年末，淘宝网上出现了 200 多家潜江小龙虾的网店，总零售规模接近 1000 万元，到 2016 年末，整个潜江小龙虾的淘宝商家数量已经超过 800 个，零售总额超过 2 亿元。仅仅如此倒还罢了，更有意义的是，以往潜江小龙虾生产企业几乎全部是出口型企业，虽然占到中国小龙虾出口份额的 80% 以上，但在国内市场既无销售渠道也无客户基础，且名声不显。而如今，所有的出口企业都已经开始开展内销业务，三年时间新增国内市场份额近 40 亿元。

二、让小龙虾网上爆红的几大普适方法

在和潜江小龙虾"热恋"的几年中，我们形成了一些重要的认知并总结出一些具有普适性的方法。

（一）坚持"客观性"，冷静看成功

有些事可以依靠主观能动性去推动实施，但我们认为，顺势而为才是更负责任的做法。很多农村地区其实并没有适合大规模网络销售的产品，强行照搬成功品类的做法而罔顾消费市场的接受度，也不去衡量各种竞争要素是否具备比较优势，想要做成几乎不可能。因地制宜地找出差异化优势，客观冷静地看待市场是必须的。

网络零售的发展极大地扩展了小龙虾消费的场景，以前只能三五成群去夜

市排档，而今全国各地都可以快递上门，吃得更任性；生产工艺的改良和供应链的完善又不断拉长了小龙虾消费的周期，全年任何时候都能在网上买到小龙虾了。产业的转型和升级成功本质上还是离不开互联网基础设施、物流基础设施等硬件的支撑。我们从来都认为，小龙虾在线上成功的客观原因是线下强劲消费需求向线上自然渗透的结果。我们只是恰好在一个最佳的时机切入助推。

（二）坚持"选好品"，永远不妥协

一方面对产品的品质与品控一以贯之地坚持高标准，同时对供应链"苛刻"提要求，另一方面找对的合作伙伴，必须经得起磨合。

我们经常面临在一个县里找不到一款具备在网上进行规模化销售的产品的窘境，农产品通过网络进行直接零售的业务链路太长了，很少有农产品生产企业或合作社能够达到进入网络零售市场的要求，往往都是"带伤上阵"，需要做大量补齐短板的工作。甚至要完成整个"产品商品化—商品网货化—网货品牌化—品牌 IP 化"的过程。在我们操盘和服务潜江小龙虾的四年里，我们先后和三个不同的品牌商合作过，分别是当地餐饮龙头企业、出口龙头企业，观念、方法磨合的过程非常痛苦。

（三）坚持"运营数据化"

很多干农村电商的同行都有一个体会，往往我们到县里，当地的政府领导和企业陪着我们看产品、听故事，我们经常会被特色吸引、被情怀打动、被使命召唤……。豪情万丈要为当地的农产品打开一个上行的新世界。但是往往我们利用数据工具做完定位研究、市场分析、消费者分析、竞品分析、价格分析等数据分析后会发现理想很丰满，现实很骨感。必须降低预期，拉长周期，审慎对待。多半会重新调整和设定目标，重新制定计划和执行方案。"DT"时代的好处是，能让我们的思考和行为变得更理性。

我们做潜江小龙虾的营销方案会综合考虑各种因素，通过系统缜密的数据分析，得出可行的计划。

（四）坚持"方法系统化"，复制标准化

在潜江小龙虾第一年的营销季结束后，我们借用古龙先生的《七种武器》提炼出潜江小龙虾版的"七种武器"方法论：

长生剑——以区域公共品牌策划为前提。没有品牌就没有生命力，何谈长生？首先将视觉盛宴和高质量文创相结合，支撑起公用品牌的表层体验；紧接着推动地方政府升级潜江小龙虾的整套养殖、加工和流通标准。

碧玉刀——以产品互联网化改造为基础。互联网改造不仅仅是玩包装设计这么简单，里面包含了一系列在提升多层用户体验的同时，如何适应平台规则的产品设计和SKU规划。正如碧玉刀，既可杀人，又耐观赏。

离别钩——以供应链标准化管控为核心。简单粗暴看供应链，其实就是一个生产、品控、仓储、流通等环节环环相扣组合而成的流程，任何两个环节的分离，都会造成全盘皆输。

霸王枪——以差异化价值做营销爆破。这种差异化在移动互联网的时代很多时候并不是体现在对价值的挖掘和再造，而是对场景的洞察和有效占领。比如潜江小龙虾2015年的开季首单，是在上海通过外卖平台和夜总会的合作卖出的，这个场景恐怕没有多少人会想到。但只要找到了，就要毕其力，攻一点，必能破之，营销就是打仗，伤其十指不如断其一指，要有舍我其谁的霸气。

孔雀翎——以全网分销渠道整合为通路。天下武功，唯快不破；偌大市场，总能勾连。孔雀翎的满天花雨式极速攻击，指明了我们要尽可能快速有效地建立密集分销渠道，以最快速度攻陷市场。

多情怀——以政府、平台、企业协同为手段。你侬我侬中，尊重各自的角色定位和行事规则，充分协同才能形成合力，如此多情，焉能不胜。

拳头——以优秀服务商全局统筹为保障。干事总要有个带头的，一个优秀的服务商能上知天文，下知地理，调得动资源，用得了政策，一头连着消费者，一头顾着生产者，统筹之责非其莫属。

这些年来，团队或深或浅碰过的农产品品类不下1000个，开展大大小小的主题营销活动不少于300场次，服务过的政府、企业、网商不计其数。坦率地讲，用我们自己的标准衡量，失败远多于成功，教训远甚于经验。我们和潜江小龙虾热恋这几年的一些感悟和经验尽在文中。往回看，这一切似乎来得太快，有些突然；往前看，农产品电商的未来充满想象空间。今日之积累，明日之财富。

（作者系云采智创创始人、CEO）

"直播+非遗"，端午节汪曾祺笔下的高邮鸭蛋火了

李昊泽

"筷子头一扎下去，吱——红油就冒出来了"汪曾祺笔下的高邮咸鸭蛋叫人垂涎不已。高邮咸鸭蛋是江苏省的特色传统名菜，咸蛋质细而油多，蛋白柔嫩，据记载早在乾隆年间已成为席上珍品，高邮咸鸭蛋传统制作工艺更是在2015年被入选江苏省非物质文化遗产名录。

现如今，在电商的助力下，结合时下流行的直播方式，让小小的高邮咸鸭蛋同样能够行销天下。

一、电商赋能，为小小咸鸭蛋带来新机遇

在高邮当地，关于高邮咸鸭蛋已经形成了一定的规模，但销路大部分走的是传统线下渠道。当电商打破传统的销路，一些企业开始敏锐地嗅到了商机，部分传统企业正开始转变思路积极触网。

在高邮当地做电商运营的张丙涛看来，做电商有一些"好处"，相比传统的经营方式，电商缩短了企业的资金回流时间，而且在一定程度上避免了超市因产品积压卖不出去，导致大批量退货的现象。

2015年8月，高邮市政府与阿里巴巴集团合作，引进农村淘宝项目，解决农村买难、卖难问题，实现"网货下乡"和"农产品进城"双向流通。一些传统企业虽然已经意识到电商的重要性，但是在企业内部孵化电商团队的观念意识转变不过来，大部分企业还是寻找外部的服务商来运营。传统企业有自身的惯性，商品往往容易变成程式化的产品，创造往往会变成按部就班的工作。张丙涛因看好咸鸭蛋的电商上行市场，决定离职创业，但电商的玩法显然和他之前接触的大不同。

从当地咸鸭蛋的传统的销售渠道来看，传统企业原先的销路主要是做商超，企业给全国各地的超市供货。走传统的商超渠道，一是超市扣点比较厉害，其次账期较长，资金回流一般需要三至六个月，另外配送相对困难，从高邮本地到外省的配送成本较大。而线上的方式恰好解决了这些问题。

另一方面，当地政府为营造电商氛围，也在积极出台相关政策促进电商的发展，比如对销售额达到一定规模的店铺实行以奖代补的形式进行鼓励。但从当地的电商发展状况来看，目前仍处于发展的初级阶段，当地缺少专业的电商人才，专业性还需要进一步加强。

除了渠道、人才的问题外，高邮咸鸭蛋还面临品牌化的问题。辨别真假高邮咸鸭蛋的方法首先是鸭蛋的重量，正宗的高邮咸鸭蛋大部分是 73g 左右，其次是看产品是否有地域标志。从收购价来看，高邮本地鸭蛋与普通鸭蛋，收购价格相差近一倍。以天猫官网显示，淘乡甜官方旗舰店在活动当天售卖的 20 枚 73g 咸鸭蛋为 29.9 元 / 盒。根据高邮鸭蛋的线上发展现状来看，其在线上的品牌影响力也需要不断提升。

二、"直播+非遗"助力区域品牌打造

一位师傅将洗好的鸭蛋先放入黄泥盐水中"洗个澡"，然后放在草木灰中滚一圈。师傅说，如此处理后的鸭蛋放置 25 天左右就算腌制好了，然后煮熟食用。政府为了扩大高邮当地鸭蛋的品牌影响力，也是不遗余力，为向外界更加形象地展示高邮咸鸭蛋，在今年的端午节前夕，还以视频直播形式还原了江苏省"非遗"项目——高邮咸鸭蛋制作工艺。

主播一边做着直播，一边用味蕾感受高邮咸鸭蛋最纯真的味道。"高邮咸鸭蛋孕妇可以吃吗？""高邮咸鸭蛋可以做西餐吗？"面对这些问题，主播也是现场请教大厨，给粉丝一个准确的答案。

这种红人＋直播的全新营销方式也给高邮咸鸭蛋带来了新的活力，据农村淘宝数据显示：当天上午直播在线观看人数为 23427 人，点赞量累计 15.1 万。从 10 点开抢的前 3 分钟，瞬间突破 1000 盒；仅 20 分钟达到 2000 盒；截至下午 17:20，共计有 7000 盒高邮咸鸭蛋被争相抢购，销售额超过 20 万元。

高邮市统战部长杨文喜表示，这些年，高邮诞生了 3 个国家地理标志产

品——高邮鸭、高邮湖大闸蟹、界首茶干，拥有绿色食品、有机食品、无公害农产品品牌 278 个，可以说农产品资源非常丰富，但很多特色农产品的包装设计仍处于起步阶段，好东西没有穿上"好衣裳"，自然难卖出好价钱，这也是政府下决心举办农产品包装设计大赛的原因。

好的包装设计到底有多重要？"富有创意而又适度的包装设计，可以大大提升农产品档次，提高其市场竞争力，是促进农民增收的重要环节。"杨文喜有些感慨，生产企业市场意识不到位，设计人才缺乏，是当下农产品包装设计落后的根源。

直播活动为了迎合网络上的年轻消费群体，还做了更迎合目标群体的包装改进，同时辅以泡沫盒固定每个蛋品，避免其在物流过程中受到挤压，保证从选品到配送严格把关。

当地政府也在发挥引导作用，通过龙头企业示范带动等多种形式，大力支持农产品包装创意设计，让特色农产品穿上"时尚外衣"。

近 3 年来，高邮当地农村电商可谓是异军突起，全市有村级服务站近 100 个，有一定规模的电商园区 3 个，线上渠道的打通，使得农产品线上销售直线上升，增加了农民的收入。袁素红是当地的一名阿里巴巴村小二，她说道："现在开始通过帮当地村民销售土特农产品来提高村民的收入，而且村民的电商意识越来越浓厚，相信未来会越来越好。"

（作者系《电商参考》杂志记者）

赣南脐橙，一个橙子的触网之路

李昊泽

电商之于生鲜水果是把双刃剑，尤其是对于传统线下品牌，农产品上行一直是个老大难问题，赣南脐橙在电商化的过程中亦是如此。

"赣南脐橙果大形正、橙色鲜艳、肉质脆嫩、风味浓甜芳香……"当听完赣南地区当地果农对纯正赣南脐橙的描述后，你会怀疑以前吃到的是不是"假脐橙"。

赣州是全国最大的脐橙主产区，即使是如此著名的区域公共品牌，也做起了线下＋线上融合的时代跟进者。目前已经开始在线上发力。根据当地电商主管部门统计的数据显示，2016 年果季，赣南脐橙电商交易额突破 27.29 亿元，26.59 万吨，2733 万余单，交易额同比增长 112.54%，电商交易额占鲜果销售总额的 45.12%，产业集群销售占 24.81%。日前，赣州等 7 个城市更是被国家邮政局认定为首批全国快递服务现代农业示范基地。

一、优势：产业基础雄厚，区域公共品牌给力

江西赣州不仅仅是革命老区，同时也是全国最大的脐橙生产区，种植面积世界第一，年产量世界第三，有着"世界橙乡"的江湖地位。

从 20 世纪 70 年代当地开始种植脐橙以来，当地政府就在不断主导实施建设世界著名脐橙主产区与百亿元产业集群等战略方针与顶层设计。当地果业由最初单一的种植业发展成为了集生产、贮运、保险、生产、加工于一体的产业集群。

从某种程度上来说，一个区域品牌的打造除了政府的支持外，也需要市场主体企业的参与。毕竟，最终竞争的主体是要落地于产品的。当地政府为了扩大品牌影响力，在 2000 年前后连续在中央电视台及一些重点城市刷播赣南脐

橙广告，同时参加全国各地举办的农产品展销会，宣传脐橙的优秀品质。而且当地正着手组建风险共担、利益均沾的果业合作经济组织，同时发挥各果业协会、合作经济组织的自律作用，加强对脐橙生产经营各环节的监督，对脐橙加工、贮藏、销售流向进行跟踪检查，从而维护市场秩序。

在运作模式上，则采用"龙头企业（合作社）＋基地＋农户"的经营模式，使龙头企业、协会、合作组织、果农各主体相互协作，共同推动品牌发展；在资金、技术、人才等方面加大扶持力度，支持一些发展势头好、有生命力的重点营销企业，做大做强。

在 2016 年 12 月 12 日召开的"2016 年中国品牌价值评价信息发布会"上，赣南脐橙以 668.11 亿元的品牌价值居于初级农产品地理标志区域品牌价值榜首。

不过随着电商的发展，赣南脐橙也在依靠其线下固有的品牌优势发力线上，不断促进线上线下的融合。

二、改变：线上线下融合，迎来爆炸式的增长

根据当地政府公布的数据显示，2015 年当地的网商数量为 25000 家，2016 年的网商数量增长到 4 万家。从数据来看，2015 年的线上销售额才 12.84 亿元，跟 2015 年相比，2016 年的销售额增长了一倍。线下到线上的转变，不仅降低了活动成本，而且还可以互相引流。

随着电子商务的蓬勃发展，赣州将原来线下举办了十多年的脐橙节转为线上的赣南脐橙网络博览会。为了促进线下到线上的转型，赣南脐橙从营销、品牌打造、标准化、物流等方面实施了诸多举措。

脐橙节从线下转移到了线上，对企业而言最明显的就是降低了活动的举办成本。线下脐橙节的举办成本要 2000 万元左右，而转到线上后，成本降低了50%。相反，赣南脐橙线上交易及知名度却不断提升，销售渠道打开了，赣南脐橙互联网品牌知名度也提升了。现在有些线下订单都是靠线上来实现引流。

此前，赣南脐橙还与阿里巴巴、京东、苏宁、顺丰等平台合作，参加了阿里巴巴年货节等系列营销活动，带动了赣南茶油、土鸡蛋、酸枣糕、土蜂蜜等一批本地农产品的销售。

而在品牌打造上，从 2009 年开始，当地为确保赣南脐橙品质及保护赣南脐橙品牌，要求所有赣南脐橙果品加工企业必须统一使用赣南脐橙专用标志，并推行质量安全追溯系统，如果消费者购买了贴有赣南脐橙专用标识的脐橙，可通过一定的方式查询到脐橙产地果园、施肥用药、采摘加工日期等信息。

三、痛点：产品爆仓，有订单运不出去

味美香甜的脐橙虽然好吃，但好吃的水果也自有它的生长规律。在老农眼里，脐橙的生长规律一般是三年挂果，第四年小丰收，第五年大丰收，每亩的脐橙产量基本在四五千斤左右。从目前脐橙电商的发展现状来看，线上品牌不突出、电商人才缺乏、物流成本高仍是制约当地电商发展的主要因素。

2015 年，通过阿里农村淘宝、年货节等一系列营销活动，该地的物流短板暴露了出来。彼时，在单场活动中整个赣南脐橙交易量就达到了十万单，但问题随之而来，比如商家在订单量增加的情况下，物流发不出去，导致爆仓。

当时，果农们低估了电商营销所带来的影响，物流上的短板也影响了网上对赣南脐橙的评价。理想很丰满，现实却很骨感，物流上的短板使得现实与设想偏差太大，消费者在网上的订单，四五天未能送达很正常。与此同时，暴力分拣、转运次数过多、堆放过高等物流环节造成的高售后服务费用也促使商家去逐渐摸索，设法降低售后成本。

对于当地的网商来说，为了提高信誉度与服务能力，如果买家买到脐橙发现有损坏，还是要赔偿的。在这种情况下，迫使商家在运输前都会对产品的包装进行测试，经常会把包装好的脐橙让工人们丢来丢去测试一番。

当然，订单的火爆也吸引了更多快递物流公司的进入。从顺丰在当地的发货量数据来看，2016 年顺丰的发货量将近 180 万单，为 2015 年的 3.5 倍。目前为配合当地的脐橙运输，顺丰专门成立了赣南脐橙项目部，设立了赣南脐橙"橙运"专线，降低赣南脐橙物流运输成本，提高运输效率。

当地政府也积极出台政策并给予资金支持来降低部分物流成本。当地政府对于每一个进入电商园区的企业，在物流发货上每单会有 1 ~ 2 元的补贴；政府的扶持，加上市场的活跃，物流成本大大降低，以五斤装为例，原先当地发中部 6 省是七八元，现在是 5 元。

不过想要降低物流成本并非一蹴而就，这需要多方主体的进入，同时也要提高智能仓储、分拣的运输效率。

而除了物流短板外，线上品牌不强势与电商人才缺乏也是一个短板。不少当地的网商都有过寻找服务商来做店铺的代运营的经历，但是却收效甚微，对于网商来说，很难找到懂得品牌传播、活动策划的电商人才，而且优秀的电商人才更愿意待在大城市里。

从目前赣南脐橙的整体产业链来看，产品、物流、标准化、溯源等农产品上行所具备的条件都已经具备。但从当地的脐橙电商发展情况来说，目前仍处于初级阶段，上行之路依然漫长。

（作者系《电商参考》杂志记者）

阳澄湖大闸蟹，如何在网上抢占"鲜"机

万 禺

众所周知，近年来阳澄湖大闸蟹已经成为国内淡水蟹的知名原产地品牌，广受消费者欢迎和喜爱。以往，由于国内冷链物流的落后，阳澄湖大闸蟹的销售渠道主要以线下为主。而近两年，随着生鲜电商的快速发展，阳澄湖大闸蟹的网上销售之路也开始逐渐兴起。

一、蟹二代新农人的电商经营模式

随着网络零售的快速发展，阳澄湖大闸蟹这类生鲜也从湖里直接"爬"上了互联网。以 2016 年 9 月 23 日阳澄湖大闸蟹开湖节后的销售数据为例，线上销售占据大半，线上转化率更是达到了 80%。

阳澄湖大闸蟹线上成绩斐然，与当地"蟹二代新农人"的电商发展模式分不开。

这种电商经营模式分为三类：以淘宝集市店为主，主要销售自家产的大闸蟹的自产自销型；以天猫店为主，其大闸蟹来源为"自家产量＋农户收购"的电商公司专业运营型；以天猫店为主，独立运营店铺，其大闸蟹来源主要是"水产公司自己承包的水田产量＋农户收购"的传统水产公司触网型。

阳澄湖镇以"蟹二代"为主导，蟹农自主创业和与传统水产公司相融合的淘宝运营模式交织进行，不仅有效地改善了当地创业和就业环境，改善了民生，还促进了当地经济的快速发展，也让当地新农人谱写了网络时代经营的新篇章。

33 岁的龚志强就是"蟹二代"群体的杰出代表。他出生于阳澄湖镇车渡村，父辈以养蟹为生，靠山吃山，靠水吃水，成了这个传统蟹农家庭的真实写照。

虽然是"蟹二代"，但龚志强一开始却干的是网络销售的活计，与养蟹无关。

直到毕业一年后，他重拾计算机专业技能，在 2007 年利用百度推广，在网上发布了"到原产地品正宗阳澄湖大闸蟹"的揽客信息，一个卖蟹旺季下来，生意基本维持平衡。

2008 年 5 月，龚志强和同学一起开了一家淘宝店，并注册了"今旺大闸蟹"品牌。从一人肩负美工、网店装修、推广、客服，朋友负责进货、配货、发货起步，到当年 9 月阳澄湖大闸蟹开捕上市，近半年的蟹季结束，淘宝店销售额达到了 20 多万元，盈利 8 万元。

2009 年，龚志强入驻当时的淘宝商城（今为天猫），年营业额超 200 万元，店铺利润更是达到了 80 万元，是上一年的 10 倍。由于订单井喷，这一年，他摒弃了原本单枪匹马的家庭小作坊式运营模式，开始有意识地引进运营、技术人才，到目前已拥有了 30 多人的专业经营团队。

2016 年全年，龚志强店铺销售额超过千万元。触网 10 年，龚志强和当地"蟹二代"网商一起，支撑起了阳澄湖大闸蟹线上销售的"半壁江山"。

笔者了解到，如今淘宝网 90% 以上的大闸蟹销售额源于阳澄湖大闸蟹，其中 80% 左右的销售额源于阳澄湖镇的淘宝卖家。作为大闸蟹主产地，近些年阳澄湖镇更是涌现出一批以"今旺"、"胡农"、"紫澄"、"碧波"为代表的淘宝、天猫和京东店铺。

二、良好的物流、防伪溯源等相关配套设施

阳澄湖大闸蟹在网上一经推出，便迅速得到网民的认可和推崇，这一方面归功于阳澄湖大闸蟹固有的品牌影响力，另一方面，阳澄湖大闸蟹协会的监管与宣传，以及苏州周围的互联网环境和快递环境，也为阳澄湖镇电商区域化运营提供了重要支持。

大闸蟹的线上销售季节性明显，经营周期相对较短，阳澄湖镇网商首先得在产品选款、店铺装修、推广、客服、提货方面以最快速度实现专业化运营并对市场有较强的把控能力。

毕竟是生鲜，在考验货源品质的同时，对物流也有极高的要求。大闸蟹喜冷不喜热，为了保证大闸蟹的鲜活，以龚志强为代表的网商在用快递配送大闸蟹时，创新性地发明了冰水保鲜法——将瓶装的矿泉水冻结实后放在装有大闸

蟹的泡沫箱底部。目前，阳澄湖镇当地网商基本上都采用了这种冰水保鲜配送法。

除了对产品物流包装进行创新和统一外，阳澄湖大闸蟹产业还依托长三角便利的交通优势，由网商们自发抱团，政府与顺丰、EMS 等快递公司达成战略合作，降低网商物流成本，快递平均费用为 30 元 / 单。以阳澄湖镇消泾村为例，村域面积仅为 6.99 平方公里，却入驻了顺丰、申通、中国邮政等共 6 家快递公司，在 2016 年大闸蟹的上市季节，村内日均发货订单就达 5000 多张。

订单量的激增，有力地助推了当地电商产业的加速布局，网商们也从刚开始用三轮电动车取件，然后是小货车，大卡车，到现在已用上了集装箱。

不过随着阳澄湖大闸蟹在网上的招牌越来越响，网上冒充阳澄湖大闸蟹的事件也时有发生。

据阳澄湖大闸蟹行业协会统计，2015 年全国河蟹总产量为 82.33 万吨，其中阳澄湖大闸蟹产量仅为 2100 吨，比例约为 410：1，稀缺性可见一斑。

于是，市面上出现了假冒阳澄湖大闸蟹的"洗澡蟹"、"塘蟹"等李鬼，为了让消费者买到正品，多年来，阳澄湖大闸蟹协会肩负起了大闸蟹生产销售监管、品质和商标跟踪的责任。

为了让消费者买到正品，从 2010 年起，阳澄湖大闸蟹就已退出农贸市场，只通过专卖店、超市以及经过授权的高档酒店、电商平台来销售。协会还会为其下属的养殖户颁发"正宗阳澄湖大闸蟹"防伪戒指，让每只螃蟹都拥有一个唯一编码的证书，规范了阳澄湖大闸蟹网络市场的健康发展。

三、卖蟹遇到天花板，阳澄湖着力解决人才、产品线难题

阳澄湖镇电商产业的持续稳定发展不仅惠及了当地一批中小网商卖家，线上市场的巨大空间也吸引了像苏州阳澄湖大闸蟹营销有限公司这样的传统企业进驻。

苏州阳澄湖大闸蟹营销有限公司于 1996 年成立，1997 年注册商标，从 2010 年开始采取雇用养蟹工人集体养殖的方式作业。虽然该公司每年线下交易额平均可以达到 1.2 亿元～1.5 亿元，但近年来，由于企业团购大闸蟹数量骤减，公司传统渠道运营受影响较大。针对这种状况，公司从 2011 年开始，也有意

识地向线上市场进发，开设天猫店，导流线下顾客。

不过发展至今，不管是当地涉足电商的传统企业还是以"蟹二代"为代表的新型电商公司，都遇到了电商高端人才匮乏和产品季节性明显的突出问题。

大闸蟹触网后使得商家在用人需求方面也有明显的季节色彩：半年用人，半年歇业；4月至7月为淡季，订单少，用人量少，工作量小；8月至10月旺季订单猛增，用人量大，而且还要加班。

除此之外，阳澄湖镇本身所处的偏远位置也让网商面临着电商高端人才匮乏的窘境。针对这种情况，旺季时捆扎螃蟹、客服、包装、售后等中低端人员，政府会适时出台一些相应鼓励政策，对电商企业及时进行劳动力资源输送，但像运营这类高端人才，却不是一招即来的。

为了有效解决电商人才不够用的难题，阳澄湖镇当地网商和传统企业采取了积极购买电商服务的方式，与淘宝大学等培训机构合作，将本地人送往学校培训。另外，还在苏州建立电商运营部门，就地招聘，保证公司内运营高端人才的就位和补充。

除了较为棘手的电商人才缺乏的问题外，阳澄湖镇网商们还面临产品线拓展这一难题。对此，一些较有商业头脑的网商近些年积极向苏州和离阳澄湖镇较近的无锡等地拓展。比如过年时卖常州车厘子，3～4月卖苏州草莓，5～7月卖无锡阳山水蜜桃。此外，网商们还通过卖土鸡蛋这类季节性不明显的农特产品，让店铺的销售全年都可以持续。

（作者系《电商参考》杂志记者）

安溪铁观音：网商自发创业+政府驱动引导式茶叶上行

万　禺

隶属于福建省泉州市的安溪县，以茶叶闻名全国，号称"中国茶都"，是中国乌龙茶之乡、世界名茶——铁观音发源地，位居中国重点产茶县第一位。安溪铁观音，位居中国十大名茶之首，不仅是中国茶叶第一品牌，也是安溪对外展示的一张亮丽名片。2017年5月，在云南弥勒举办的第二届农产品电商峰会上，阿里研究院联合《电商参考》发布《从"客厅革命"到"厨房革命"——阿里农产品电子商务白皮书（2016）》。白皮书公布了2016年农产品电商50强县，安溪领衔福建省7县入围。近几年来，安溪农产品电商以铁观音为载体，积极依托电商渠道销往全国，并走出了一条茶商自发触网＋政府合理规划引导＋构建区域品牌的创新之路。

一、网商自发创业带动茶叶上线

和中国其他县域茶商相比，安溪当地茶叶网商具有较强的自发创新创业能力。

早在2004年，安溪就有个体茶商通过QQ渠道卖茶。2009年前后，随着以淘宝、京东为主的大批电商平台逐渐兴起壮大后，安溪茶叶的上线进程更快了。由于安溪本地有60万亩茶园，不仅有全国最大的乌龙茶茶叶批发市场，且当地包装制造业发达，个体茶叶网商在网上接到一个订单，只需要直接到批发市场购买并寄出就好，网店基本上可以做到零成本运作。

位于福建泉州的安溪县城地域不大，3000多户茶叶门店集中在当地的乌龙茶茶叶批发市场，当一家茶叶店铺开始做电商致富后，会起到强烈的带头示范作用，能够迅速带动周边商户触网。尽管在茶叶正式触网的5年前，更多的是松散茶农在做，却带动了安溪铁观音网络销售快速发展。

2009-2012年是安溪当地茶企触网进程速度加快的两年。从2009年开始，以中闽弘泰为代表的个体店铺由淘宝C店转型为天猫店，并同步成立中闽弘泰茶叶专业合作社，帮助引导其所在的西坪镇茶农解决茶叶销路问题。

中闽弘泰合作社负责人王大游在没有做天猫店之前，当自家茶铺的生意不好，碰到中间商打压价格时，有时候甚至连成本都收不回。和王大游家一样，由于线下茶业竞争激烈，安溪茶农的销路并不好，有时茶农会自己去广东省这样茶叶需求量大的地方找一些茶叶店进行销售，但是谈了半天可能一单生意都没做成。

为了彻底解决这个销售困境，中闽弘泰决定引导当地村民抱团取暖发展合作社开始触网。在2009年正式触网的当年，中闽弘泰就获得250万元的销售额。尝到甜头后，中闽弘泰继续在网上加大销售力度，在去年取得近6000万元销售额的基础上，今年有望达到7000万元。

和中闽弘泰由线下转型为线上不同，安溪茶商苏清阳一开始走的就是一条网上销售铁观音的路子。

2007年，安溪茶业发展迎来高峰期，苏清阳辞去令不少人羡慕的公务员工作，开始了茶叶贸易的创业。2008年，一个偶然机会，苏清阳在阿里巴巴上开起了销售茶叶的网店，首战告捷。2009年，他在天猫上注册了"祺彤香"旗舰店，成为安溪第一批在天猫开店的个体网商。如今，苏清阳的"祺彤香"旗舰店已从当年不为人知到如今年销售额3000万元的体量。

祺彤香、中闽弘泰等茶叶电商新贵相继崛起的同时，2012年，以安溪八马为代表的一批本地传统茶企也纷纷展开线上触网征途。成立于1993年的八马茶企，经过20多年的耕耘发展，如今在线下市场，全国门店已达到800多家。

从2012年开始，考虑到线上市场是一个很大的增量部分，八马开始自建线上官网，并在2013年入驻天猫。如今，线上市场的销售额已占八马全年总销售额的10%。

如今，安溪已有上万家茶商全面"触网"，茶叶网店遍布淘宝、天猫、京东、唯品会等多个国内电商平台。

统计显示，安溪县电商从业人员7万多人，其中，电商企业3000多家，电商个体35 000多人。去年，安溪电商交易额超33亿元，其中，茶叶电商交易额超20亿元，连续多年位居全国第一。安溪先后被评为"全国电子商务百佳县"、"全国电商创业最活跃县"和"省级农村电子商务示范县"。安溪也一举成为全国茶叶电商高地。

二、政府组合拳助推电商发展

作为一个山区县和曾经的贫困县，虽然安溪民间自发发展茶叶电商时间较长，但由于缺少人才、设备、网络、物流及仓储等基础，安溪茶叶电商发展"先天不足"。而这时，政府的引导与推动就变得十分关键。

2012年，随着电子商务在全国范围内全面兴起，安溪县政府在拓展安溪茶网销市场的过程中，也一路对当地茶企网商进行了积极引导与助推。通过打出"出台相关利好电商政策+人才培育培训+专项资金支持"的"组合拳"，加快了安溪攻下茶叶电商高地的进程。

在人才方面，为加大培育电子商务专业人才的力度，安溪从2012年开始，财政每年安排300万元专项扶持资金，每年每人补贴2000元支持200人次上淘宝大学，贫困人口创办电商企业还可享受到财税、土地、人才、绿色通道、金融等方面的优惠和服务，构建了方便快捷的县镇村三级物流运营体系，实现了物流快递到村居的"零距离"服务。

此外，安溪县政府考虑到如果单一培养创业者，则会使县域茶叶电商竞争更加无序和激烈。因此，从2014年开始，安溪联合淘宝大学专门培养各项电商技能型人才，拆分了原有大块不易消化的课程，专项培养美工、客服、运营等技能型人才，为当地茶叶网商企业输送人才。

面对电商发展浪潮，从2014年起的3年内，安溪县财政除每年安排300万元专项资金，支持茶企发展电商外，同时，还对在安溪县投建的独立电子商务交易平台年纳税额超过100万元的，按纳税额的10%给予奖励。

此外，为了避免同质化内耗，保证出产茶叶质量，安溪政府还于2014年出台了《安溪县电子商务监督管理暂行办法》，规范当地电商市场。

据了解，未来，针对线上市场，安溪将继续完善电子商务发展基地、公共配套服务和支撑体系，并会充分发挥和延伸安溪传统的商贸优势，以铁观音为主，在线上市场拓展全品类茶叶，让安溪茶叶电商多元化发展。

三、区域品牌培养消费者心智

安溪茶叶网商的自发创业和政府的助力引导虽然对安溪铁观音的上线起到了积极的推动作用，不过，"打铁还需自身硬"，安溪铁观音近些年能够使消费者对其建立成熟的品牌心智，这一切都离不开其内在的良好品质。

茶叶的质量安全是拓展网上销售必须要解决的首要问题。而早在 2010 年，安溪就在这方面进行了多方尝试。

2010 年 11 月，安溪县成立茶都网作为中国茶叶官方电子商务平台。据了解，安溪中国茶都电子商务平台有别于一般意义上的 B2B 模式，而是采用"网店 + 实体店 + 第三方监管"的形式。即以"F2C"的模式（"F"是 Farmers，即农场、农民，也代表了农业和原产地的意思；"C"是 Consumer，即消费者）开启了安溪茶叶电商发展的新时代，其打造的网店和实体店——对应，虚拟市场和实体市场有机结合的商业运作模式促进了安溪茶叶电商的发展。

在这一模式中，所有网店必须有对应的实体店，且所有销售的茶叶必须经过第三方在价格、质量、原产地等方面的苛刻检查后方能发货。

从茶都发出去的每一克茶叶，必须经过中心的严格检测和茶叶专家的定价评估，农残超标、定价过高、非原产地等问题都会在这里被截住。合格的茶叶工作人员会当场发货配送，茶叶达不到对应价格标准的，则会取消订单，并交执法部门进行溯源处理。

这种"F2C"的模式，使得即便消费者遇到茶叶质量问题，也会较为容易地找到相关的售出实体店铺，从而有效保障消费者在网上购茶的权益。

（作者系《电商参考》杂志记者）

5

第五篇　网商探索

三只松鼠：如何从淘品牌到超级国民品牌

娄向鹏

2016 年，三只松鼠销售额突破 50 亿元，利润突破 2 亿元！曾经，坚果是一个不折不扣的小品类，在人们思维定式中，这样的一个品类似乎很难诞生一个像样的品牌。然而，三只松鼠以不断刷新的销售额彻底颠覆了人们心中这一刻板印象。三只松鼠是如何做到的呢？还面临什么问题？未来该如何发展呢？

一、5年50亿元，三只松鼠凭什么做到

三只松鼠之所以能实现"火箭般"的发展速度，主要得益于以下五个原因：

（一）敏锐发现并抢占了中国消费升级需求和坚果品类品牌缺失的战略机遇。品牌建立在品类之上。从花生、瓜子到特色水果和坚果，从年节产品到日常休闲产品，中国消费需求的历史性升级，推动了坚果品类的大繁荣。但除了瓜子领域的洽洽外，整个坚果品类几乎没有领军品牌，这给三只松鼠创造了极好的市场条件，这也是福来反复强调的农业食品领域的老大机遇。三只松鼠采用直营电商的方式第一个聚焦坚果品类，成功占位。既符合了大消费趋势，又暗合了品牌规律。

（二）最大化抓住流量红利期。机会比努力更重要！小成功或许靠努力就可以，大成功必须依赖并抓住机会。三只松鼠创立的 2012 年，正值智能手机大规模普及期，一场波及数亿人的大迁徙（从 PC 端转移到手机端，购物方式从线下转到线上）拉开了大幕，流量红利开始释放。章燎原正是抓住了这样一个重要的时间窗口，创立了三只松鼠。当然，三只松鼠之所以能够快速聚集众多粉丝，资本的力量也功不可没。IDG 的 150 万美元 A 轮天使投资和今日资本

的 600 万美元 B 轮投资对三只松鼠至关重要。

（三）用"萌文化"抓住年轻人的心。为了拉近和消费者之间的距离，章燎原将公司品牌形象设计为三只可爱的小松鼠。三只松鼠可爱的形象，加之客服松鼠语言"主人"，改变了淘宝开启的"亲"语言体系，很好地迎合了"萌文化"这样一种颇受 80 后、90 后青睐的亚文化，抓住了年轻消费者的心。

（四）以云中央品控中心为核心的供应链和服务链打造。三只松鼠成功的一个重要原因是通过阿里、京东的平台深度链接生产者和消费者，实现了从工厂到用户直接对接。通过以云中央品控中心为核心的供应链和服务链打造，三只松鼠重新建立了坚实的流通渠道，它把生产者和消费者直接联系起来，这不仅有效降低了商品成本，还大大提升了周转效率，可以让供应商专注产品质量，回归零售本质。

（五）企业文化成功"落地"和"输出"。三只松鼠与其他公司最大的不同，就在"企业文化"上。在很多企业里，企业文化仅仅挂在墙上或嘴上，落不了地。三只松鼠的核心价值观是"把顾客真正当主人"，听上去并不高大上，但知易行难。从"主人"称谓到独树一帜的产品包装，从剥壳器到湿纸巾，从贴心的物流体验到每年 3000 多万人次的用户沟通，三只松鼠说到做到，执行到位，并建立了一套无微不至的用户服务理念和体系。这背后的支撑是章燎原从本性和人性出发，所极力倡导的"简单、透明、信任"以及"相信美好"的企业文化。在一个创业仅 5 年、员工平均年龄只有 24.5 岁的互联网企业里，这样的文化所创造的正能量不可估量。这就是我所倡导的"软品牌"的力量。

二、只松鼠的三个"局限"

从诞生之日起，三只松鼠的一系列营销创新举措就被奉为圭臬，三只松鼠的一举一动，都代表了农业电商和淘品牌的标杆。然而，客观来讲，目前的三只松鼠仍然只是一个优秀的淘品牌，其离真正的大众品牌和国民品牌还有一定的距离，主要体现在：

（一）三只松鼠仍是小众品牌。在三只松鼠的"老巢"芜湖，我问了出租车师傅一个问题："芜湖当地最大的企业是什么？"出租车司机说了两家企业，却没有提到三只松鼠，最后他干脆确定是一家水泥企业。当然，这可能只是个案，或者与群体有关。三只松鼠的主流客户是一二线城市的年轻白领——在更大范围，三只松鼠的认知度并不算高，品牌势能还不够强大，也没有充分释放。因此，为了实现从小众到大众的发展，章燎原必须完成跨层引爆工作。

（二）线下仍然是不可或缺的"金矿"，而三只松鼠才刚开始布局。章燎原宣布，三只松鼠计划要开设 1000 家实体店，最终实现整个渠道的一体化。三只松鼠为何如此看重线下？尽管电商占社会零售总额的比重在不断增大。但是，这一数字仍然不到 15%，换言之，线下渠道在社会零售总额中仍然占据绝对优势，在相当长的时间内，仍是主流。这与中国社会机构和商业链条复杂且多样（如广大农村市场庞大的小卖店系统），以及购买行为和场景的特殊性和复杂性紧密相关（如惊人的随机礼品消费市场）。所以，三只松鼠从线上走向线下，最终实现两者融合是极其必要的。

其一，线上线下购买人群存在异质性，三只松鼠走向线下是做"加法"。这是因为，线上线下并非是此消彼长的，线上线下购物人群存在异质性。习惯于在线上购买产品的消费者通常是年轻消费群体。因此，对三只松鼠而言，从线上到线下，扩展了消费人群和场景，这实际上相当于做了"加法"和增量。

其二，线下是大众品牌的沃土。三只松鼠无疑是成功的"淘品牌"，但无论是从品牌影响力还是销售规模上看，"淘品牌"与线下那些传统品牌相比，如加多宝、蒙牛、伊利、双汇、旺旺、六个核桃等还有较大差距。对三只松鼠而言，仅仅线下送礼市场，就是个巨大的新金矿需要去开拓。

实际上，章燎原也意识到了这一点。近几年，三只松鼠采用了传统品牌的传播策略——高举高打＋地面推进。比如三只松鼠在热剧《欢乐颂》《小别离》、《微微一笑很倾城》、《好先生》等中都进行了植入，就是为进军线下营造空中势能。而线下开店，本身就是一种品牌传播。

其三，线下的一些功能是线上所不具备的。零售业的实践证明，线上和线下并不是谁取代谁的问题，而更多的是走向融合。随着"所见即所得，不见即不得"成为大势。线下渠道在客户体验、形象展示、社交功能上具备了线上渠道缺失的优势。

三只松鼠芜湖投食店用数字证明了这一点。由于看到实物，加上体验，消费者反而更具有冲动性，整个实体店的毛利能达到 40% 以上，这比线上毛利要多 8% ~ 10%。

其四，互联网流量红利正在锐减。无论是流量开发成本还是维护成本，都在大大增加，而且，挖掘空间也存在一定的天花板。

（三）三只松鼠尚未取得绝对领导地位。三只松鼠成功地占据了"森果系"品类第一品牌的优势地位，但这并不意味着这一市场不存在竞争。竞争者来势汹汹，很多线下颇具实力的品牌对此虎视眈眈，这对三只松鼠而言无疑是现实或潜在的威胁。

良品铺子、来伊份、洽洽、中粮等不断向线上进行渗透，推出了相关品类的产品，试图蚕食三只松鼠在线上的份额；好想你和百草味合并之后，正加紧战略布局这一市场；很多细分领域"有品类无品牌"的格局被不断打破，诞生越来越多的品类冠军，如卫龙辣条。

换句话说，三只松鼠尚未取得绝对优势领导地位（反过来，机会也很大），进军线下，本身就是将战争引到竞争对手那里去，以攻为守。

三、面向未来，三只松鼠需要铸就"六脉神剑"

过去五年，章燎原和他的三只松鼠的确创造了行业奇迹，成为"现象级"的创业创新标杆。但面向未来，如何实现从优秀到卓越、从老大到伟大、从松鼠到狮子的升级与涅槃，这是一个根本性战略命题。

与三只松鼠类似，有着完全互联网血统的小米手机曾经如日中天，今天，却在华为强大的技术战和 OPPO、VIVO 凶猛的实体渠道战面前逐渐吃力。三只松鼠未来是否会面临和小米类似的形势？

在资本的欢歌和一片赞誉声中，章燎原和三只松鼠要严防被业绩和数字所绑架。当不确定性成为常态，一个有效的方式就是回归基本面。

在一系列二元甚至多元选择面前，三只松鼠必须避免陷入盲人摸象的困局——被部分裹挟而不见整体。因此，需要重新思考企业的初心和使命，更客观地看清全貌与未来。

从优秀的淘品牌到伟大的国民品牌，三只松鼠还有很长的路要走。面向未来，三只松鼠需要铸就"六脉神剑"：

（一）企业文化是三只松鼠成功的内因，也是灵魂。未来，必须对其进行强化、内化和大众化，并与品牌个性和文化高度融合

从"透明、简单、信任"的相信美好文化到不准让主人不爽的"主人文化"，从"11545"文化行动纲领到无处不在的廉政文化，三只松鼠的企业文化建设亮点颇多，这正是其成功的关键要素，也是新商业文明的典型代表，是社会稀缺品质，具有内在的感染力和号召力。随着规模的扩大，一些大企业病是否会随之而来，其赖以成功的企业文化是否会走向弱化和淡化？三只松鼠要想走得更远，就必须对其不断进行强化和内化。同时，把这种正能量的企业文化与品牌个性进行融合。就目前而言，三只松鼠的内部文化和外部品牌文化尚未完全打通。未来，三只松鼠的企业文化需要由内而外，更多地投射到消费者身上，赢得消费者的认同，积累更多品牌势能，实现更强的穿透力和生命力。

（二）线下的成功布局与融合。对三只松鼠而言，线下是大金矿，也是实现品牌价值与市场价值最大化的战略需要

我个人比较赞成 1000 家线下店的计划，并且建议要聚焦资源，加大力度和加快速度，这或许是三只松鼠实现战略扩张、构建松鼠王国最重要也最高效的路径。已经开业的芜湖店一年销售额可达 1200 万元，销售效应甚至大过引流效应，远好过预期。芜湖店虽然有些特殊，但其中的商业逻辑清晰可现：三、四线城市实体零售仍有巨大进步空间。当然，这个线下店不是传统意义上的专卖店，一定是融合用户体验、形象展示、O2O 社交、休闲娱乐、文化渗透为一体的品牌综合体，乃至于形成城市商业文化地标。三只松鼠的线下布局才刚刚开始。未来，线下门店和线上各自承担什么样的职能，如何化解冲突，实现深度融合是需要章燎原认真思考的。在从线上向线下进行战略延伸与融合的过程中，三只松鼠应当更多向国内外优秀传统企业学习。如苹果、麦当劳、可口可乐、星巴克、雀巢、周黑鸭、OPPO 等。

（三）超级品牌 IP 战略的实施，需要一步步来，不可冒进，更需要足够强大的品牌内涵和势能做支撑

章燎原自己定义三只松鼠未来的品牌战略核心为"IP 内容垂直，产业经营立体"，并规划了"一个 IP，横跨多个产业，以三驾马车为驱动"的发展战略，除了松鼠投食店，还涵盖松鼠影游中心、松鼠小镇、松鼠潮牌、生活 +Q，松鼠影业出品的系列动漫作品即将面世。三只松鼠与佳洁士、旺旺、江小白等品牌的跨界合作也已经展开（章燎原强调，这些合作的目的并不要求销量，主要是品牌宣传）。对三只松鼠而言，当其还是小众品牌而非国民品牌时，超级品牌 IP 的打造，既是远景目标，也是实现过程，需要正确的路径和合理的步骤。有两点至关重要：

其一，从战略上看，未来三只松鼠是一家基于大数据的，以用户为中心的消费品公司，而非一家娱乐公司抑或传媒公司，其落脚点仍然在产品。娱乐化是路径和外衣，不是全部，也未必是核心。尤其是松鼠小镇的构想，很棒，但要慎之又慎，这是完全不同的商业逻辑。

其二，打造品牌 IP 的方式有很多，陷阱也很多。基于自身的基因和现实条件，探索一条适合自己的路。实际上，做好产品和服务本身也是打造品牌 IP 的方式之一。类似麦当劳、星巴克、苹果这样的公司，凭借过硬的产品和服务，同样也是一个超级品牌 IP。

有所为，有所不为；有所能，有所不能。三只松鼠在创建品牌 IP 的过程中，应当把握节奏，并理性地进行取舍，特别应当明确哪些企业边界应当坚守，哪些边界可以开放，保持企业战略的聚焦和资源的高效配置。

（四）三只松鼠要高调传扬产品主义，培育更多的爆品，才能一统零食江湖

三只松鼠靠碧根果和夏威夷果起家，其产品品质一直不错。但市场谈论更多的却是其营销创新和品牌传播，似乎对产品的认知相对逊色一些，从长远来看，这并不是一个利己的用户认知。建议三只松鼠更加专注产品主义，更加高调传扬产品极致化，并培养更多的类似碧根果、辣条这样的爆品。伟大品牌的核心是产品（菲利普·科特勒），产品是品牌最好的载体。未来，无论三只松鼠如何"进化"和迭代创新，产品都是不可忽视的决定性因素。让优秀的营销和极致的产品齐飞。

（五）三只松鼠应加大消费场景和生活方式的挖掘和打造，引领消费升级

三只松鼠 2016 年实现创纪录突破 50 亿元销售收入，净利润突破 2 亿元，净利润率为 4%。相比之下，周黑鸭 2016 年营收 28.16 亿元，但其净利润为 7.15

亿元，净利润率高达25%。传统企业旺旺2016年总收益为197亿元，净利润为35.19亿元，净利润率为17.9%。这一方面说明线上成本并不比线下低，另一方面也说明三只松鼠在产品附加值、消费黏性、盈利能力等方面都有较大的提升空间。

显然，三只松鼠要实现更大的突破，需要创造更大的客户价值。其一，要扩展更多的消费人群；其二，要挖掘消费的潜力，三只松鼠目前客单价和消费频次都不算高；其三，创造更多的消费场景，打造全新的生活方式，引领消费升级。

每日坚果品类的崛起恰恰是因为找到新的场景，将坚果消费由非必需品转变为家庭类必需品，品类空间和价值快速飙升。打开一个这样的大场景大品类，足以再造一个三只松鼠。章燎原必须思考的是，借助三只松鼠已有的优势，在消费升级的背景下，如何为中产消费、家庭消费、高品质老龄消费、学生消费、孕婴消费找到新的消费场景，借助这些场景，三只松鼠也将重新定义自身。

（六）共建价值观共同体

在创业之初，章燎原就提出了打造"互联网新农业生态平台"的美好愿景，随着三只松鼠的一步步成功，章燎原提出了"价值观共同体"的新理念，以及让"百家合作商、供应商市值过亿"的新目标，用价值观的力量和产业组织者的身份，优化供应链，提升产业效率和价值。用产业孵化产业，让整个产业参与者真正实现共赢、可持续的良性发展，重塑商业规则和格局，共建美好产业生态圈。这是一个伟大的计划和实践，倘若真正实现，其价值和意义将超越企业成功本身，将对产业进步、消费升级、经营理念回归，以及供给侧结构改革和新商业文明塑造，起到可贵的示范和引领作用。

截至目前，三只松鼠无疑是成功的，也赢得了足够的光环与荣耀。面向未来，在新的战略当口和起点，不必过多迷恋和沉溺于已经有的繁荣与热闹（虽然这对品牌传播很有帮助），继续坚守初心，低调做人，高调做事，在隐忍与打破中实现涅槃，真正成为受人尊敬的国民品牌，乃至国家名片！

（作者系福来品牌营销咨询机构董事长）

西域美农的农产品产地直接上行之路

李春望

西域美农是陕西美农网络科技有限公司的旗下品牌，主营西域健康农特产品，建立了涵盖坚果炒货、燕麦片、养生茶等多个单品的产品体系，本着"无添加"的理念，将原产地"贡品"和健康观念送达给每位用户，基本形成了健康农特产一站式购物的格局。目前公司形成了互联网全网营销的销售平台，拥有强大的供应链支持，建立了新疆、青海、武功等多个基地，2016年销售额突破5亿元。

近几年西域美农增加了微商、众筹以及预售等的新模式，在渠道建设以及销售模式上，不断创新和突破。2017年5月，西域美农在淘宝网发起一亩地瓜田众筹活动，短短24小时内，经过海南农科院验证种植的100亩优质地瓜田被抢购一空。6月，在青海湖畔，西域美农借助网络直播，帮助当地藏民成功售出近500头藏系青海羊，来自全国各地的消费者参与认养活动，并为自己认养的小羊羔取名挂牌，正式签署认养合约。2017年7月，西域美农在新疆吐鲁番、哈密签约种植哈密瓜基地，通过预售的方式，原产地发货30天内销量突破30 000公斤。

为了更好地适应新零售的趋势，西域美农加大了农产品上行体系的建设，逐渐开始向产业端延伸，同时致力于提供无添加的优质农产品，做全国最大的农产品电商，助力中国农业转型升级。

一、拥有强大的电商农产品前端销售渠道

前端销售渠道分为两部分，一部分为美农已有的销售渠道，包含天猫旗舰店、京东旗舰店等全国数十个平台的六十多个旗舰店和美农微商十几万代理队伍。

另一部分为美农合作销售渠道，西域美农退一步，把自己的供应链开放给

全国所有的零售销售渠道，包括平台电商、微商、超市、实体店铺、宾馆、网红等。所有有流量的 B 端都可以成为西域美农的销售商，西域美农做大做强供应链，和各种类型的零售渠道合作。

通过以上两个部分，西域美农会拥有全国最大的零售渠道。各种渠道，仅仅是渠道而已，美农会做大做强自己的供应链，给所有的渠道寻找合适的农产品，做到柔性供应，按照消费者和 B 端需求供应。

二、打造互联网农产品开发实验中心

（1）西域美农和西北工业大学生命科学院联合成立了"互联网＋农产品"开发联合实验室，在无添加的前提下，研究如何把现有农产品深度开发。比如将陕西红枣深度开发成红枣粉，搭配山药粉等形成新产品，这样陕西红枣才能避免在初级农产品层次和新疆红枣竞争，才可能在根本上避免陕西红枣等内部红枣的直销。比如生产无添加的酸奶，利用互联网的特性，先拿订单后生产，这样既不添加防腐剂又能保持酸奶内菌株的活跃。

（2）和杨凌农大教授等各地农产品专家合作，选用新的优秀品种代替原有的传统种植作物。2017 年 4 月美农在杨凌农大教授的指导下种植了 110 亩黑色的柿子，甜度可以达到 20 度以上；在海南农业专家的指导下，众筹种植了 150 亩红薯，同时在江西拿下了 20 多亩的皇菊基地并且把皇菊移栽到陕西做实验。所有这些，西域美农都是想在土地里种植最适合消费者需要的农产品，升级产品的源头。

三、拥有完善的农产品供应链

"退一步战略"，即美农把自己的供应链开放给全国所有的零售销售渠道，也就是说，和美农合作的前端只管销售，除了销售，其他的选货、进货、包装、运输、发货、素材拍摄、直播辅助、客服、售后都由美农团队承担，充分为全端团队赋能，和前端团队共同发展。

（1）建立选品团队，精选核心产区标准规范的农产品产品基地，包括自建的和合作的。

（2）建立农产品品牌包装设计中心，为自有渠道、合作渠道提供适合消费者需要的农产品包装，为前端团队提供品牌支持。

（3）建立客服团队，为前端团队提供客户咨询和售后处理等工作。

（4）建立内容团队，我们不仅为合作的前端提供产品，我们还提供图片、文字、短视频、直播等内容。

（5）建立发货团队，为合作的前端提供又快又低价的快递服务。

四、建立规范的、大型的农产品供应基地

国内的农产品质量要升级，必然要从种植端改进，把一家一户分散的种植，整合成集中的大中型农场，从而规范种植品种、种植过程，最终才会有品质过硬的农产品。同时，从消费端收集消费者需求，逐步建立以销定产的柔性农场。

（1）在杨凌农大教授的指导下，建立了110亩黑柿子基地，这个基地完全由公司自己操作，土地已经流转，工人由公司自己管理。

（2）在海南农科院和杨凌教授的指导下，利用众筹的方式建立了150亩红薯基地，这个基地也由自己操作，土地已经流转，工人由自己管理。

（3）在杨凌农大教授指导下，建立了150亩猕猴桃基地，不用膨大剂，施用农家肥，和农民签订了包销合同，成立合作社，规范种植。这种基地我们只建立合作社，签订报销合同，规范种植过程。同样，我们在吐鲁番建立了哈密瓜基地、葡萄合作社。

（4）在青海畜牧科学院的指导下，美农正在青海湖畔建立美农牧场，发动消费者认养青海牧民放牧的羊羔，预交订金，然后在冬天屠宰后直接运送到消费者的家里，这种模式直接连接了牧民和消费者，为消费者提供了优质、低价的羊肉，同时，在认养的过程中让消费者更多地了解了产地、环境、品种等知识，不仅销售了产品，还销售了放牧的过程。

各种模式，我们都在试验，总的目标，建立最适合中国农业的大型农畜产品供应基地，从消费者端收集需求，不断地改进种植和养殖的品种、过程、方式，从而助力中国农业的转型。

（作者系陕西美农网络科技有限公司总经理、西域美农创始人）

善品公社，电商公益扶贫的新玩法

王光远

　　作为社会组织精准扶贫的创新探索，在国务院扶贫办的指导支持下，中国扶贫基金会自 2014 年下半年开始，以"4·20"芦山地震灾后产业重建为契机，在四川省雅安市率先启动"互联网＋扶贫"项目，发起成立电商扶贫社会企业，以社会企业的理念和方式运营管理（注：该社会企业注册公共品牌"善品公社"，对外也以"善品公社"简称）。与一般的机构相比，作为公益组织的中国扶贫基金会，其最大的优势是"公益基因"，这就使得它在深耕上游和整合资源方面存在"先天优势"。事实上，农村（农产品）电商、电商扶贫真正的痛点和市场机遇恰好在上游、在供给端。

　　中国扶贫基金会电商扶贫实践以农产品上行为主线，从供给端精准发力，破解农产品上行过程中效率、品质和品牌三大瓶颈，以市场化力量推动农业组织方式、生产方式和经营方式优化：通过组建、优化农民专业合作社提高农业生产的规模和效率，通过深耕产品品控管理提高产品品质，通过打造地域公共品牌提升市场信任度，最终实现对上游体系性赋能并促进生产者、消费者的信任链接。

项目起源于四川省雅安市，经过近两年探索、打磨，模型基本成型并具备了向全国更多农村地区推广复制的条件。截至 2017 年 7 月底，善品公社已经在四川、云南、广西、山西、吉林等省落地，其中绝大部分是国家级贫困县、贫困村，直接惠及农户逾 2 万户。

一、善品公社带来公益扶贫五大改变

（1）农户增收作用初步显现。通过深耕上游生产优质农产品、渠道整合及品牌打造，实现高于市场价格销售的模式设计，逐渐形成"优质优价"的良性循环机制。2016 年 9 月，中国扶贫基金会整合多方资源大规模推广蒙顶山红心猕猴桃，三周时间实现线上交易额 3 061 374.64 元（注：带动线下逾 1500 万元），58 户认证果农人均增收逾 900 元。2017 年 3 月石棉黄果柑上市销售中，全县黄果柑销售价较 2016 年普遍提高 0.7 元～1.0 元/斤，农户户均增收逾 4000 元，产业带动效益明显，临县汉源县数万农户也因此受益。

（2）社区治理能力悄然提高。逐渐形成"理念引导、能人沉淀、治理优化、机制配套、资源导入"的发展路径。石棉县坪阳黄果柑专业合作社原有社员 484 户，经过前期大量引导和"触网"后的市场倒逼，农户普遍意识到抱团合作可以实现更高价值回报。2016 年 5 月，合作社在中国扶贫基金会及县、乡政府相关部门支持下启动改革，最终沉淀出 189 位社员（注：建档立卡贫困户占比 21.69%）完成股改，随后合作社治理体系、组织架构、配套机制等水到渠成得以完善。2017 年初完成第一次股东分红，逐渐进入良性发展轨道。

（3）品控生产能力稳步提高。以"认证制"为资格门槛、地域品牌打造的市场机制倒逼农户，在"超预期、可实现"的市场回报面前，越来越意识到品控管理的重要性。在实践中，开展示范基地建设，由认证农户参照统一标准执行品控。2016 年，黄果柑优果率总体提高 15%。此外，将消费者引入品控共建上来，通过"品鉴师"机制，邀请消费者做"产品盲测"，对产品品相、口感及包装等多个维度进行体验，并定期反馈，通过与消费者的直接、直观接触，进一步培养品控管理意识和行动自觉性。

（4）共享品牌架构逐渐形成。以"共享品牌"理念打造品牌。依托中国扶贫基金会品牌公信力和资源整合能力，整合主流电商平台、新媒体、明星名人等资源，以整合营销为载体开展立体营销推广。值得一提的是，舒淇、HEBE、苏有朋、杨幂、刘恺威、舒畅、周冬雨、陈妍希等多位知名艺人先后参与传播活动，为农户站台点赞。2017年黄果柑主题营销推广活动产生的有效传播量达到了3.8亿次，极大提升了黄果柑在全国尤其是互联网市场领域的品牌知名度和影响力。

（5）专业人才培养渐入佳境。一方面依托中国扶贫基金会在全国范围内整合优质师资力量；另一方面组建"善品公社研究院"，立足自上而下的"顶层设计"和自下而上的"基层实践"，以社区核心骨干为主要对象为当地培养带头人（注：在善品公社理念中，这一本土精英群体理念、思路和能力的体系化提升，才是改变农村最重要的力量）。2016年，累计培训近600人次。

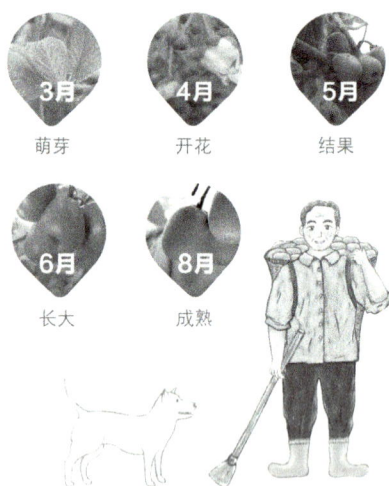

| 3月 | 4月 | 5月 |
| 萌芽 | 开花 | 结果 |

| 6月 | 8月 |
| 长大 | 成熟 |

善品须知来历
守望者人，照拂不善匿奇农村

二、打造"四位一体"电商精准扶贫体系改进模式

在实践中，中国扶贫基金会探索形成了以培育农业经营主体、深耕产品品控管理、打造地域公共品牌、创新参与共享机制"四位一体"的电商精准扶贫体系。其与一般的电商发展模式相比，有四大本质性区别：一是在合作载体上，从农业企业、经纪人、大户为主转变为农民专业合作社为主；二是在发展重点上，

从注重下游的加工处理、市场营销转变为深耕上游的生产经营方式变革；三是在驱动力量上，从偏重政府扶持基建投入的外部依赖转变为激发贫困群众参与热情的内生驱动；四是相互关系上，从简单的产品买卖契约关系转变为全程的深度参与合作关系。主要做法简述如下：

（1）孵化农业经营主体，破解分散化生产难题。依托中国扶贫基金会过去数年以"村民合作"为主要形式的农村产业扶贫实践经验，对项目点已有合作社进行优化改革，使入社农户形成"利益共同体"。

（2）构建品控管理体系，破解粗放化经营难题。整合科研专家、本土专家等关键相关方共同设计科学化、本土化、可执行的生产规程，建立涵盖生产、流通的标准化管理体系，提高标准化程度和产品品质。

（3）整合市场运营平台，破解传统式营销难题。引入"认证授权"模式对平台和渠道统筹管理。注重对地域公共品牌的培育，通过品牌影响力提高产品溢价能力，让农户获得比传统渠道更高的利润空间。

（4）培育参与分享体系，破解挤出式效应难题。引入参与式的理念和方法，对合作社组织体系构建、生产规程编制等重大事项，有序引导和支持农户参与，过程中逐渐培养内生机制并通过利益分配方式设计确保成果共享。

三、创新六项机制保障了落地

（1）政社协调合作互动机制。政府与中国扶贫基金会签订合作协议，双方立足各自优势并整合各类资源，共同就合作目标、策略、内容、机制等重要事项进行约定，在政府与社会组织之间形成互动合作。

（2）农户发展能力提升机制。通过市场倒逼，围绕理念引导、技术指导、电商运营等开展人才培训工作，全方位提升参与农户尤其是贫困户的生产能力、市场化意识、诚信理念等，激发内生发展动力，增强内在发展能力。

（3）农户组织形式优化机制。以本土化的合作社为基础建立起紧密的利益联结机制、规范的品控管理体系、良好的管理经营体系，形成了以合作社为基础的新型集体经济组织和以地方特色产业为支撑的长效脱贫致富模式。

（4）农业产业品牌塑造机制。以互联网理念和方式，对地域农产品公共品牌进行系统性梳理提炼，通过全面、系统整合各类平台、渠道资源开展线上营销传播，以此促进优质优价，带动线下交易并培育地域农产品公共品牌。

（5）贫困农户参与分享机制。通过电商发展与脱贫攻坚相结合，构建起以脱贫主体参与为核心、多元主体协同参与的社会扶贫机制，既整合各方扶贫资源，又促进农户尤其是贫困户高度参与并切实分享发展效益。

（6）新型乡村协同治理机制。通过提升农户尤其是贫困农户的集体行动能力，乡村治理的微观基础得到根本性改善，而且该模式使农户、合作社、政府、社会组织、企业等多元主体实现良性互动融合。

（作者系中国扶贫基金会善品公社首席运营官）

农产品垂直电商的慢与快
——基于沱沱工社的实践与反思

杜 非

2012 年 6 月，我离开了奉献了 6 年青春的国内知名母婴垂直电商红孩子。那时候国内的电商已经开始分群，平台类的、垂直类的、综合类的……，当大家都在以为我会去一个更大的平台的时候，我却选择了彼时在电子商务领域中名不见经传的"沱沱工社"，一家以销售有机农产品为主的传统互联网企业。是的，你没看错，我说的是"传统互联网企业"。为什么这么说呢？那时候，沱沱工社已经是一个拥有全产业链的电子商务公司，有自己物流、仓储、配送团队，有一个非常重资产的农场，以及一套看起来能用的电子商务运营体系、销售体系和技术体系。可以说在当年的电子商务领域和电商团队里边都是非常少见的。但这样一个由重资产组成的令人羡慕的全产业链模式，现实情况并不乐观，在 2012 年 6 月前的经营状况是：日均订单不到 200 单，月常购物会员不足 5000 人，会员状态几乎全部是 4 年以来沉淀下来的老会员，最关键的是，思维和管理模式不够互联网化，创新力不足。所以，如何改造它，就成了我加入后的首要而迫切的任务。

那个年代，农业产业对于互联网来说几乎是全新的产业，它本身有什么特点，它本身适不适合互联网，它所具备的优势在面对互联网的时候还是不是优势，或者已然成为它的劣势？反过来讲，互联网这种助力发展的推手作用，当面临农业产业的时候，它是不是一定是推手？……那么我们需要从多个维度去分析，这个产业未来的电商它应该怎么做？等等。实际上分析下来之后，从沱沱工社身上找到了将近一百多个需要解决的问题，也就是说，这些问题，恰恰就是约束它成为一个"传统电子商务企业"的原因。而未来工作的核心，就是要把这一百多个问题解决掉。事实上，当我在四年后离开沱沱工社的时候，这一百多个问题当中，还有些问题依然没有解决（当然剩下的不是最重要的，数量也不多了）。但比较幸运的是，从 2012 年 6 月底接手沱沱工社，到 9 月底便迎来了第一个订单高峰，这期间我们对它做了什么？改造了什么？

一、把握好零售业、电子商务和农业三个关键点

首先不能忘记自己是一个零售业。当农产品变成商品，放到互联网上的时候，它就是零售，是商业。在面临商业的时候，有几个原则需要遵守：第一，如何让商品标准化，能够传播得出去，能够让别人看到，知道怎么买；第二，要有产品的内容、品质把控和类别的分布，也就是说不能在网上卖所有你想卖的东西，而卖的应该是消费者所需要的东西，不能只给你有的，而得是消费者说我想要的。沱沱工社最开始的时候面临的问题是"我有，我给你"，而不考虑消费者要什么，我能给消费者什么。当然这个不是沱沱工社独有的问题，在互联网初期很多网站都是抓商品，以为商品摆在那就能卖。其实不是，你现在的客户群以及你依据这个客户群的活跃度，想要去发展跟它类似的新的客户群，同样客户群不断壮大的时候，你所符合这个客户群要求的商品才能不断地被售卖，所以说商品的陈列、商品类别的重新划分、商品的标准化问题、损耗问题、性价比问题、动销问题以及商品的缺货管理问题、仓储的存放问题、配送过程中保证品质而安全到达消费者手中的问题，还包括农场依据前端消费市场来调整自己的生产综合计划等等，这些都是商品的问题，其实就是回归到零售业本身。

另外一点，即使我们定位自己是一个互联网企业，也不能违背农业本身的特点。前面提到，当我们把农产品看成商品的时候，它是一个零售业，但是当我们把它看成零售业和电子商务产业的时候，它本身还是个农业，这是一个三维思考问题的方法。这时候再把农业应该有的特点拿出来，我们会发现农业本身，它有体验，特别是有机农业。如果说沱沱工社当年仅仅是做农业，可能比较简单，但是当初我们一进入，就选择有机产业，是因为在当年那种物流配送条件的情况下，低端农产品根本不可能在互联网销售，当年没有产品的标准化，没有包装，没有品牌，没有冷链物流，当溢价值不高的农产品在互联网销售的时候，它都不可能满足减持成本之后，还有剩余毛利这样的一个基础标准。

二、"关注你的菜篮子，关注你的果盘子"

既然沱沱工社还是一个农业企业而且还是有机农业企业，那么它一定有自己的特点和特殊之处。首先，它的适应人群比较小，也就是说，当我们开始在互联网上找广域人群的时候，必须要有一个能很明显地表明自己身份标签的商品，去让别人知道我们是谁，最终我们定位是要找高端消费和对有机、健康、运动、环保比较重视的这样一个人群作为目标客户群。另外一点，农业是需要体验感的，通过互联网的销售，可能很难支撑整个农业产品在销售通路上的销售。因此，沱沱工社除了网站之外，当年已开始布局手机端的渠道。在2012年的时候，手机端在所有的互联网企业中占比还不足 5% ~ 10%，非常低。但是那时候我们已经开始研发自己的 APP，因为当时我们预判，以家庭为主的这样的消费人群，最终他常购商品不会超过一定数量，而常购商品只要有关联推荐，就能够满足他家庭的一个打包消费，那么在手机端就可以实现。所以当时我们提出一个口号，叫作"关注你的菜篮子，关心你的果盘子"。对于互联网销售来讲，商品再多而非核心客户所需要的，不要做。我们当时定的突围策略是以点来做突破，一个厨房，一个客厅，除此之外，一律不管。做专，而不做广！那么当时沱沱工社的定位就是厨房和客厅，还不是厨房的全品类，是厨房的冰箱。我当时就讲的这个观点：占领你的冰箱，就占领了你家庭消费的一切。因为只有冰箱里面的东西，才是真正的这些人群消费的跟生鲜有关的东西。

最开始沱沱工社有 5000 多个 sku，根据我们的策略要大面积减持，要放弃。当时非议比较多，很多人在质疑那些减掉的商品为什么不卖？当我们在做客户群分析的时候，会发现很多商品都跟主商品有关联。有人会说我买你的韭菜，买你的猪肉，还要买面粉，我们承认这可以形成一个饺子、包子，再往下讲客户还可能需要盐，需要胡椒、酱油、各种调料，吃饺子还需要醋，还得配点蒜，那么我还得有一大堆的东西去匹配客户主要需求之外的关联需求。理论上所有的对象之外的东西都是必须存在的，但问题在于它的消费频次够不够，如果它跟主商品消费频次差距非常远，在数学上，在统计学上是可以放弃掉的。我们只攻占我们需要突围的东西，就是冰箱和果盘子。实际上这两个定位，恰恰都是跟冷链、冷藏有关系的，因为只有用冷链、冷藏，把自己重新包装，你才会与行业中其他人不一样，因为当年的冷链配送并不是很发达。当我们发现商品定位要以点突破的时候，便开始梳理品类，很多非食类的商品被放弃掉，很多购物频次低，还要占一个仓库，容易分散我们的注意力，而且跟你主品类关联不大的商品，都放弃掉了。商品的筛减最终由5000多减到1600多，之后我们再去分析核心动销品类，用雷达分析图确认最终我们还需要什么商品。最终算法表明：商品要集中在蔬菜、水果、海产、肉、蛋、禽，包括蛋白质就是液态奶以及奶的边缘商品。

商品的减少带来的是最终销量不减反增，而且是大幅提升，亏损突然开始减少。这是因为我们的市场人员对商品定位精准了，更知道用什么东西去找什么人，而且库存商品都相当于存量现金，相当于做了清理变现。梳理商品品类结构的过程是牵一发而动全身的，因为整个公司都是围绕产品转的。产品变了，营销、页面、技术、物流全都要跟着变。因此在调整品类结构的时候也会引起人的思维的一次洗礼，让参与的人很清晰地知道沱沱工社到底要做什么、不做什么！也让很多员工知道未来我们在互联网定位到底是什么，而这个定位又决定了我们前台页面的改造、后台系统功能的改造以及物流方面的改造。

我坚持认为技术是一个互联网企业打底的东西。你的技术不完善、不全面，你的前台就不能实现商品的穿透力，不能实现内容传播，不能实现顺畅的功能；如果你后台不够完善、基础系统不够完善，采购就不知道商品在哪，不知道仓库的库存情况，你损耗在哪里，而库存人员不知道订单的节点在哪里，不知道这个配送员的行走路线是什么。同时农场的生产人员不知道你网站上的菜到底卖得怎么样，还在盲目生产，这都是不对的。因此要全部串起来，大家共同看一个后台，看一个数据，看一个页面，看一个销售的共性值，这样大家才知道仗该怎么打。

系统改造分很多项，首先核心改造是找准定位，而我们的定位是依据商品来定位。第二，定位结束之后做系统。系统是围绕着运营体系来打造的，因此要重新设计运营体系。这时我们设计会员体系，活跃会员、中等会员、非活跃会员、沉睡会员等，再围绕会员体系建立不同会员的刺激方法和维护方法。

这时我们发现，在整个改造过程中，已从初浅的产品端到了更深程度的运维体系。一个公司的核心是它的运营管理体系是否完善，运营管理体系在公司负责了产品的动销管理、产品的规划管理以及营销、市场、物流等一系列的共同打法、年度政策的制定，什么时候促销，什么时候不促销是运营体系来管理的。而运营体系的核心是会员和用户，要看用户的活跃度，用户对每一次你的促销、每个节点你的商品呈现的反应，判断我们市场到底怎么做，怎么打。同时运营管理体系不光看自己，还要看竞争对手，它严格地看着竞争对手怎么变，市场怎么变，它要给公司提出合理的建议。因此运营管理体系是我认为在沱沱工社做的第二次大调整。我们开始围绕运营体系去做数据，看数据，分析数据，去打仗。实际上运营体系就是"参谋总部"。

之所以当时我们认为沱沱工社跟其他很多电商不一样，包括后来出现的本来生活可能都不一样，是因为那个时候，他们根本不知道怎么看数据。我们的后台打开之后数据非常多，非常复杂，很多人看到我们当时的后台问为什么搞这么复杂？因为我需要！因为我们想做得更大。

沱沱工社不一样是因为在这次改造之后，它的数据分析能力大幅提升，它的会员体系日臻完善。

当年沱沱工社另一项重大的改造，就是对人的改造。在团队调整上，我们鼓励老员工更多地学习零售业，而鼓励那些从零售业来的人更多地去拥抱有机，拥抱农业，那么这两者包括冷链物流专业的人，让他去理解如何在互联网上实现订单以及更多的远程配送。当我们做到这些的时候，仅用了4个多月时间，就实现了月销售额1170多万元，而且在当年年底的时候，整个公司有40多万元的盈余，这也是沱沱工社成立以来第一次阶段性盈利。

改造后的经营数据如下。

日均订单：增长10倍以上

月新增购物会员：增长5倍以上

年销售额：年销售额从2012年的2000多万元到后期年销售额突破2亿元

会员购物频次：每月2.5次

会员状态：会员严格分级，新老会员区分营销，老会员按活跃度分级管理

损耗率：经营损耗不足2个点，加农场损耗全公司不足5个点

物流成本：把变动成本考核改造为变动成本加固定成本的综合考核，全额成本从上一年同期的68.8元降至目前不足34元

三、后话：找准了，慢就是快；找不准，快就是死亡

谈一点从事这么多年农业电商的感受。

为什么很多农业电子商务企业，到后来都发展得越来越慢，越来越没有利润？甚至逐步消亡？除了公司内部的问题之外，外部原因也有很多。

首先是当大家看到这个市场当中互联网农业还是一块净土的时候，无论是从业者还是资本方一拥而上，那么造成了什么？造成很热闹，但是它的总需求其实并没有增加，无非是从一个盘子跑到另外一个盘子。第二就是竞争太过激烈，大家都没有精耕细作，而是都在做价格竞争，这是个大问题。比如说大家都在说农业要有品牌，但是作为一个互联网企业，是不是一定要去帮那些人做品牌？不见得，互联网企业做好自己的渠道就可以了，那么农业企业在有限的利润和资金的情况下开始做品牌的话，它会面临一个非常头疼的问题，每一个崛起的互联网渠道都希望这个品牌是独特的，这必然造成很多农业企业要分精力去给每个渠道做不同的品牌，但是品质和口感并没有核心差异，那么最终可能会被末端销售渠道放弃，但销售渠道放弃的同时也不愿意放弃这个品类，就会自己去开发。实际上后来的生鲜电商这一群体，渠道在做生产者的事，生产者在做品牌创意者的事，品牌创意者没有事可做。每个具有专业能力的人都被打乱了、打散了，也就是说在市场集中需求比较旺盛的时候，大家打乱仗，都想一家通吃，非常糟糕。

中国农业本身就不好做，因为互联网的崛起太快，在农业方面更是这样，这是因为过去中国农业互联网的基础是零，突然间有了很多的公司，有了沱沱工社、本来生活、顺丰优选、每日优选，等等，大家突然以为互联网可以解决农产品的销售问题。其实不对，真正在互联网渠道销售的农产品占整个销售农产品的比例不到20%，非常低，农产品因为它的商品属性决定了它天然有自己的渠道。

另外一点就是中国的综合因素太复杂。中国的农业电商后来全被冠以要扶贫，要提升产品价值，可是这个事情不单是一个互联网公司能做的，比如说中国的互联网公司发展到后来，它背负了很多社会责任和企业、政府责任以及公益责任，不是说它不能背，而是不能让它背得太重，它并不是一个可以在这几个方面起到决定性作用的渠道。那么如果现在我们看"互联网＋"农业政策，

农业电商的扶贫政策，它在做什么？服务什么？可能当这波潮水过去之后，你发现农业还是农业，互联网还是互联网，两者之间都没有像用水和面粉来形成新的物质形态这种方式来融合。就像我们现在看到各种电商扶贫乱象，建产业园，培训人，做品牌的策划，做渠道的对接，又做好了什么？我们需要的是真正懂互联网和理解农产品的人去操作农产品的互联网化，而不是说让所有操作农产品的人去搞互联网，我觉得这在本质上就是问题。

另外，在区域凝聚力上谁最强？其实是政府，不是企业。但是政府又没有企业的属性，政府又能做什么呢？政府只好拿钱、给地、给所谓的政策，但是这样是拔苗助长，因为你缺乏基础的电商操盘者，连一线城市都这么缺电商人才，五六线城市怎么可能有电商人才？还有一点，就是说给各个农产品都开始加包装，以为加了包装就有附加值，这个就是农业电商的"算命先生"现象：重新给一个原本存在千百年的农产品起个名字，重新给它换一套衣服，重新给它化了化妆，然后就说他不是王二麻子了，他是王二太子！这肯定不行，熟悉它的人都不买。你会发现越是互联网化的产品越没有当地的需求属性，太熟悉了，过去卖两毛钱的，现在卖20块。核心来讲，这是对农业产品的二次损害，这不是附加值提升。

在这个快速迭代的农业电商时代，先找点，以点为突围。踏实一点，慢一点，找准了，慢就是快；找不准，快就是死亡。

最后，在这样的农业电商时代，你和资本的关系到底是什么？拥抱并拥有。但是拥抱资本要讲几个东西：第一，要知道自己是谁，你能拥抱多少；第二，时机。什么时候拥抱它？如果你是个幼年的孩子，你跟资本结婚，资本就是你的老大姐，你娶了一个大你十几岁的老大姐，你什么都不懂，她拉着你走，你们连孩子都生不出来；如果你是一个老年的暮者，你娶了一个年富力强的资本，首先你生不出孩子，第二她会把你折磨死，你会累死。所以说要选择合理的时机：你当年富力强，她当花枝招展，两个一拍即合，产生巨大效益，生一堆孩子，霸占无数市场，这才是对的。

（作者系百诚源 CEO，原沱沱工社 CEO）

生鲜电商的"绿盒"探索

王军龙

农村电商的发展中农产品上行难,生鲜农产品上行更难!可是在浙江省丽水市,一家叫"绿盒"的生鲜电商企业,充分发掘市场难点中的机遇,成立三年时间实现稳定盈利。这为县域生鲜电商的破题,提供了宝贵的探索经验。

2016年丽水全市实现农村电子商务销售额112.44亿元,增长85.5%。其中,农特产品网上销售额65.88亿元,增长181.4%。代表丽水生态精品农产品的"丽水山耕"品牌自2014年9月创立以来,目前已在江浙沪区域建设"丽水山耕"产品销售体验店230余家,截至2016年底,使用区域公共品牌小而散的农业主体达236家,销售业绩全年超过20亿元,平均溢价达30%。而在光鲜数据和迅猛发展的背后,却少不了"绿盒"这个地方生鲜电商供应链服务商的身影。

一、"坑里"发现的痛点与机会

"绿盒"全称丽水市绿盒电子商务有限公司,地处浙江省西南部的丽水市,被称为"中国生态第一市"、华东天然氧吧,在这片山区土地诞生了农村电商"遂昌模式"、"服务中心模式"、"北山模式"等,是全国最早在市域范围全面开展农村电商建设的区域,也一直是农村电商发展的探索者和模范生。

"绿盒"的控股公司是当地的互联网龙头企业讯唯控股集团,该集团在2012年投资成立浙江讯唯电子商务有限公司发展农村电商市场,在2013年承接了全国首个农村电商服务中心——丽水市农村电子商务服务中心的运营,同时它也是浙江省首个淘宝特色中国市级馆"丽水馆"的运营机构。伴随着电商平台对农业电商的不断推进,2013年起公司不断对农产品电商进行探索实践,曾经与淘宝网合作的"美丽乡村触网记"多品类农产品电商的试点活动,被列入2013年阿里巴巴集团农产品电商白皮书经典案例。

但是在多次的农产品电商试点活动中，有个坑确实始终逃不出：那就是山区小农业电商化推进过程中，产品缺少品牌化支持，标准化程度低，物流成本较高，品质控制难。公司运营团队多次对活动过程、数据进行分析后认为，这个坑中危机和机遇并存，因为，互联网另一端的消费需求始终旺盛存在并不断增长。

二、县域生鲜的优势要素集聚

2014 年，讯唯控股集团联合丽水市农投公司、丽水市供销社、莲都区供销社共同出资成立丽水绿盒电子商务有限公司。作为一家私企控股、公私合营的混合所有制企业，"绿盒"定位于丽水精品农产品的线下供应链流通服务平台，专注杭州、上海"四小时"供应链范围的生鲜电商业务。

除了明确的定位于生鲜电商链条的痛点之外，"绿盒"的成长离不开地域特殊的公共资源要素的培育。2014 年，丽水市全面启动了丽水生态精品农产品"标准化、品牌化、电商化、生态化"的系统工程，让丽水农村电商从销售互联网化迈向了产业互联网化。

这一年，丽水市农业主管部门正式推出了全国首个区域多品类公用品牌"丽水山耕"，并开展了立体的营销推广；同时，全面开展了丽水市生态精品农产品溯源追踪体系建设，让农产品"带上身份证"出门。"品牌化"是为了优质农产品"优质优价"，"标准化"是为了优质农产品"源头放心"。"电商化"除了互联网销售，同时也是根据新型消费需求，进行更好的消费者体验的购物的流程设计与服务。

"绿盒"根据生鲜电商供应链实际需求，投资 800 多万元自建占地面积超 2500 平方米的生鲜农产品电商化处理中心，拥有恒温车间、真空预冷、超低温急冻等保鲜设备，具备真空、气条、异形等产品包装能力，同时配备现代化果蔬处理、肉制品处理包装设备，以及冷链配送车、检测、化验等设备。形成了包括加工处理（集采品控、质量检测、分拣包装等）、运营管理（电商代运营、文化挖掘、品牌设计、电商化包装等）、仓储物流（冷鲜处理、储存中转、冷链配送等）三大功能的互联网模式下农产品供给流通体系。

作为生鲜农产品的专业供应链流通服务商，"绿盒"坚持围绕 B2B，坚持不介入种植，不碰终端，不懈推动产业链整合和服务完善，在产品供应前端，通过前期政府牵头与监管背书，对接 80 余个大小基地和合作社，建立产品准入标准，严格把关品控程序，依托强大的供应链，确保供应能力和产品品质。在产品销售后端，通过在上海、杭州、宁波、绍兴、温州等地实施生鲜社区 O2O 模式，通过采用冷链直供完成基地产品直供目标城市，辅以线上文化提炼、电商化包装、营销推广，线上线下互动带动流量，赢得稳定的社区消费生鲜渠道与消费者。依托目标城市高端社区生鲜店，不仅解决了前端冷链仓储、线下零售、社区配送等问题，同时让客户直接体验到丽水的生态精品农产品，大大增加客户的品牌黏着度。另外还探索组建渠道投资公司，引入社会资本，通过参股社区生鲜门店，扩大线下门店覆盖率，扩大品牌影响力。2016 年公司还与顺丰集团达成合作，"绿盒"体系的"丽水山耕"产品全面进入杭嘉绍 127 家顺丰嘿客社区店。

三、新供应链倒逼农业供给侧改革

农产品上行的核心意义，不仅在于卖出去了东西，也不仅仅是卖出了更高的价格，同时还搭建起了信息有效、服务准确、通道顺畅、链条完整的"信息流、交易流、物流"，实现生产与消费价值的重新精准匹配及双向正面提升。

以丽水市高山种植的黑皮西瓜为例，作为当地的传统西瓜种类，因瓜圆肉厚汁多，口感甘甜，深受市场欢迎。丽水市莲都山区的瓜农每年都会种植几亩，在以前，这个乡镇西瓜通常就是通过商贩批发或自己摆摊贩卖的方式出售，价格约 1 元 ~ 1.5 元 / 斤，每亩西瓜的产值在 1 万元左右。"绿盒"将这种西瓜引入社区电商渠道后，发现终端消费者好评如潮，于是"绿盒"按照重量 7 ~ 8 斤、皮色乌黑亮泽、两端匀称的分拣标准挑选标准瓜，挑拣的瓜的采购价一般高于市场批发价 0.5 元 ~ 1 元 / 斤，而剩余的西瓜瓜农再拿到当地农贸市场贩卖。细细一算，这样卖瓜竟然可以比之前每亩售价高出 3000 元 ~ 4000 元。同时"绿盒"还根据每年的黑皮西瓜销售大数据分析，提前与黑皮西瓜种植户签订次年西瓜数量的预购协议，帮助农户有效制订种植计划，避免盲目种植。而农户们也自发学起了西瓜市场采购分拣标准，积极请教农技人员，按照市场要求指导日常种植。

在"绿盒"探索的模型中，我们看到了品牌对市场的引领，互联网对生产的指引。所以，不仅是高山黑皮西瓜，近几年"绿盒"通过市场对接，还陆续挖掘出了"白黄瓜"、"白茄子"、"粉番茄"、"梅菜猪肉粽"等不少原来产量很少，或即将"失传"的老品种。这些原本"农村人不愿意种,城里人很想吃"的品种,在生鲜电商的链接中再次走向市场和消费者,并重新受到市场的欢迎。

四、县域农产品电商路径思考

对于县域农产品上行的路径,我们有个思考,核心优势未来到底在线上还是线下?作为地方生鲜电商企业与服务机构而言,我们认为,从上游供应方、中游供应方、电商、物流、消费者的较长产业价值链条中,更应寻找县域政府、产业及企业优势的发力点,切记盲目追求大而全,贪求面面俱到。几个方面的思考供大家参考:

(一)借好农产品公共品牌的势

农业品牌年与农村电商的发展,让区域公用品牌成为突围的方法。县域政府及电商企业应借势、顺势进行推广,开展终端渠道的对接,获取线上线上的消费流量。同时,利用公用品牌建设的机会,重新梳理符合市场需求的产品包装、文创与消费标准。

(二)合理设计供应链服务范围

针对区域优势及产品特性,合理地设计市场半径,进行有效的渠道拓展,具体的做法可以参考供应链成本、消费者习惯、复购频率等要素。

(三)紧密开展产业链合作互动

生鲜电商的各个产业链品质控制较难,损耗风险较高,需要专业的人做专业的事,需要保持与产业链各环节的合作互动,线上线下的紧密结合。

(四)农民与消费者双赢

充分研究和分析农民与消费者两端在生鲜电商链条中的获得感,毕竟,生鲜电商的最终价值在种植者与消费者两端,所以,需要先盯着"市场需求",再盯着"市长支持",切莫本末倒置。

(作者系丽水市绿盒电子商务有限公司董事长、丽水市农村电子商务服务

中心主任)

基于社交媒体的土蜂蜜上行探索

徐亚峰

蜂蜜是一种非常典型的养殖型农产品，我国有着悠久的蜂蜜养殖传统和文化，也是世界蜂蜜资源最丰富的国家。然而，长期以来我国的蜂蜜产业都处于相对混乱的状态，具体表现在蜂蜜供应链上下游信息不对称，品质混乱，以及蜂农利益得不到保证等方面，究其根源，这一切问题源于蜂蜜产品流通体系的不健全。在信息化极其发达的今天，如何借助网络特别是社交媒体，实现蜂蜜产品的良好上行，对我国蜂蜜产业格局的变革有非常重大的意义。笔者在蜂蜜行业深耕多年，在此分享一些中华土蜂蜜上行的经验，与读者共同探讨。

我们谈蜂蜜产品上行，首先还得从中国蜂蜜产业特点说起。国外，特别是德国、美国以及新西兰等国家，蜂蜜产业无论从技术还是从集中程度上都走在了世界的前列，在这些国家，养蜂作为一种职业而存在，养殖区域也大多集中于某个片区，从蜂蜜的源头就做到了企业式管理和运作。而我们国家的蜂蜜产业依然处于一家一户离散式养殖的状态，养蜂也是一种家庭式的自发行为，这样的模式，不仅导致养蜂技术的不规范，蜂蜜品质的参差不齐，也不利于市场化和蜂产品电商上行。我们要做好蜂产品上行，首先要做的就是源头的整合和规范化。因此，我们花了两年多的时间，投入巨大的人力和物力，在秦岭核心地段凤县，在我们自有合作社和五个蜂场的基础上，建立中国第一个中华生态蜂蜜保护区，并积极与政府合作，对保护区300多个蜂农进行现代养蜂意识的培训，建立了从蜂蜜品质、养蜂技术、蜂场环境等整个上游要素的优化意识。这为我们借助社交网络实现畅通的蜂产品上行奠定了坚实的基础。

蜂蜜产品上行，是一个综合的复杂的系统工程，建立了上游的基础之后，我们没有操之过急，立即投入到市场营销中去，而是建立了符合自己发展特点的上行路线模型。

首先，我们需要拿出极具品牌属性，有利于电商平台以及向城市消费者推出的产品，为此，我们的产品管理团队研究了国内外多个蜂蜜品牌的产品，从VI 设计、产品定价以及目标客户群体的定位等各方面进行分析，最终得出了我们自己的品牌定位和形象：国内中高端蜂蜜品牌，早期主要服务于追求品质和生态的都市白领和中高端人士。

有了符合现代人需求的高品质产品和形象体系后，我们开始探索社交网络的营销，主要利用微博及微信公众号平台，以及作为创始人的我的个人系列微信号，积累精准粉丝。社交网络的营销，看似简单，发一发文案，晒一晒图片，其实包含许多重要的技巧，要获得大量的真实用户，首先要坚持的一个原则是：不欺。在今天食品安全问题频发的年代，我们的国民每天都要为怎样买到安心的食品而费神，然而，越是这样的状态，一些商家的炒作宣传，反而更能引起消费者的关注，因为大多数消费者都希望获得更多的产品资讯以及新的市场信息，因此许多社交网络里的噱头炒作行为，都能获取早期的流量甚至大量的订单，但从长期的角度来看，这样的行为不仅仅误导了客户，更对企业自身的发展不利，只有坚守诚信，真诚营销，你的产品才能真正地走进客户的心里。我对自己的团队要求是对内自己首先坚守品质理念，淘宝不刷点，对外微博微信等社交平台不炒作，只将最真实客观的蜂蜜消费理念和产品理念还原给客户，通过这样，我们一点一滴积累了大量优质的客户，甚至到了今天，我们不再用气力去主动获得客户和粉丝，而是老客户回头客的口碑宣传，每天给我们带来大量新的客户资源。

要持续地获得客户的黏度和关注（我们老徐蜂了品牌的客户回头率达到了惊人的 80% 以上）不仅要做好上游资源整合、产品基础以及早期的客户和粉丝积累，还要建立良好的客户互动，让客户参与到品牌价值中来，让他们融入品牌的成长过程中，获得品牌的归属感和主人翁感。因此，我们提出了一个理念：每一个客户，都是老徐蜂了的主人。所有客户可以分享自己的购物体验，提出自己对产品、物流以及客服的所有建议和问题，我们更支持所有客户参观我们的蜂场，并多次组织客户参加线下聚会，线上，我们也不定期发起客户互动活动，如"我为老徐蜂了代颜"这个活动，就吸引了无数美女粉丝的支持和参与，一个礼拜微博阅读量达到 250 万人次。

通过这些方式，我们将秦岭深处的蜂蜜，卖向了北京、上海和深圳等大城市，础上，可以进行一些其他的尝试，哪怕走了错路弯路，及时调整，也一定能取得客户的信任，建立良好的"农村 to 城市"的上行模型。

在中国，做蜂蜜的企业有上万家，个体的小蜂农网店更是多得不计其数，然而，正如媒体经常曝光的一样，中国的蜂蜜产品品质混乱，低品质蜜甚至假蜜四处泛滥，根据行业经验判断，符合好蜂蜜标准（蜜源地无污染，自然成熟，纯净无农药残留和添加）的蜂蜜，仅是市场流通量的 10% 左右，消费者能吃到一口真蜜的确是需要运气和福份的。在这样的产业环境下，要真正做出让消费者记住的品牌，几乎是不可能的，因此，中国的蜂蜜品牌大都客户黏度不高，缺乏 IP 形象，更难抵挡国外进口蜂蜜的进攻，比如麦卢卡蜂蜜，其实在国外并没有中国人想象得那么火，营养价值也存在夸大的嫌疑，却在中国卖得风声水起，而中国的许多蜜，如秦岭生态中华蜂蜜、九寨沟蜜等，无论从蜜源植物、蜜源生态和营养价值上，综合品质都远高于麦卢卡单花蜜，却很难有在国内叫得响的品牌，更别说国际影响力了。

现在我们国家进入了消费升级阶段，蜂蜜产品迎来大的机遇，我建议国内的蜂蜜同行，都能一起为中国的蜂蜜产业健康发展，做出自己的贡献，而不是纯粹地追求短期利益，而忽略了对市场、客户的尊重。在此，我向同行提三点或许有参考价值的建议：

第一，蜂蜜是传统滋补类食品，客户群体广泛，蜂蜜企业应该具有匠心精神，要有追求卓越品质的决心，并保持对产品的敬畏之心，要做到蜂蜜蜜源地的严格把控和管理，空气、水、土壤都无污染，并杜绝行业一贯存在的非成熟水蜜低价拼市场的做法，只将成熟的好蜜提供给客户。只有具备行业职业道德的企业，才真正具备了立业之本，这不仅造福消费者，也能成就自己的事业。

第二，要做好产品。作为商业，好的蜂蜜也需要好的产品形象，传统的蜂蜜产品大都互相抄袭包装，流通市场的蜜大都一个风格，很难形成自己独立的品牌标识。我做蜂蜜，仅一个产品的包装，就花了 6 个月，反复论证，反复实践，连瓶子的结构都是自己设计，最终设计出了既美观又符合现代购物体验的产品形象，一下子引起了市场的轰动。

第三，不可忽视社交网络。在今天，所有实体企业都在拥抱互联网，拥抱电商和社交网络。对于作为传统滋补品的蜂蜜，更应该在这方面投入更大的精力，应该向小米学习，向罗永浩学习，向海尔学习。特别对于早期创业的蜂蜜品牌，建立活跃的网络粉丝群体和品牌形象，对早期发展会有事半功倍的效果。

用一句话结束本文吧，与所有蜂蜜同行共勉：让每个客户都吃上来自好山好水的真正好蜜，这不仅仅是客户的荣幸，也更应该是每一个蜂蜜企业的荣幸。

（作者系老徐蜂了品牌创始人）

网上农产品卖不好的十大根源

黄　刚

2017 年，农业供给侧结构性改革成为了国家和政府解决中国农业问题的重要方向。同时，在近几年，各大互联网平台经常出现农产品卖不出去的各种求助现象（本人的微博、微信上经常会有），各种菜贱伤农、水果滞销批量倒掉等现象层出不穷。

我本人曾经在微博上多次发文：

（1）【农产品滞销了才想到求助于互联网，那是治标不治本】很多做农业的朋友，滞销了才想办法那是治标不治本，第二年绝对还这样。要彻底改变原来的模式，从品牌孵化、用户体验导向、订单农业、重组农业供应链、建立快物流体系、创业团队孵化，逐个解决问题，缺一不可。

（2）【关于用互联网公益助农，我的观点】不是在农产品卖不出去时才去帮助，更应该在种植、订单农业、农村物流上下功夫。如果都是滞销了才想办法，那是治标不治本，第二年还会这样。互联网变革农业，应该从用户需求导向推动订单农业、重组农业供应链、建立双向快物流体系做起。

虽然我多次讲过，但很少人能理解这些问题的根源。因此，我结合我们孵化的上万个"互联网＋农业"的农特创业者的各种案例分析，提炼出十大问题根源，希望对大家有所启发。

一、选品失误：品类定位，决定成败

品类选择是决定成败的关键，会影响到后期潜在用户的范围、定价策略与盈利空间、产量与品质的保障、营销模式、运营商模式、物流供应链的支持能力、同行的竞争关系、用户体验方式，等等，选品的成败决定未来的一切。

思考：你真会选择一款适合自己运用的农特产品吗？如果有大闸蟹和小米，你会选择哪一个呢？

二、产品无品牌：传统电商模式，低价格竞争

无品牌的农特产品，靠的就是杀价格，杀低价就如同脱衣服，脱到最后就是肉博，拼肉博的产品，一定在产品和服务上出现了重大问题。另外对于产品运营者来说，为什么用户黏度低，用户复购率低？因为你和他是买卖关系，很难建立产品和用户之间的认知和信任。在社交电商运营中，缺乏口碑沉淀的关键要素。

思考：同一个产品，无品牌和有一定品牌，价格差距会有多少？褚橙价格和一般橙子的价格差距是多少？

三、品牌缺乏调性：没有吸引力

产品打造太 low，缺乏有趣、有料、有惊喜、有参与感的调性。能够让用户在思维场景中随时想到你的产品，传播你的品牌。这是在社交商业时代，打造产品必备的要点。

思考：一个普通传统思维品牌产品，与一个具有创意的品牌产品，市场接受度、传播效果究竟会有多大的差异？

四、不会挖掘产品的属性：错失各种卖点

农特产品，存在内在、外在、关联的产品属性。比如产品内在的大健康属性；外在的产地环境属性、视觉味觉属性、人文属性；关联的产地情怀属性、种植养殖者的人物代入属性与其他产品的组合价值属性挖掘等。这将成为产品营销、品牌打造、用户参与的关键点。

思考：简小妞燕窝挖掘了哪些属性？农特产品圈橙品牌挖掘了哪些属性？新疆的各大单品如香梨、大枣具备哪些潜在挖掘属性？一个挖掘出属性的产品，与传统产品的差异有哪些？

五、不懂包装设计：好产品也只能卖出个白菜价

农特产品包装设计是产品商品化、商品品牌化的关键。农特产品是产品，是真正可以流通、可以培养用户忠诚度和实现可传播价值的具有品牌的商品。互联网时代的产品包装设计，已经超出了传统产品包装的商业价值，传统包装

实现的是对商品流通的保护。而互联网时代的农特产品包装设计，蕴含着产品的内涵、用户体验、消费者眼前一亮的需求。

思考：一款互联网思维的包装设计，与传统包装的商业价值差异有哪些？包装设计的投资回报率的核算方式是什么？农特产品圈橙、大闸蟹萌蟹、香辣蟹、缅甸黑凤梨、疯狝、简小姐燕窝的包装设计有哪些创意？

六、产品设计缺乏用户思维：失去互联网主动传播功能

产品设计缺乏用户体验思维、用户体验场景化、用户购买动机等方面的创意，失去了与同类产品竞争的差异化，是失去了用户对产品的惊喜后的传播分享的价值？

思考：一款用户思维的产品，是如何引爆互联网传播、病毒式裂变的？农特产品圈橙卖树模式，方正、五常大米的卖地模式，简小姐的炖杯，疯狝的狝猴桃工具等，会带来多大的商业价值？

七、缺乏用户参与感：让用户参与设计的产品，更具有价值

互联网时代的产品打造，在打造过程中都应该让用户参与，可以涉及产品功能、产品名称、产品亮点的打造等。在农特产品的打造中，从品牌名称、包装设计、产品定位、人格化、渠道定制化，等等，都应该让用户参与。

思考：一款用户参与设计的产品，与闭门打造的产品，具有哪些差异？用户参与的产品会带来哪些价值？从营销、用户分享、专属打造获得个性体验等方面考虑。

八、不会企业化运营：单打独斗，为了卖货而卖货

新的农特创业者，由于自身的能力和背景等因素，喜欢单打独斗。对于一个产品的打造，需要聚合一个团队的力量，产品的运营不是简单的卖货，是综合的运营服务。

思考：一个人单打独斗做产品，和一个规范运营团队做产品的差异。

九、品牌打造不会线上线下多渠道联动：模式单一，最终做不出量

未来所有的商业都是全渠道的，农特产品不仅仅通过社交电商运营，也需

要和多渠道联动。一切能够获取用户的渠道，都可以试水。

思考：为什么一些农特产品卖不出去，在全渠道方面有过联动吗？如圈橙在北京京华亿家、义乌零售店的铺货；萌蟹进入央视网购物频道，同时与快递企业战略合作等带来全渠道的商业价值。

十、跨界联合打造品牌，不会玩众包：接力、借势打造品牌是一种不错的方式

小米手机的营销会借力苹果，星巴克可以与优衣库跨界玩用户体验。农特产品品牌的打造，可以借力有关联性的品牌进行捆绑式营销，激活潜在的用户。另一种重要的策略就是众包，社交电商运营有一个重要的本质就是把营销碎片化，消费即体验，体验即可分享，分享即可营销。联合品牌打造、渠道合伙人都是众包模式。众包模式的关键是利益共享与分配，目前农特产品的大家族还有很多人不会玩。

思考：哪些农特产品进行过跨界联合？哪些产品玩过各种众包思维？运营过程关键环节的把控有哪些？如何进行利益分配和价值共享？小米如何和山药打组合？枣夹核桃产品如何打造？7个苹果模式是如何打造的？

以上十大因素道尽了当前绝大多数农产品电商卖不出去产品、卖不出高价、玩不成爆款的主要原因。没有卖不出去的产品，只有卖不出产品的人！当你只知道抱着手上仅有的资源做品牌的时候，干不出成绩的时候，你就应该想想，是不是你太"独"了？是不是没有开放的思维？只有借力资源，才能把事情做得越来越大。

对于大部分创业者来说，农特产品微电商创业，竞争的核心是品牌、供应链，品牌是产品属性，供应链是服务属性，优质的产品、高效的用户体验，才是做大市场的关键。关于产品方面要记住，产品背后背书的是人品。创业者要明白，无论你做多大的生意，只要做好两件事就够了：一个是你的产品、一个是你的人品；产品决定了你的存在价值，人品决定了你的人脉和资源，剩下的就是坚持，用善良和真诚赢取更多的信任！

（作者系汉森供应链总裁）

6

第六篇　营销策划

"12个苹果"营销的启示

毕慧芳

2014 年 12 月 12 日，新农人的聚合营销产品"12 个苹果"横空出世，如一道彩虹出现在生鲜电商迷雾重重的天空。仅仅 24 个小时，通过微店"鲜生来了"共销售 5200 箱（每人只能订一箱），获得了 5200 个精准客户。纯粹的微博和微信传播，没有任何广告，没有名人代言，甚至没有流行的扩散抽奖活动，就产生了如此大的爆发力。这种社交裂变传播营销背后的逻辑值得我们认真总结探讨。梳理"12 个苹果"案例，其成功的关键在于如下几个方面。

一、好创意激活需求

好的营销不仅仅是发现需求，更是唤醒需求，创造需求。随着生活水平的提高，物质供应极大丰富，现在的消费者被无数的信息包围着，审美疲劳，需求麻木，我们平时聚会总是问这样的问题："今天吃什么呢？"而回答总是："随便。"所以我们的产品必须能够引起消费者的兴趣，激发其内在需求，才会有购买动力。对于大部分网络上活跃的消费者尤其是资深吃货来说，一次性品尝到全国 12 个主产区的优质苹果，又是 12 个具有代表性的新农人的产品，还是12 种不同品种的，12 地、12 味、12 人，让消费者充满期待。

二、好名字增添魅力

俗话说"一举成名天下知"，自古以来中国人都特别重视好名字。好名字自己会说话，互联网让好名字的效果更加放大，先声夺人。简单易记又充满想象力的"12 个苹果"让消费者眼前一亮。12 是个神奇的数字，12 星座、12 生肖、12 金钗、12 分努力，等等，每个人心中都有自己的 12，所以产生了探究这 12个苹果背后故事的好奇心。

三、好的时间点充满趣味和神秘

"12个苹果"选择在2014年12月12日上线，既有时间上的借势，又有营销节奏的布局。大家都知道过完"双11"，又会期待"双12"，双12是小卖家的狂欢日，尤其是农特产品的促销日，各电商平台都会火爆促销，而消费者更是关注，会有哪些爆款出现呢？会有什么亮瞎眼的促销手段呢？在这样的氛围中登场无疑会更引人注目；另外12号预售，在12月20日左右发货，让消费者正好赶在12月24号平安夜前收到，祝福平平安安。借势借力，其效果不言而喻。

四、新的售卖方式轻松自由

2014年大部分网商都是在相关平台上销售，消费者都需要在PC端完成下单购买。而我们的"12个苹果"完全依靠移动互联网平台，通过微信公众号和口袋通微店完成推广和交易，都在手机上操作让"12个苹果"不仅更显时尚，而且更方便购买和分享。大家在微博、微信上看到相关信息，直接点击链接就完成购买，非常方便，如果要到PC端下单，很多人身边没有设备，很容易就放弃了。

五、新的玩法时尚简单

我们当时的销售方案是，消费者先付19元邮费，收货品尝后任意打赏，既把定价权交给了消费者，又充满了自媒体时代的娱乐和互动元素。看到这个消息的人都会不由自主下单，当一个时尚的品评人，同时也愿意把这样的消息转发给他们的好友。

六、新的分享机制富有爆发力

基于微博、微信朋友圈，以特有的故事性、趣味性抓住消费者心智，鼓励消费者积极分享，探索了全新的社会化移动电商分享模式。

通过"12个苹果"的案例，我们可以看出在移动互联网时代，生鲜电商的玩法正在悄然发生变化，产地、产品、营销、传播、客服等原来的模式已被打破了，被整合到了一个扁平化的平台之上。新农人要想做好生鲜电商，就必须顺应这种趋势，熟知这种变化，充分运用好社会化传播之道，以全新的思维来推动电商实践。

杜子建老师认为："一切营销，到人为止（钱在人手里）。网络营销，发端于人性，发威于传播。"运用好社会化传播手段，会让我们的营销插上翅膀。

首先，传播是由人来完成的，所以，代言人很重要。

传统的广告，我们也要寻找合适的广告代言人，而互联网传播，品牌故事化、人格化，更需要有合适的代言人，这是褚橙柳桃潘苹果成功的因素之一，也是成县核桃、礼县苹果成功的重要原因。"12个苹果"由我本人这个新农人热心大姐代言，作为新农人行者、三农电商的"传道士"，几年的付出和积淀的信任指数给"12个苹果"传播做了很好的背书，加上12个新农人背后的朋友一起用力，瞬间爆发。

其次，微博微信的传播要坚持内容为王。

"12个苹果"就是用充满感情的自我代言撬动了自媒体传播。2014年12月11日19点41分，@毕慧芳农业，发表长微博《新农人"12个苹果"——任性只为心中的你！》，亮出了"12个苹果"的文案，打造出四大亮点，即提前预售，只需付运费，就可品尝"12个苹果"；万里求索，走遍大江南北，寻找最讲究的苹果；12分挑剔，多次品鉴检测，确保12个苹果的品质；双12上市，以最独特的品质赢得最独特的关注。这一文案经"三农老好人"毕慧芳代言传播，当晚即引爆了新农人的微博和微信朋友圈，微博阅读量突破70万人次，吊足了大家的胃口。

第三，要将独特的价值点作为传播的核心。

营销的本质不只是建立差异化，更重要的是成为第一、独一和唯一。"12个苹果"首创的农产品聚合营销新模式成为独特的价值亮点，成了苹果组合的"唯一"。当蚂蚁组成军团，当蝴蝶飞舞形成"蝴蝶效应"，独特的价值就呈现出来了。"聚农人、聚产地、聚农产品、12地、12味、12人"，当这些聚合要素通过自媒体传播后，所有的人都眼前一亮。朋友们从未有过一次品尝到12个产地苹果的经历，因为是唯一，"尝试"成了很多人的选择。

第四，要营造氛围以吸引朋友关注并参与传播。

在碎片化信息时代，内容投放永远只是一个开始，只有持续跟踪、倾听、回应、引导、持续发酵内容与引燃对话，才能持久地获取关注。"12个苹果"自2014年10月份成立项目组开始，在针对全国苹果主产地考察、寻找"中国好苹果"的行程中一直在进行传播。我们还通过微博、微信群公开征集名称，多次举办评鉴会，不断生产好的传播内容：烟台守拙园丛东日的不套袋苹果糖度18度；静宁兄弟农场的苹果色香味美，阿克苏曾曾是个奇女子，把每棵苹果树都当成自己的孩子。这些传播让很多朋友对项目充满了期待，就像《红楼梦》中的凤姐，人未到，声先至。社会化媒体传播，需要给大家创造这种持续发酵内容的场景，并等待合适时机，直接引爆，达到"好雨知时节，当春乃发生"的效果。

第五，传播过程一定要把握好节点和节奏。

所有营销都不会是一举成功的，都需要有不断推进的过程。互联网传播也是如此，什么时间让什么人出场，什么时候做什么样的推动，都要有策划。虽然"12个苹果"销售只有24个小时，但我们在微信和微博每小时播报，不断公布新的销售数据，不断公布新的大咖参与情况，吸引更多的朋友来关注，最后两个小时，我们又请农人圈颇具人气的@食品界姜昆和@美食家大雄出场传播，让热度一浪更比一浪高。另外，该刷屏时一定要勇敢刷屏。养兵千日用兵一时，在江湖行走，该收的账也要大胆去收，在营销决战时刻，平时互动的人都要"艾特"到，都要让他们一起来传播助力，让所有的好友都站出来为你背书。

第六，传播中要有危机处理。

农产品是有生命的，而具有生命的产品永远不会十全十美，另外电商销售是需要物流完成配送的，包装运输也会面临考验。"12个苹果"的营销传播做得这么火爆，但是因为物流问题，到了圣诞节很多客户还没有收到苹果，内心很焦虑，加上收到的苹果有磕碰，还有小国光不好看等问题，而且新的玩法还需要更多人去打赏，所以，12月24日我又写了一条长微博"12个苹果写给最可爱的你"，用极其柔情的语调和真情实意的表白化解了危机。

"从12号到今天，整整10天过去了，我埋头苦干了10天，现在12个苹果已经奔向你，当你揭开我的"盖头"的时候，我有很多心里话要跟你说：

（1）我充满个性，但不完美。我相信，你会用心去品鉴我独特的味道的。

（2）遥远的路途，千里奔波而来，我甚至会伤痕累累，你心里一定不好受，多少天的等待，你期待千娇百媚、倾国倾城，可是来到眼前的却是朴实无华甚至满脸沧桑的我，失望是难免的。这时，我希望你有点耐心，我很丑，但我很温柔。你用心去品味就知道了。

（3）要不要打赏呢？亲爱的，我忍不住提醒你，一定要打赏。现在很多双眼睛在看着你我，我们要用行动书写"爱与尊严"。我不在乎你是不是土豪，我只在乎你的用心呵护。爱的滋润，将让我更美好。

你可能特别珍爱我，舍不得吃掉。我的挚爱，你一定要及时"下手"，用心品鉴，并且提出意见让我更加完美，是我唯一的期待。

我不是诱惑你的夏娃果，不是砸醒牛顿的智慧果；我不是被人咬了一口的手机果，不是广场上的娱乐果。我就是我，任性只为心中的你。如果你也在意我，我还在老地方等你——"鲜生来了"！

这条文案作为危机处理是很成功的，这又给了我们一条启示，做营销一定要有情商，互联网特别需要真情实感。

但是，我这里更加强调的还是理智，出现问题我们要有情商化解危机，但危机过后，我们要有更理智更科学的态度去处理出现的问题，哪怕是你最好的朋友，该补发的一定要补发，该退赔的一定要退赔，朋友们在乎的不是19元钱，而是你的态度。

"12个苹果"作为营销传播案例是非常成功的，但是也有很多值得我们总结的：

（1）营销区域问题。当时为了让更多的朋友能品尝到，我们没有做销售区域限制，新疆、内蒙、青海、齐齐哈尔等地都能购买，不仅运费高，而且那些地方天气很冷，包装也是问题。

（2）多个地方的生鲜农特产品大调运到一个地方二次分拣包装，不仅费用高，困难和问题也极多。

（3）不同品种的组合，想象很美好，但具体过程中还是要考虑大小、颜色的美观，还有包装的可实现性。我们的"12个苹果"当时强调个性，放进了小国光苹果，不仅颜色难看，不红不绿不黄，影响了消费者打开包装的美感，同时也增加了包装的难度，在其他苹果都是 80 果的情况下，放进一个 65 果，不紧凑，增加磕碰概率。

（4）包装时首先要解决安全的问题，然后才能考虑美观。当时我们为了美观，套袋采取露脸包装，特别容易磕碰。

推动农产品有尊严和有价值上行是我们新农人的使命和责任，虽然"12 个苹果"案例已经过去三年多，但它带给我们很多经验教训，值得我们学习总结。

（作者系中国电子商务协会新农人中心主任）

2015年，褚橙家族的"互联网+"元年

胡海卿

2015年11月6日—7日，我与新希望乳业电商事业部总裁、原好想你枣业副总裁刘朝阳，携星农学院40多位星农人前往褚橙庄园举办了一期游学活动，主题是："褚橙营销最权威解密与生鲜电商品牌战略"。

我们计划，每年褚橙飘香，都举办一期褚橙庄园的游学活动，一是自己希望每年都能看到一次褚橙的收获景象；二是希望把我们一年当中对"农业＋互联网"的实践和感悟与农业同行们进行分享和交流。

这是我第三次来到褚橙位于哀牢山的基地，今年，除了看到基地的管理变得愈加规范有序之外，更大的感受在于，褚橙已经开始明确地走上了"互联网＋"的道路，甚至可以说，2015年是褚橙的"互联网＋"元年。

一、2012—2013年：好产品即营销

2015年4月，《海底捞你学不会》的作者、知名学者黄铁鹰老师邀请我参加了《褚橙你也学不会》的新书发布会。没想到，与会的企业家、嘉宾之间发生了激烈争论：褚橙的成功是产品品质的成功，还是营销的成功。黄老师请在座嘉宾举手，印象中，认为营销起到的作用大的嘉宾占比更大些。

黄老师后来在接受媒体采访时，间接发表了自己的观点，他认为，互联网不能让二流（产品）变一流（产品）。

我个人同意黄老师的观点，并认为，褚橙即使在2012年没有遇到本来生活网和我，它的价值总有一天还是会被发现，并为人们所传唱。

因为，当一个产品做到极致，它浑身都会充满可传播的信息，更何况，有褚老这么一位"影响中国企业家的企业家"亲力亲为，作为产品种植者来背书。

作为一名昔日的媒体人、今日的农产品品牌策划人，我们只是找到了轻松

撬动一个品牌的"黄金支点"，让一个农产品的品牌得以在相对低成本、高效率的条件下迅速形成。

2012 年，褚橙品牌营销经历了四个步骤，而我是将其当作一组系列报道（公关）来完成的：

（一）启动期主题：《褚橙进京》

导语：昔日"烟王"，今日"橙王"。"褚时健 75 岁再创业，十年种橙哀牢山，85 岁通过电商本来生活网首次进京售卖褚橙"。

（二）拉升期主题：《褚橙成为"励志橙"》

导语：人生背后的苦，褚橙呈现的甜。让褚橙不再是一枚普通的水果，它已经成为了人们心目中的"励志橙"。

（三）高峰期主题：《褚时健倾城北京》

导语："春天看开花，然后橙子就慢慢长大了"，十年种橙哀牢山，生活在褚时健的面前已渐渐归于平静。而在 3000 公里外的北京，他种的"褚橙"通过食品电商本来生活网首次进京，受到了北京消费者的"狂热"追捧。褚橙一再脱销。十天间，单日销售纪录从 4 ~ 7.5 吨，而就在 19 日，褚橙的单日预订量突破 30 吨！这意味着，仅一天，就会有 150 000 枚褚橙摆上北京家庭的果盘。

（四）收尾期主题：《传橙·传承》

导语：人生总有起落，精神终可传承

2012 年可以称作是"褚橙元年"。这一年，褚橙成为了中国人心目中的"励志橙"，其市场价格拉升了 1 倍有余，销售期也缩短了 30 天左右，几乎只有以往的 1/4。

褚橙的成功让很多农人发现，"原来非标化的农产品也可以品牌化"，于是 2012 年，也被一些人称为是"生鲜农产品品牌化元年"。于是，从 2013 年初开始，不少触觉敏锐的农人组织开始崛起，并"千年难遇"很自豪地将自己称为"新农人"，而不少的新农人也开始用讲品牌故事的方法，致力于塑造属于自己的农产品品牌。

个人认为，这是一个好事情，但值得注意的是，要塑造一个好的农产品品牌，不仅仅要有一个好名字、一句好的推广语、一个好的品牌故事，更重要的是不要忘记产品的根本：品质。

褚老种橙，也曾经将橙子种得寡淡无味，不得不悄悄倾倒掉。最终，耗费十年之功，苦苦探索，才奉献出了清甜、芳香的褚橙——这种执着的"匠人精神"才是褚老再起的原因。

好产品即营销，好产品会让营销变得轻巧。

备注：2013年，褚橙的推广分为了三个部分："褚橙柳桃"组合装的推出；80后向80后致敬；"褚橙、柳桃、潘苹果—水果连连看"。连续三波推广，不仅让褚橙销售了1500吨，柳桃和潘苹果的在线销售也成绩斐然。

二、2014—2015年：好产品即平台

褚老的太太马静芬（我们多称她为马老师）是一位名副其实的女中豪杰，用现在网络时兴的话讲就是"女汉子"。

最近，马老师接受媒体采访时毫不避讳地说："褚橙以后绝对是家族企业，现在带的人不是褚家的就是马家的。"她介绍说家族业务目前划分成了五块：褚老种橙子，他个人也只是希望种植好橙子；马老师自己管一块；儿子褚一斌种植了一块，并会用褚橙标准去寻找一些优质农产品销售（据我了解，目前在关注东南亚的水果，很关注品质）；孙女褚楚管一块；有留学背景的外孙女婿李亚鑫、外孙女任书逸管一块（褚橙这么多年，外孙女婿一直陪在两老身边拼市场和打假）。

褚橙事业做大了，未来谁来接班呢？

"相马不如赛马"，这似乎是两老目前的想法，马老师说："看几年，谁管得好就让谁管，到时大家都服气。"

细心的人们会发现，2014年末开始，褚家的"下一代"陆续开始触网，他们小心翼翼地推出了电商网站"传承鲜品"，2015年更名为"实果记"（www.ynshijian.com，隶属于云南实建电子商务有限公司）。该网站除了在每年褚橙采摘之日，率先在线销售褚橙之外，还会销售一些经过认真挑选的特色农产品（云南出品为主），其中甚至包括产自云南的香水百合、阳澄湖的大闸蟹。马老师也成立了"云南褚马氏科技有限公司"，经营的新品类包括鲜花饼、松花粉、蜂蜜和褚酒，这些都是为网站"扩品类"的举措。

同时，他们在天猫平台亦新开设有"褚橙水果旗舰店"，2015年褚橙预售

期，里头褚橙的三个 SKU（5 公斤）:128 元（M 级）、148 元（L 级）、168 元（XL 级），销售数量很快接近 70 000 箱，并且最贵的 168 元的 XL 级占销售量的一半。

10 月 11 日，褚氏下一代的"互联网 +"探索在这一天更是达到顶峰，由褚老儿子褚一斌与天猫战略合作，联合推出了"褚氏新选水果旗舰店"，在这里不仅销售当季褚橙，还即将推出以褚橙为标准，通过观察甄选、局部介入、深度介入三个标准步骤，在全球范围内为消费者种植开发高端品质水果，褚一斌首先推出了他往返越南多次，最终认可的产自越南新宾的红心青柚（出于谨慎，褚一斌对外称之为"首次内侧水果"）。

全球选品的视野，符合褚一斌这么多年在国外创业、生活的经历。而"褚氏新选水果旗舰店"推出的当天，褚老的亲自助阵和发言、天猫异常热情的流量支持（天猫首焦图、单独推广页），亦让发布仪式现场气氛和在线销售显得异常火爆——6 小时，预售的 5 个 SKU 的褚橙销售了 26 万斤，截至到褚橙采摘日竟然销售了超过 7 万箱！

无论是自建网站，还是借助其他平台开设"旗舰店"，一款产品带来的巨大销售额、流量和影响力，重现了成就褚橙也成就了自己的"本来生活网"2012 年的一幕。

1960 年，杰罗姆•麦卡锡（E.Jerome Mccarthy）提出的 4P 营销理论，被归结为四个基本策略的组合，即产品（Product）、价格（Price）、渠道（Place）和推广（Promotion）。

有人说，在互联网时代，中国最聪明的人都干 4P 中的后两 P 的事情去了——拿着投资人的钱，"负费"做推广，希冀烧出一个 B2C、F2C、B2B、O2O 渠道或者平台的比比皆是。

而褚橙，通过一款产品，一款真正的爆款产品，似乎就将以上工作"毕其功于一役"！

我们做一个假设，某年褚橙采摘日，褚家宣布，从今天开始，褚橙只在一个网站销售，如 www.chucheng.com，且按褚橙种植选品标准，同时用 B2C 或者 C2C 的方式，放上 3 000 个优质食品的 SKU，结果将会怎样？

"我认为，最好的零售企业只需要卖一件产品"，这是优衣库的创始人柳井正说的，而我觉得，互联网时代的生鲜食品领域，只要有为数不多的几个爆款（根据季节变换，全年不断品），亦有可能成就一个拥有忠实用户的平台。

褚老始终如一地种橙子，而"下一代"的继承和发扬——他们进行的"互联网＋"的新探索，让观者亦感到欣慰和期待。

好产品即平台。我们也乐于看到，在农产品领域，用做产品的思维最终建成一个"平台"的可能性的出现，（谁敢说，每日流量数千万的小米官网不是一个超级电商平台呢？）

三、未来：好产品好品牌的粉丝化

在褚橙庄园游学的回程路上，途经新平，星农学院一行受邀参观了褚橙在新平的果品公司。

销售负责人王迁这两天压力比较大，原因是第一批通过"实果记"销售出去的果子，有些用户投诉，这让褚老很不高兴，"这两天，老人家都在抓着大家开会，要求把果子的拣选和品控标准提高，"王迁说，"今年加大了处罚力度。"

实际上，褚橙一年一季，工厂的工人一年工作不到一个月时间，休息了一年，尽管提前进行了恢复性训练和培训，前几批果子下来，让工人很快进入一个"熟手"状态有难度。

并且，工厂增加了新设备，果子要经过清洗、干燥（国内煤气贵，工厂将国外生产线工序中的用煤气加热干燥改为用电）、品质全息检测、上蜡（国外进口的可食用蜡）、分选、贴标、自动分装等多道工序。

"昨天生产恢复正常了，一开始难免有个适应期"，王迁一边说着，一边领着星农学院的学员参观褚橙新上的几条生产线。

"这三条生产线，每一条、每小时可以处理好 8 ~ 10 吨果子。"褚橙的工厂内，自动化程度已经相当高，今年增加的红外扫描环节，能够更好地检查出果皮、海绵层的破损情况，从而保证每一箱褚橙的品质（若一个果子果皮损坏，或海绵层太薄，这个果子就很容易在路途中腐烂，其流质中的细菌会很快感染到其他橙子，这也是我们曾见到过的，密封的盒子里，几个紧挨着的橙子腐烂如泥的情景）。

今年的褚橙多了一道特别的工序，每一枚褚橙上都被贴上了一个带有二维码的标签，用户用手机扫码后，可得到该枚褚橙唯一的编码，以及可以立刻关注褚橙的微信公众号。

10 000吨，6千万枚褚橙！它已经开始收集自己的"大数据"了，它已经开始有"褚粉"了。

在未来，没有粉丝的品牌，不是一个具有未来性的品牌，这里有两层意思：

（1）你的品牌具有社交性吗？它是否具有个性、趣味、温度，它是否能够聚集一批具有同样价值观、共同理念，会为同一事物而反应的人？总之，在他们的潜意识里，已建立了忠诚度。

（2）通过大数据链接粉丝，这个品牌（以及认可的系列产品）到达粉丝的成本将大大降低，这就是互联网时代的核心竞争力。

"励志橙"、褚老的精神，无论是不是在一个"大众创业，万众创新"的年代，都能激励几乎所有年龄层的人。褚橙用好自己"有温度的品牌内涵"当然是一个极为聪明的办法。

农产品的背后是农人，明星农产品的背后，一定有着一位匠心独具、具有独特魅力的星农人。

用好互联网，聚集和链接相信、追随自己的粉丝，用一颗虔诚之心回报一颗颗认同之心，这又是褚老及褚氏下一代正在给中国农业上的新的一课。

愿褚橙历久弥新，愿在褚老的感召下，中国出现更多的星农人代表——让星星遍地，照亮原野。

（作者系北京天下星农投资发展有限公司创始人兼CEO、星农学院创始人）

倪老腌小"辣椒酱"如何做出大价值

崔丽丽

　　倪老腌专攻辣椒酱，进入这家四皇冠淘宝集市店（俗称 C 店），没有其他类目店铺的琳琅满目，却有着别样的景致于斯。篆体的繁体字提示，这里是互联网彩色辣椒酱的传奇品牌。映着满山绿意的老宅第，古朴的碗碟盛着鲜艳的红色、姜黄、翠绿、亮黑……色彩各异的辣椒酱冲着视觉神经而来。每张精美的产品图片下面配以"嫣紫、遇顺、前味、将福"等产品别名，这些别名用带有吴越之腔的江浙方言都可以巧妙演绎出产品的主料。嫣紫是姹紫嫣红的紫苏，遇顺是翠绿似玉的莴笋，前味是深酱色的茄子，将福是烟褐色的豇豆……

　　配以倪老腌特有的泥印标记，透着古时江南富庶之地食文化的风雅。这第一眼就不自觉地被吸引，最重要的是他家的辣椒酱味道鲜美，令人回味无穷。

辣椒酱是寻常人家再普通不过的调味品，剥蒜切姜剁椒，拦盐尝味纳瓶，这是记忆中的最熟悉的场景，也是妈妈操持日子的剪影。以辣祛寒湿，以辣交知已。小小辣椒，上可为富贵宴席如虎添翼，下可为家常日子提鲜吊味。不择地利，辣椒易丰盈；不择家底，一串串红火的辣椒曾经照亮过多少门前屋后。离家多年，更忆家乡味，在这个食物极端丰富但又充溢危机的年代，想念的是那开始的滋味，也是魂牵梦绕的滋味。恰是这无奇的单品，却让倪老腌做出了大学问。

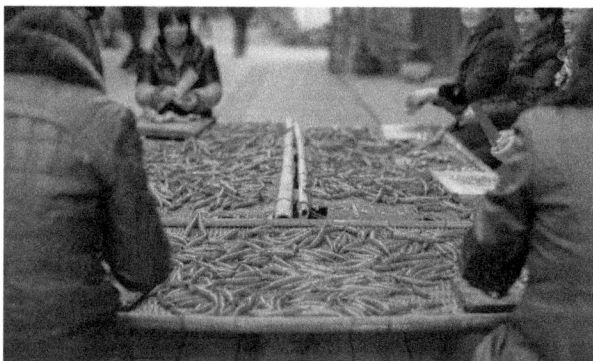

倪老腌创始于 2013 年 6 月，这已经过了 2006—2010 年淘宝网店创业的黄金时期，做店铺已经不是那么容易成功了。倪老腌也有刚开始做网店的懵懂，经过不断的摸索、试验才成就了现在的倪老腌。让我们从如何做一款互联网产品来说说倪老腌的故事。

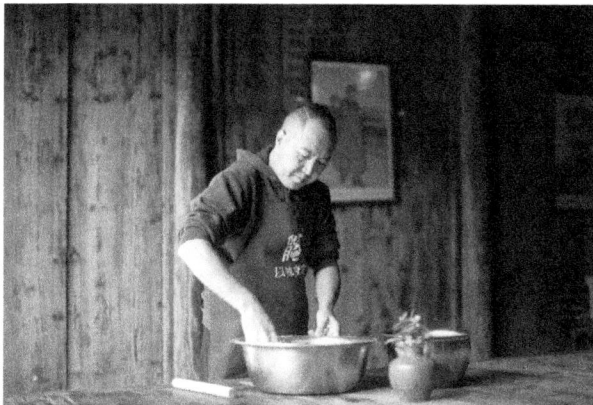

一、好产品，好定位

互联网时代的生意不同于工业经济时代的生意。网络连通全国、世界，我们可以将具有各色要求的消费者通过网络集聚起来。先寻找市场再匹配产品是互联网时代生意的逻辑。倪老腌的理念之一：好产品是王道。自从发现自家茶楼里配饺子的辣椒酱经常被客人顺走之后，倪老腌决定在网上销售独门辣椒酱。辣椒酱界已经有了享誉全球、销量第一的"老干妈"，那么倪老腌就必然不能是"老干爹"。既然选择了单品，那么就要做到最好。倪老腌最开始的定位就是专门为高端消费群打造辣椒酱。处女座的倪老腌创始人倪向明，他的执念就是把一个细分品类做绝，精耕细化市场，尝试用互联网思维卖辣椒酱。

二、辨需求，精设计

倪老腌身边有不少追求生活品质的朋友，喜好交友的他深知这些朋友吃惯了山珍海味，嘴巴都挑剔得很。这年月山珍海味易求，一碗带着家乡味道的辣酱却难得。缺乏自然的食材，没有纯手工的制作，难求小时候记忆中的原汁原味。市场对于天然生态农产品的明显偏好，正是农产品电商的优势。对此，从设计、选料、备料到加工这三个环节，倪老腌用足了心思。

传统的辣椒酱以红色为主，为了做出一款"不走寻常路"的互联网辣椒酱，倪老腌首创彩色辣椒酱。这个灵感也来源于孕育倪老腌的这片土地。良好的自然环境孕育了丰富、天然的食材。仅丽水的生态就足以满足大城市的人们对于大自然的向往，"天然食材"是倪老腌的选料关键词，新鲜采摘、手工制作成就了这一款好产品。

（一）选料：高山种植各色土椒

丽水山里空气好，海拔高，高山种植的土辣椒是最合适的原料。倪老腌专门与农户合作，采用当地农家种植的线椒、美人椒、朝天椒、蒜、黄姜、优质花生油及本地出产的优质山茶油。各色土椒的选用也不全是为了调色，线椒调颜色，美人椒调口感，朝天椒调辣味。

（二）备料：新鲜采摘限量储备

辣椒酱的制作需要提前备料，同时又保证新鲜。辣椒原料每天都可以采收，因而备料的原则确定为每次在冰库里准备下一周制作生产所需的量，大约 2 ~ 3 吨，刚刚好。

（三）加工：原汁原色原香原味

工业化的产品没有了家的温度和味道，为此倪老腌采用全手工流程制作。纯手工剁椒，确保辣椒成段，生姜和蒜头充满颗粒感。食用时辣椒颗粒大小不一的不完美，完美呈现了它的纯手工、纯天然，给人以手工制作的第一印象。为了突出颜色，保证健康，没有亚硝酸盐，直接省去中间的腌制过程。切配完成后用滚热的花生油或山茶油来浇，使产品色泽亮丽，增加大蒜的香味。这一系列的制作方法还申请了专利，成为了独门秘笈。

三、精于心，求极致

好产品是受众体验的核心，而打造极致体验还需要精心打磨包装，丰富产品内涵。包装设计要在消费者第一手拿到，第一眼看到时就体味到产品的真实调性。作为一款天然无添加手工制作，承载着乡情味的辣椒酱，倪老腌这样做了。

为了美观，盛辣椒酱的瓶子是倪老腌亲自从一大堆大小形状各异的玻璃瓶中千挑万选产生的。为了解决运输途中漏油的问题，在选择瓶盖时采用倒置一晚的测试，找出能够拧紧不漏油的瓶盖。包装上的泥印、纸扎、人工盖印、扎口，简约而不简单，洋土结合充满互联网风情。同时，还配制了一款精美的小木勺，把手工编制的漂亮吊坠穿在木勺的末梢。加上搭配的龙泉青瓷小碗，这份看似小的心思为"倪老腌"加分不少。漂亮的勺子和小碗甚至应顾客要求成为单品进行销售。更不用说贴心的叶子形状的红色开箱小工具，提醒可定制口味的小卡片和温馨的提醒短信等令顾客印象深刻的小妙招。乡情乡味透着这些用心的包装直达顾客的心窝。

　　除了产品的包装设计突出了丽水的乡土乡情，让顾客通过包装更加贴切地感知到倪老腌的用心外，发货速度和到货速度也从另一个侧面让顾客感知这家网店所代表的品质与信誉。玻璃瓶真空封口、加厚泡沫箱保护、温馨提示和大红色多层胶带封箱及附赠的开箱器，这样的处理解决了客户最顾虑的两个问题：实际到手的产品带来的感觉是否和网店页面带来的认知是一致的；发货的速度和产品的保护是否让人放心。为了做到这两点，倪老腌也花了许多心思。特别是对于无添加无防腐剂的辣椒酱，如何解决夏季运输问题，他专门开发了夏天包装：包装盒中预留放两个冰袋的位置，放置冰袋。真空包装后，采用快递配送的产品一般保证在三天之内送达。同时，为每一位顾客设置了温馨的发货提醒短信。

　　除了在设计、加工及包装运输环节处处追求极致以外，如何长久地留住初次尝味的顾客，保持产品的高定位、高价值，那就是为倪老腌品牌注入更多的深层次的内涵，这是对产品个性化和差异化的重要补充与强化。这种文化和情结的根植，使得许多后来者无法企及。在距离丽水市区 20 公里的碧湖镇和大港头镇境内，坐落着有着深厚历史文化底蕴的古堰画乡景区，大大小小的古村落、石子铺成的古道和一大片古樟树群，构成一幅动静皆美的风景画。

倪老腌将产品制作、加工、体验的场所设置在这里，安居在古堰画乡，方便就地取材，也是为了勾起消费者儿时的回忆。"倪老腌"的制作车间就在一栋几百平方米的古宅里面，从食材的收集分拣到制作装瓶，都让当地农人参与进来。

这种新农人的经营方式，让顾客亲身亲手体验这种朴实与真实。来这里的游客可以参观倪老腌的手工加工制作过程，品尝辣椒酱，参与剁辣椒，还可以手机扫码支付完成，线下购买自己亲手制作的辣椒酱。置身于风景如画的浙南水乡小镇，带着这美丽的乡土亲情走天下，回味时自然就想到了倪老腌。

四、建口碑，交朋友

好产品离不开好体验，当然也需要更好地让顾客了解、知道、记住和留恋。倪老腌从最开始懵懵懂懂开网店做销售，到逐步完善产品，并且采取了许多吸引顾客、留住顾客的好办法。最开始为了推广产品，倪老腌采取了付邮试吃的方式，让更多的朋友知道有这么一个产品，有这么一个品牌。产品不断完善，使得很多顾客留下来守住倪老腌这个品牌。针对老顾客，倪老腌会采取老客优惠等方式，在淘宝平台改版创新之后，在微淘中推出美食教学、粉丝使用积分可以免费获得辣椒酱等活动。

  在推出新品野生溪鱼干辣椒酱时，采用了淘宝众筹推广的方式。"鱼跃龙门，助学成才"活动帮助支持农村学子，这与高考的热点高度契合，不仅为帮助支持农村学子项目带来流量，同时让流量做到重复利用，堪称完美的策划。

  除了策划各种活动以外，客服的作用也不可小觑。与客服交流时，客服会非常主动打听顾客对产品的需求和奢求程度。比如"你平时口味重不重啊，大蒜吃不吃，生姜吃不吃？"他们的服务注重文化的传承，就像是乡土山村朴实的慰问和友善的交流。这也是倪老腌创始人倪向明关于客服的一种理念：下单前少聊，下单后多聊。他规定，在顾客没有下单之前，不允许客服和客人过多地聊，拼命推广，而采取的是客人问一句答一句的方式。不紧不慢地跟着顾客的节奏走反而更容易获得订单。相反，只要发现顾客下单了，就从核对地址开始交流，询问顾客的口味，关于大蒜、生姜的禁忌，想办法聊开，聊到最后"以辣交友"。通过这个过程让顾客觉得，这里的服务和其他店家不一样。顾客的特殊要求，只要是合理的也会一一满足。辣酱有价，情意无价，健康无价。

  有生活有情怀有服务，有品质有魅力有定位的倪老腌这样做农产品上行。你学会了吗？

（作者系上海财经大学研究员）

东方巧克力——弥糖的网红之路

井然哲　杨　林

红糖、红烟、红酒，作为弥勒市响当当的三红产业，在不同的历史时期奠定并创造了弥勒市的经济发展奇迹，深远地影响了生活在这片热土上的人民。其中，红糖作为弥勒市三红产业中历史最悠久的一红，拥有 400 多年的种植和生产加工历史。伴随着清末一代巨商、弥勒虹溪人王炽的崛起，行销海内外，成为弥勒市的主要外销产品。改革开放后，蔗糖产业曾经撑起弥勒市 GDP 的半边天。但后来因为一些错综复杂的原因，导致弥勒市红糖产业陷入了前所未有的发展困局。大厂停工，民间小机榨与小作坊开始野蛮生长，产业标准的缺失，同质化低价竞争，品牌与食品安全意识的缺失直接导致弥勒蔗糖产业陷入了前所未有的危机。曾经的弥勒人的骄傲变成了现在的"红之殇"。

在这种情况下，弥勒市的一群创业者觉得该为家乡的蔗糖产业做一些力所能及的事情，让弥勒红糖这个有历史、有文化、有传承、有营养的产品走出阴霾，重新焕发生机，于是就有了弥糖的网红之旅。

一、市场调查与数据分析是基础

2016 年年初弥糖创办，他们花了近半年时间对弥勒的蔗糖产业进行深入的走访调研。从弥勒竹园镇、朋普镇（云南甘蔗主产区之一）的田间地头到民间的数位制糖传承人，再到中国最大的甘蔗研究科研机构——云南省甘科所。他们从源头一路追溯到红糖的生产制作工艺环节，又对红糖市场进行了分析和研究。对弥勒的红糖产业有了进一步的了解和认识。通过调研他们发现，目前的红糖行业缺乏国家标准，对红糖的定义多种多样。除了传统甘蔗榨汁熬制成型的原汁红糖以外，还有些添加一定比例白砂糖熬制的赤砂糖，更有打着"冰红糖"名义的用白砂糖熬制的冰片糖等。这些产品都冠以"红糖"或者相关的名称在市面上销售，导致整个红糖市场鱼龙混杂。消费者如果不具备一定的鉴别能力，很难购买到真正想要的纯正原汁红糖。因此，弥糖团队开始思考，如何切入这个市场，让更多消费者认识弥勒的纯正红糖并能够便捷地购买到。

对比了线下销售和线上销售模式和它们的优缺点以后，团队对弥糖的产品线进行了梳理和规划。云南作为中国的旅游资源大省，旅游伴手礼市场也伴随着旅游的发展而得以高速增长，把弥勒红糖打造成一份伴手礼是弥糖的主要目标。同时，融合电商销售渠道也是未来品牌的必经之路。所以，一开始他们就给弥糖品牌制定了一系列标准，对品质也提出了要求。

弥糖团队坦言，品牌成立之初，他们只有一个复兴弥勒蔗糖产业的目标，并没有清晰的思路与具体实操的方法。而通过前期细致全面的调查，逐渐理清了思路。对调查的数据进行分析与总结，也让他们找到了明确的操作切入点。对于初创品牌和团队而言，详细深入的市场调查非常重要！

二、品牌文化与产品设计重点

中国已经迎来了全面的消费升级，消费者从满足过去的基础物质需求逐步上升到兼顾心理需求的新消费时代。当今成功的品牌都具有自己独特的文化与精神。诸如褚橙，褚老种的橙子品质自然不必说，但消费者认识到褚橙这个品牌并不是通过产品本身，而是从褚时健先生充满曲折和传奇色彩的人生经历中得知的。褚老的故事充满了励志精神，很大一部分的消费者一开始购买褚橙就是奔着这份励志精神去的，褚老和他的励志橙好似这个浮躁时代里的一股清流，滋养了消费者的味蕾，更滋润了心田！

在弥糖团队看来，新时代的品牌一定是品质与文化的共生，二者必须紧密结合，犹如 DNA 双螺旋的结构般相互支撑。所以，一开始他们就重金聘请了云南新锐文创策划团队。同时为了让设计团队对弥勒红糖产业有一个相对全面的了解，他们的创始团队又带着设计团队从头调研一遍。通过与设计团队长达两个月的不懈沟通，最终敲定了弥糖的品牌定位和设计语言。

弥糖的 VI 设计充分结合了弥勒蔗糖产业的历史和文化，LOGO 的外观从弥勒红糖独有的元宝形状上获得灵感。

SWEET MILE

弥勒之甜

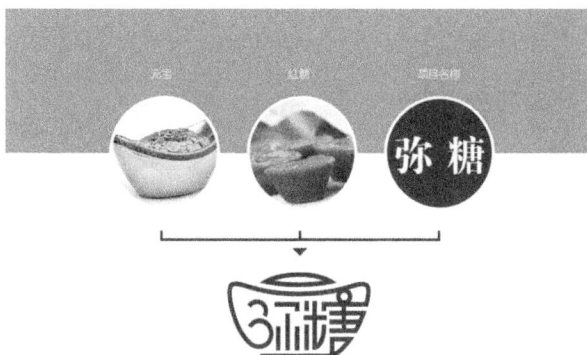

弥糖想要在目前鱼龙混杂、竞争激烈的市场中突围，就一定需要树立自己的品牌形象，所以他们设计了具有超高辨识度的 VI 体系。这个视觉体系又不是凭空设计的，而是结合了弥勒蔗糖产业的历史和文化演变而来的。可以跟市场上的同类产品拉开较大的差距，建立自己独一无二的品牌文化和辨识度。

通过对弥勒蔗糖行业历史的深入研究，他们发现"钱王"王炽对蔗糖行业

的发展有着深远的影响，随着王炽商业帝国的崛起，通畅的商路为弥勒红糖行销全国打下了坚实的基础。而王炽早期创业时也通过红糖赚到了第一桶金，为后续的发展奠定了基石，最终成为清末一代巨商，被英国《泰晤士报》评选为19世纪全球第四大富豪，同时王炽还是中国封建社会唯一一个"三代一品"红顶商人。时光流逝，他的生命早已化为尘土，然而，王炽的创业故事、营商谋略、浮沉轨迹、豪情义举，却一直流传于坊间，成为中国商业史上一段传奇，引人深思。

基于这些思考，设计团队为弥糖设计了钱王王炽的卡通财神形象，并对传统元宝糖的外观进行了优化创新，推出了体积更小巧和更精致的小元宝红糖，与钱王的卡通外包装形象相关联，实现历史文化与视觉辨识度的高度结合。

在外包装的设计上，弥糖也针对不同的销售渠道和销售场景进行了深度开发。比如针对传统线下的伴手礼市场，消费者喜欢体积大、喜庆的包装，稍微上些年纪的消费者比较在意产品的数量和重量，所以就推出了比较复古和喜庆的小方盒装，外观设计灵感来源于20世纪80年代初糕点的包装特点。这款产品的净重做到了1000克，一次买两盒还可以附赠一个设计制作精美的手提袋，方便携带。

还有一款针对办公室白领们准备的红糖姜汁糖粉，颗粒状、旋盖瓶装，不但能快速溶解，而且美观大方、便于携带，取用的时候也方便卫生。这款产品也具有一定的保健功效，可以驱寒暖胃，比较适合冬天的时候冲饮。

最后这款红糖花茶是弥糖团队针对用户的反馈开发的新产品，首先从产品形态上来说，市面上很多红糖都采取糖和花混合在一起的生产制作工艺，这样成本是低了，但是不卫生，也不安全。因为花瓣本身已经被烘干，而红糖本身熬制成型的时候还伴有水分，两者在融合的时候会让花瓣吸收到水分，如果不经过严格的烘干工艺，很容易让产品产生霉变。而他们的红糖花茶把红糖和茶包分割开来，最大的好处是可以避免茶包里的花瓣吸收红糖的水分产生霉变，同时还可以让消费者自行选择是否添加茶包和添加量的大小，非常人性化。

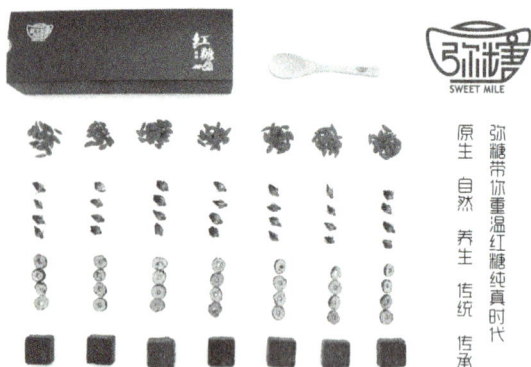

包装也全都采用小型的食品级塑封袋，可以单独放在包里带着出差，食用的时候开袋即可，整个过程中手指都不会触碰到糖和茶包，非常干净卫生。对于外包装，他们进行了大胆的创新，引入了香烟的包装思路和理念，让这款产品的整个外观有一种高端大气上档次的即视感。这款产品一经推出，备受消费者的喜爱和好评。可见产品创新对于品牌和销售的重要性。

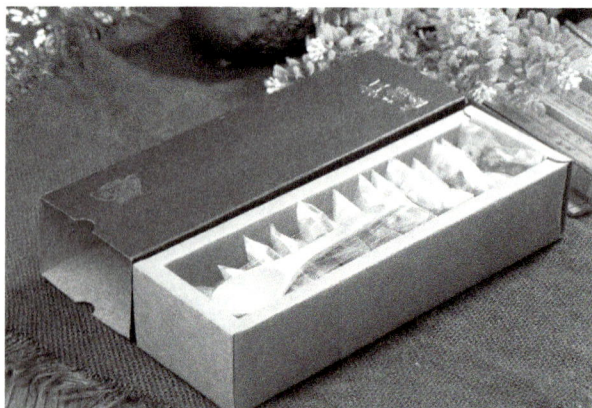

弥糖团队通过对弥勒蔗糖产业历史文化的挖掘，通过对市场的洞察和理解，有针对性地设计开发了新时代的红糖产品，为后续的热销打下了坚实的基础。

三、销售模式与渠道创新为发展赋能

产品研发成型以后，弥糖团队开始关注销售渠道和销售方式，通过近一年的探索，他们确立了两条销售主线：一条是线下；一条是线上。

线下渠道主要依托特产店和旅游风景区，针对的目标客户群体是游客和送礼的客商。传统的线下渠道因为没有太强的品牌概念，更意识不到渠道管控的重要性，导致终端市场缺乏有一定影响力的品牌，销售价格也是一片混乱，同行之间恶性竞争致使所有商户都没有获取合理的利润。有的商户为了追求利润，大胆采购一些小作坊的三无产品来进行销售，而消费者又很难分辨出来，最终无形中伤害了消费者和行业从业者，让行业陷入了发展的恶性循环中。弥糖的出现，有效地改变了这种困境，他们从品牌入手，通过视觉感官和媒体宣传，强化品牌概念。同时从源头抓质量，为经销商提供一整套放心的食品安全质量保障体系，并以此作为一大卖点进行强化宣传。最核心的一点，他们对产品的市场零售价格有着严格的要求和管控，所有签约商家必须执行最低零售价政策，也就是零售价格不得低于他们的要求，如果有商户违反，一经发现，并调查确认属实，即刻取消销售代理资格。这样的坚持换来的是线下销售商的支持与欢迎，销量稳步增长。而这一切，都是他们从研究微商渠道模式中得到的灵感与启发。

在线上渠道，他们主要依托传统的淘宝和微商渠道，今年开始正式切入网红直播电商渠道。如今的电商渠道竞争已经进入白热化阶段，以红糖为例，在淘宝输入"红糖"关键字进行搜索，结果显示出约 4000 个商品。弥糖作为一个新生代蔗糖品牌，如果不做推广，几乎不可能有流量，而淘宝的流量太贵，天猫门槛太高，他们作为初创小品牌，很难承受。所以，他们做了一个大胆的决定，去阿里化，只开设一个淘宝店，方便客户查阅。把整个线上运营重点放在微商渠道和网红直播渠道。通过精耕细作，一个代理一个代理地招募，并为代理提供一对一的服务，这样虽然比较慢，但是贵在有效，他们投入到微商代理渠道的努力多多少少都有了成效，订单陆陆续续地多起来。随着代理的增多，有代理要求他们就提供完善的产品宣传内容，除了传统的图片和文字外，小视频的诉求越来越强烈。为此，他们开始研究网红直播电商平台，通过朋友的介绍，他们找到了国内做网红直播的电商平台，并很快与其建立了合作关系。通过网红直播推介的方式销售弥糖产品，同时又把这些小视频发给弥糖的代理商进行传播，让代理们分享到各类微信群里进行传播，促进销售。

目前，弥糖团队正在抓紧研发更适合网红直播渠道销售的新品，产品有亮点，包装有创意，场景有创新，毛利有点高。争取在网红直播电商渠道把弥糖品牌打响，实现一波销售和利润增长。

2016年榨季开始前，团队完成了弥糖的品牌定位和设计，开始打造产品。因为执着于品质与安全性的追求，经历了数次合作供应商的更换。这个过程坚定了他们把弥糖做成弥勒糖类行业知名品牌的决心和信心！

通过17个月的探索与尝试，通过不断的沟通与努力，弥糖终于解决了供应链与品控难题。目前，弥糖以弥勒红糖为主，以冰糖、黑糖、功能型糖粉等产品为辅，打造出了蔗糖系列产品线。目前已经开发了三大系列，十余个单品，是目前云南省糖类产品线最丰富的品牌之一。

弥糖品牌创办之初，就把产品定位为绿色、健康、时尚、创新的新生代蔗糖。为了达到这一目标，通过引入电商品牌的运营思路，从产品的VI设计、外包装设计、消费场景化、销售模式等方面都以电商渠道的标准和理念来打造。同时，弥糖充分挖掘弥勒蔗糖产业的历史与文化，拍摄了精致的宣传视频，制作了精美的配套宣传资料。

通过不断的探索与尝试，目前弥糖通过线下特产店等渠道进行销售，产生的收入已经可以覆盖团队运营产生的成本。计划2017年年内完成50万元的销售目标，2018年计划完成100万元以上的销售目标，逐步将弥糖打造成为云南乃至中国红糖行业的知名品牌，振兴当地蔗糖产业！

最后，通过弥糖的发展历程，我们可以总结出以下几点打造区域农副产品品牌的经验：

（1）市场调查与数据分析是必须要进行的，只有通过这些调查与分析才能进行更准确的定位。

（2）打造品牌要注意品质与文化的双融合，产品历史文化可以帮助产品提升在市场中的辨识度和竞争力。

（3）新零售时代的来临，对品牌的渠道建设与销售模式提出了更高的要求，唯有不断探索创新才能应对这种挑战。

（井然哲，上海财经大学副教授；杨林，云南省弥勒电商协会会长）

农特微商的组织化探索
——农友会的初衷与促动路线图

李芳华

农友会，创立于 2014 年 5 月 8 日，地点在广州，目前是互联网上最具影响力新农人社群之一，累计付费会员超过 1370 个，从开始创办就坚持走付费方式，会员制度模式运作。截至目前，农友会前前后后在广州一共举办过 5 次全国性新农人峰会，影响力在不断地扩大。在农特微商板块，农友会的社群团结了一批致力于品牌农业的年轻人；策划的新农人行业峰会，普罗大众，传播社交媒体营销知识；赶上"大众创业，万众创新"浪潮，我们对国家倡导的"互联网+"农业、农村电商起到了积极的促进行业快速健康发展的作用。

特别值得一提的是，2017 年 5 月 13 日在广州白云国际会议中心成功举办了首届农特微商节，当天参展商近 200 家，邀请了新农人行业影响力人物毕慧芳、胡海卿等助阵，活动人气爆棚，参与活动的人数超出 3000 人。第一次举办属于年轻人的农特品牌展览会，可以说是 500 万新农人的盛大节日。人气爆棚的背后我们看到，现在越来越多的年轻人投身农业各个环节创业，跨界合作的渠道越来越多，不断为中国农业注入新鲜血液，为中国品牌的农业腾飞积聚力量。

一、从新媒体运营到农特微商

说起创办农友会的初衷，此时内心还是激动，因为当初并没有想到今天我们可以走到这一步。原来农哥是做淘宝工作的，在经过 4 年的淘宝电商经验积累后，起初自己想创业，后来发现 2014 年已经不是一个很好的淘宝创业时间点了。

所幸当时做淘宝的时候，出于个人兴趣爱好，我自学社交媒体，从平时工作中抽出精力运营了一个内容账号，这个账号截至目前已经运营了 6 年，它就是新浪微博"网店运营那些事儿"，目前粉丝达 65 万，粉丝全部都来自淘宝从业者。基于我有这个电商大号的缘故，我个人的朋友圈在 2013 年 12 月底，做了一次引流，通过一个淘客资料吸引了一批粉丝前来关注我个人微信，这个动作让我一晚上积累了 4000 个粉丝，当时微信还没限制好友数量。

迎来一波粉丝之后，我通过个人号为电商从业者服务了一段时间，主要是通过朋友圈，免费帮忙发布店铺转让、货源对接、淘客招募、公司招聘、个人求职、商标转让等信息，这一招让我增强了与粉丝的黏性，通过平时的沟通，大家对我更加信任。

但好景不长，我发现朋友圈卖化妆品、假货高仿 LV 包、手表、钱包等物品的人越来越多，朋友圈营销一度成为火爆的新型营销方式被大众关注，当时还不叫微商，只是营销人员把朋友圈当作一个宣传平台。

这使我觉得朋友圈这个新的社交平台跟以往的微博不一样，它的好友来源和信息展示方式更利于社交电商的实现，所以当时没经验的我，也随波逐流，尝试把自己的粉丝资源导入几个做化妆品的朋友公司，结果做化妆品朋友圈营销的大部分从业者是女性，她们经常会有很多线下交际活动，这样的氛围有时候令人陶醉，令人容易迷失自己，是虚假的繁荣。我经历几个月的迷茫后，认为应该寻找另一个领域尝试一下。

偶然的一个下午，我发现朋友圈有粉丝发一些家乡的土特产图片，由于我也是来自农村的，对这些乡土风格的内容特别有感觉，我就搜索了一下"蜂蜜"、"土鸡蛋"关键词，发现朋友圈里面有很多卖家乡特产的人，我琢磨了一下社交平台大家常分享的内容，大部分都是一些吃的场景，哪里有美食，晒一晒，去哪里好玩，风景晒一晒，这激发了我的灵感，这不就是农产品最佳的社交展示平台么，顺势而为，吃的总是那么有诱惑力。

于是我灵机一动，把前几年在淘宝建圈子的经验以及推广的服务模式，搬到农产品领域试一试。我在个人朋友圈发了一条内容："农哥要做农产品，请问大家家乡有什么好的可以推荐？"意想不到的是，一条消息在朋友圈瞬间得到几百个评论回复，大家纷纷主动向我推荐家乡的特产，我很兴奋！发现这个人群有可能是接下来朋友圈的一大主力军，农产品微商势必会慢慢崛起，相信越来越多的年轻一代会跨界做农业，这个社交媒体（微博、朋友圈）将是大家发挥的平台。

二、从社群维护到农友会

2014 年微商正处于风口，非常火的还有社群经济，社群一度被各行各业的意见领袖热捧，大咖们纷纷建立自己的阵营（VIP 会员群），这些群野蛮生长。当过度盲目地收割粉丝利益后，越来越多的微信群变成无人管理的广告群，其中广告满天飞。

看到这个现象后，我首先是认可社群的作用，但需要维护运营，不能是纯偶像膜拜，而且兴趣群或者行业群，应有精准的用户，有一批志同道合的人聚在一起，这样才能实现 1+1 大于 2 的价值。所以农友会一定要实行付费制度，而且会员是终身会员，不实行年费制。理由很简单，新农人是一个刚刚崛起的中小创业群，特别需要社会的关注以及抱团互相学习，需要有帮扶精神的社群组织为他们拓宽思维，增加一些营销知识，需要多一些招募代理的机会以便和渠道平台对接。基于我们农友会刚起步，未来也不打算一直通过付费会员模式盈利，因此，我们模式设置的初衷只想通过一定费用门槛筛选认可我们的用户，以及有一定意向从事农业或者已经在农业上创业的人，这一批人将是我们抱团互助的首选。

大家起初只是想进来多加一些好友，认识一些人，拓宽人脉交际圈子，多向一些优秀的人学习，基于这些目的，把一批人聚在一起，来实现一些诉求。

但我个人想做的是，通过这个农友会社群，从小开始，一定要使我多年的社交经验和资源人脉的积累派上用场，孵化几个农特品牌出来，证明自己的资源是有价值的。所以我们社群慢慢出来一些小而美的农特品牌，比如"6 娘"，这个品牌是农友会会员自发合作产生的，6 个不同地方的宝妈一起创立的产品品牌，对它的定位是做家庭养生系列产品，这个在当时农特微商早期属于微商团队的合作案例，6 个妈妈一起抱团联合出品，保证了产品的销售渠道、品牌的快速传播和客户积累。而农友会作为一个社群平台，我们在会员内部群极力推荐大家合作，农哥朋友圈不定期发布关于"6 娘"产品发展的素材，每一次都推荐引流，所以在特定的时期，我个人自媒体＋社群的力量促进了这个品牌的发展。

这个案例让我大受启发，原来通过微信构建的新的人脉生态圈，一个封闭的信息平台让我们彼此的信任感增加。农产品是一种非标准化的产品，特别是水果，完全是基于对家乡的情怀和吃货的诱惑产生的交易。作为一个初创品牌，社群本身内部为你提供信息发布通道，而且群主亲自为你做背书站台，把朋友圈粉丝导入给品牌创始人，扶持他建立人脉圈子，协助招商代理，这大大缩短了一个人或者一个品牌的成长周期，或者增加了成功的可能性。

有了一个代表后，对于后面的新农人，就有了可参考的案例了。

让农友会一战成名的农特品牌"你好芒"，其创始人叫张凯旋，一个90后连续创业者，他做的是海南的芒果，他的父亲是海南很早的一批知青下乡创业青年，他在基地种植了很多芒果。而凯旋一直关注农友会的发展。我们结缘也是在一次会员下午烧烤活动上，他轻声告诉我，2015年年初想做家乡的芒果，我当时一听，心想，时下卖芒果的比较少，不知道这个产品大家有没有兴趣。因为都是社群的会员，当时就答应了他，产品上市前，去一下基地帮他宣传。

无意间，发现凯旋在产品策划方面有天赋，一个简单的芒果，取名为"你好芒"，加上一个可爱的卡通形象，特别吸引眼球，觉得很个性化，很有趣味，特别容易吸引人去拍照分享到微博、朋友圈。结果就是，我去海南基地，现摘现吃，拍了一些诱惑人的产品细节图，一发朋友圈，大家纷纷点赞评论，表示很想要购买，而且当时我们穿着"你好芒"定制文化衫，格外吸引人注意。

凯旋的"你好芒"品牌，给很多还在埋头做产品的人一个启发："做品牌"，做个性化的品牌才能在社交媒体（微信、微博）上引爆，才能让自己的产品被记住，脱颖而出。而团队管理上面的新颖想法，也让更多的经销商甚至你的客户有了"参与感"，进一步促进了这个产品的传播。让"个性化品牌"之风在农特圈蔓延，这贴合了农友会这个以80、90后群体为主的社群风格，影响了一大批的会员，大家纷纷利用社群、自媒体做起了自己的小而美的个性化品牌。

当时"你好芒"也是刚刚起步，凯旋尝试用朋友圈招募微商代理。我们在社群内部和农哥朋友圈都围绕芒果做宣传，一大批粉丝表示要成为分销商，就这样，在很短的时间内，整个农特微商圈都知道，有一个火爆朋友圈的芒果品牌，叫"你好芒"，而创始人张凯旋也被各大社群邀请进群分享经验，"你好芒"案例被广泛传播。

"6娘"、"你好芒"品牌的成功，让农友会社群的会员找到了社交媒体的玩法，时令性水果是天然能够激起用户消费冲动的食品，每个季节都有新鲜水果上市，消费者愿意尝鲜。所以不管是经营水果还是深加工农产品，总有一些善于运营的微商或个人独领风骚，总有一批具备人格化、趣味性的农特品牌迎来机遇，比如梅州柚子（李金柚）、茂名荔枝（荔枝妹妹）、安徽野鸡蛋（博士妈妈）、阳澄湖大闸蟹（蟹鲜生）、福建古田银耳（耳菇娘）、陕西富平柿饼（柿大大），等等。

三、坚持做好农特微商生态圈

从农友会社群发展起来的农特品牌越来越多，我们也意识到社群的价值，农哥平时的工作也是以手机微信为主。

第一，社群管理，需要在群里面跟大家实时保持互动，引导大家多分享和多沟通。

第二，每天都接收会员信息发布，这是一个常态的工作，这也是农友会社群的价值所在，创始人愿意帮会员发布信息，这是一种很直接的引流方式，同时这也是社群的核心功能。

第三，基于农产品特性，如果时间档期允许，我都会接受会员邀请，去原产地亲自考察，收集素材，在朋友圈连续多条推荐，这样做的效果比纯发布信息好得多。

经常有人问我，农哥，农友会到底是一个什么样的社群？

我不好回答，因为我觉得还有许多工作要做，目前来看，农友会是一个精准的农业圈子，群里有很多从事农产品的创业者，大家互相交流学习，互相支持，互相推荐渠道资源，社群的价值是会员之间互相促成，彼此合作。从大的方面讲，农友会通过社群方式，带领了一批懂互联网，懂电商，走在农特微商最前面的一批新农人创业走出去，他们是最早一批借微商的势，借社群的力，用在自身品牌的宣传和营销上，并且取得了一定成绩的人。

而农友会一次次坚持举办社群活动，无非就是希望大家在农业圈里面慢慢体会，释放我们自己的声音，这就是农友会社群模式存在的价值。

一个人做一件事，背后有一个组织或一个有相当行业影响力的人助力，这就类似于贵人相助，借力优先获得行业关注度。一个人或者一个品牌有了一定的影响力，资源就能吸引过来了，强者越强就是这个道理。

另外，农友会的价值远远不止这些，只是由于我们是会员制度，优先为会员服务，但农友会从 2014 年 12 月开始，从第一届农友会年会举办开始，也对外服务了。通过行业会议活动，我们让新农人找到了归属感。农友会已经带领一批新农人往前冲了，眼下的成绩还不理想，希望吸引更多有兴趣做农业的朋友，或者有更多农业资源的朋友加入我们，一个社群的发展壮大，离不开每一位参与者。

新农人是自带资源的，你手上有产品或者有渠道，背后一定或多或少也有人脉和渠道资源，这一批有帮扶精神的新农人，有抱负，有信念，希望做跟别人不一样的事情，所以中国农业品牌的发展，离不开这一群 80 后、90 后的新农人，当然品牌营销、渠道销售更离不开 50 后、60 后、70 后的农业前辈在农产品种植前端默默付出。这个时代要跨界抱团合作，开放心态，勇于创新，吃苦耐劳，坚持下去，回报给你的必定是一个美好的未来。

农友会未来的发展路径，以目前的现状来看，首先一定要维护好社群的发展，需要筛选更多优质商家、渠道商、涉农服务商等更多农业生态环节的人进来，从一个商家资源群向行业生态圈发展，这样积累的资源，更有有利于农友会社群的发展壮大，使每一个参与其中的人受益。

从 2017 年开始，农友会已将以往的会议活动升级为以农产品展览为主、会议为辅的活动形式，突出农产品的展示功能，让线下的交流和体验转化提升。我们将把"农特微商节"打造为农特品牌第一展览会，一个属于年轻新农人的盛会，因不一样而存在价值。

（作者系深圳农哥电子商务有限公司 CEO，网名"勤劳农哥"）

遂昌长粽卖爆后引发的商业思考

辛 巴

你吃过粽子，但你可能还没吃过"长粽"。本文说的长粽产自浙江遂昌县，每盒单价 168 元，每盒里有一个长达 40 厘米的粽子，就在 2017 年的端午节，仅用一周就售光了 10000 份。

这个成绩放在销售界不算什么奇迹，但这背后的思考价值可能不仅仅是 168 万。

本文重点介绍我的两位朋友：一位是赶街网的创始人潘东明；一位是自然造物的创始人张书雁。

2017 年端午节前夕，张书雁的自然造物团队策划了一个"大过中国节"的民间节日，谈起策划这个节日的原因，书雁说起一个小段子，他问小儿都知道中国有哪些传统节日，小儿支支吾吾回答不出，倒是圣诞节、万圣节能脱口而出。我们土生土长的国人都把自己国家的传统节日给淡忘了，这件事情让书雁动容。

书雁的自然造物本来就是探索传统民艺的复兴之路，于是他召集好友们发起了这场"大过中国节"的活动，希望借此唤起大家对中国传统节日的关注，并向传统文化致敬。这件事情得到了遂昌县委县政府的大力支持，于是首站便落地在遂昌。

一、缺失感让长粽更显珍贵

遂昌自古有"送端午"的习俗，新女婿端午节前要挑选一个黄道吉日，给岳父岳母送长粽。代表男方家对女方家的尊重和诚意。古时，不管路有多远，山有多险，每到端午节，女婿都会用扁担挑长粽去丈母娘家送长粽，象征夫妻恩恩爱爱、长长久久，也祝长辈长寿之意。后来，吃长粽演变成了家人凝聚亲情的方式。每到端午节，长辈们会在家包好长粽等着外出的亲人们回家团聚，大家围坐一起，吃着自己包的粽子，感受着浓浓的亲情。

长粽是这场"大过中国节"的主角之一，遂昌县政府及书雁团队还在遂昌策划了一系列活动，这里暂不赘述。端午节后，遂昌旅游局做了一个数据统计：端午节三天狂欢，遂昌共接待游客 15.71 万人次，实现旅游综合收入 7443.26 万元，同比增长 23.76% 和 30.82%。这个成绩，和本次"大过中国节"的推动不无关系。

我们回到主题，粽子在不同地域也有不同的包法和形状，但粽子所代表的传统文化的精髓是一致的。不到一周卖掉 1 万份长粽，而且因为生产跟不上不得不拒绝了大批订单，那么大家纷纷下单的理由究竟是什么呢？

我想应该是一种"缺失感"，这种"缺失感"是一种大众普遍拥有但又难以表露的东西，平时它静静地躺在心底，一旦被激发，则泉涌而出。这种"缺失感"隐藏在我们对传统文化的忽略里，隐藏在我们对父母的亏欠里，隐藏在我们对家乡的思念里。它被这个长粽真实地表达了出来，喃喃细语、如真如切，可见、可听、可触。如果说大众粽子填饱了你的肚子，长粽却填满了你的灵魂。这正是长粽的价值所在。

二、品牌的最高境界是引发消费共鸣

这里又引出另一个问题，就是关于品牌设计和定位的问题，那么遂昌长粽又有哪些值得我们学习借鉴的思路呢？

（一）理性定位，避免媚俗

我们在设计一款品牌时，很容易陷入一种媚俗的套路中，甚至自己深陷其中而不能自拔。关于媚俗的三个特征：

辞藻华丽，而无神韵；

包装华丽，而无触点；

无病呻吟，而无共鸣。

品牌离不开语言设计、包装设计等视觉体系，如果没弄明白市场、客户及诉求，为了高大上而形而上，就很容易陷入这种套路中。

东明说，设计之初，关于粽子的包装还是存在不少争议的，如果从家庭消费的角度考虑，大家会担心过度包装的问题，但从端午礼的角度考虑，又需要好的包装。最终书雁和东明坚持走端午礼路线，事实也证明，当时的决策是对的。

特别邀请书法家为"大过中国节"提字，邀请专业包装公司定制生产，邀请插画师专门设计插画，邀请手工艺人定做艾草香囊。细节处处体现端午元素和传统文化，处处显匠心，集体智慧让这款粽子显得与众不同。

有人问："市场粽子一般都在百元内一盒，定价168元/盒，而且就是一个粽子，会不会有点贵？"有位大客户对东明说："这不是一个粽子，这是中国的文化，不贵。"

我问东明最大的感触是什么？东明说，单纯形式上的包装是打动不了消费者的，主要在文化和情感上引起客户共鸣，价格并不是核心问题。

正如预期，采购者主要是企事业单位，甚至很多是外企。我想他们在把长粽送给自己的客户或朋友时，他们的内心一定是骄傲的，"看，这一份很特别的中国礼物！"激发了他们的民族荣耀感。这，正是文创的魅力。

（二）真材实料，保障供应

东明及赶街团队主要负责产品开发、生产和供应，看似简单的事情，其实遇到了不少挑战。这款长粽，做了两种口味，一种是咸菜的（梅干菜）照顾北方口味，一种是甜的（豆沙）迎合南方口味。对于馅料的选择，他们选择遂昌最好的大米、猪肉、梅干菜等馅料，但规格发生变化后对产品的标准化带来了新挑战：

其一，长度从原来的20厘米变为40厘米，配料比发生变化，需要反复调试口感口味。

其二，规格发生变化，对蒸煮时间和火候要求也不一样，需要反复测试，以保障品质的稳定性。

这些不是工厂能做的，都是手工活儿，为了让粽子更加标准化，赶街团队特别对包粽子的村民进行培训，并在每个加工点派驻品控人员进行监督。这样做让成本上升了不少，单包粽子的手工成本就上升了三倍以上，但确确实实是真材实料。

粽子在市场上一经推出，订单络绎不绝，但考虑到是手工制作，市场供应不一定能跟得上，所以整个供应量限定在 10000 份，结果推掉了一批订单，算是一个小小的遗憾。

三、小粽子里包着大市场

在遂昌县还有一位卖粽子的老板，同样值得关注，他叫郑富明，是遂昌原食健康农业发展有限公司的董事长。

他去年刚开始谋划粽子生意，今年端午节算是他的首战，让他意外的是销量远远超过预期。虽然他卖的还是往年的小长粽（长度 20 厘米），没有豪华的设计和包装，但就在刚刚过去的端午节就卖了 8 万多个，一天出货量最高达 1.2 万个。其中在某网络平台上直播销售就销售了几万个，更有意思的是舟山某船运公司，看到他的宣传，一次订了几千份，给船员出海扑鱼时做餐食。

提起粽子，不得不提大名鼎鼎的五芳斋，2016 年全年销售收入是 38.35 亿元，同比增加达 31.11%。我同时了解了一些关于遂昌长粽的销售数据，今年遂昌全县长粽的市场销量是去年的三倍以上（个人判断），这同样印证了粽子市场的火爆。

我想，这和端午节传统节日的复兴不无关系，自从 2016 年实行端午节公休三天假以来，礼品粽成了传情达意的新宠。

四、农产品品牌需要选好价值附着点

我认为每个品牌都是独一无二的，但有些共性却值得参考，比如褚时健老人的"褚橙"，它的价值附着点则是"褚时健"本人。

褚橙 = 脐橙 + 褚时健（IP）

"褚橙"最终传递的是人生跌宕起伏的精彩和不怕苦难的励志精神。同理，"大过中国节"遂昌长粽礼盒的价值附着点则是"传统的端午文化"，它传递的是浓浓的文化精神和乡土乡情。

遂昌长粽 = 长粽 + 端午文化

再来看看五芳斋的粽子，2016 年时五芳斋和漫威推出了美国队长系列的礼盒粽，最贵售价达 299 元 / 盒。它的价值附着点则是漫威的英雄人物（IP）。

五芳斋高端礼盒 = 粽子 + 知名 IP

把普通的产品卖出高价格，背后一定有一套创造价值的商业逻辑，没有无缘无故的爱，也没有无缘无故的高价。大家在创建农产品品牌时，一定创造一个不一样的购买理由，这个理由就是你的价值附着点，当这个理由足够明确、足够打动人心时，产品销路也就自然打开了。

（作者系新农商学院创始人）

7

第七篇 技术研究

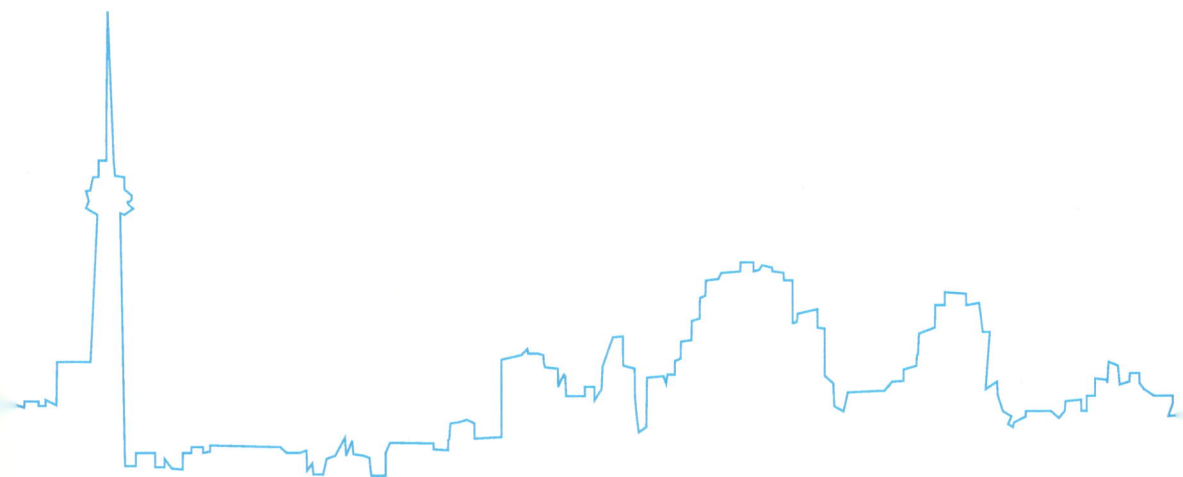

物联网玩出不一样的大米电商

杨　健

　　大米科技的诞生源自一次很偶然的机会。我在清华大学经管学院师从陈劲教授做"大数据＋创新"方向的博士后研究期间，写了一本关于商业模式创新的畅销书——《降维打击》，这本书从理论上解释了当前流行的"互联网思维"创新模式。以这套理论为核心，我同时做出了一种依托于大数据的新的商业理论模型，简单地说，就是基于大数据，预知客户的市场需求，然后精准化地去提供产品和服务。在研究这套商业理论模型的过程中，一次在给一个创业比赛当评委的时候，遇到了后来的合伙人邵德际。我把邵德际给的五常大米拿回家做了一顿饭，满屋香气四溢，而且，不怎么爱吃米饭的女儿喧喧一下子吃了两大碗。这下，我对五常大米就产生了浓厚的兴趣。我也了解到，邵德际家里用传统的方式经营五常大米，米的质量一流，每年销量很大，但利润很小，中间差价都被层层的经销商赚走了。在多次实地考察后，我决定与他展开合作，我来负责投资、技术、运营，他负责产地资源，并供应稳定、优质的大米。这次创业，我们做的是与传统经营模式完全不同的基于大数据的"物联网电商"，用物联网的智能米桶实时监测用户的大米使用情况，智能传感器可以实时传回每顿饭用了多少大米，还剩多少大米，并预测什么时候缺米，然后我们提供送米上门服务。

　　说干就干，短短两年多的时间里，我们就在行业中占据了一席之地。但其中的艰辛却一言难尽，业务的抉择，模式的调整转变，资金的压力，供应链上下游的各种协调整合一系列的问题，大米科技就是这样一步一个脚印走到了大家面前。

　　2015年初，在大米科技刚刚成立的时候，智能米桶只是一个概念，很多人都对大米科技持质疑的态度，认为仅凭这个小小的创意改变一个行业简直是无稽之谈。即使产品做出来了，也无法阻止其他大企业的商业复制和抄袭。就是在这种背景下，大米科技做了完善的知识产权保护，在成立短短两年多的时间里，申请了 100 多项国家专利，截至 2017 年初，已经获得授权 92 项，其中发明专利 11 项、实用新型专利 78 项、外观设计专利 3 项。大米科技形成了自己的专利集群，在厨房粮食存储、智能做饭等领域的专利技术储备足以形成一道行业壁垒，保障大米科技的新型商业模式不被其他企业所复制。

一、物联网让一个米桶变得智能起来

大米科技认为，做物联网 + 大数据业务，对于智能米桶这个产品，要力求将产品体验做到极致。这款经过反复打磨的产品，能够防潮、防霉、防虫，根据人数定量取米，漏斗形结构上进下出，避免陈米积压，内置红外、压力、温度、湿度等传感器，可以从手机 App 遥控使用，实时监测大米的存储温度、湿度状态，并自动计量用户吃了多少米、还剩多少米，预知用户余米还能吃几天，并提前向用户手机提醒购米，用户一键购米，大米科技提供送米上门服务。通过这种物联网的智能米桶，省去了大米的流通交易成本，与传统的批发零售渠道比不仅大大降低了成本，相对电子商务，也省去了高昂的网络流量成本。这种基于智能硬件的物联网应用，能够采集客户的大米消费数据。一方面能够绑定客户，从而更加高效、便捷地服务客户；另一方面还通过客户的消费大数据安排米厂生产，通过大数据预测，大米科技的大米流通周期为 14 天，每天米厂就为 14 天之后的消费者做生产，基本做到了零库存；再者，基于客户的大米主食消费大数据，未来，还可以预测客户的整个厨房消费需求，并基于他们的 App 入口为他们提供油盐酱醋肉蛋奶菜等全厨房消费服务，大米科技的未来具有极大的市场想象空间。

二、从米桶到"五行米釜"

当其他电饭煲厂商纷纷模仿日本电饭煲时，我们更看重的是技术的追赶和超越。经过研究发现，日本电饭煲最大的技术特点就是 IH 加热，IH 加热可以使电饭煲内胆均匀地自发热，并且可以更加精准地控制温度变化过程。均匀加热、精准温度变化控制，再加上一定的气压控制，就可以把米饭做得更加美味。经过深入研发，一种全新的"智能电饭煲"诞生了，用户可以随时随地拿出手机，打开 App，选择吃饭时间、人数、口感，确认后，电饭煲即可自动根据用户选择做出可口的米饭。为了保护这款产品不被"山寨"，大米科技足足等了一年多的时间，直到关于智能电饭煲的几十个组合专利全部获得授权后，才开始启动产品量产工作。智能电饭煲最大的作用还是物联网和大数据，能够实时监测用户吃了多少米、还剩多少米，并自动计算大米还够吃多久，米不够吃了，App 提醒用户购米，并提供送米上门服务。

在智能电饭煲的研发过程中，国内外大量的中高端电饭煲都在宣传自己家的电饭煲是"小时候妈妈铁锅做饭的味道"。一次次地看到这种说法之后，我萌生了一个有意思的想法，为什么不干脆做一个铁锅呢？做好了不就能完美做出"小时候妈妈铁锅做饭的味道"了吗？想到这里我开始了寻找一家又一家生铁铸造厂，最终找到了最适合做铁锅的生铁是本溪的"人参铁"。我用大米科技的理念和诚意打动了对方，达成合作；然后，又找到中科院沈阳金属所、大连海事大学金属研究所等科研机构提供技术解决方案。终于，双方开始准备合作生产铸铁锅。说起来容易，做起来难。在铸铁锅的生产和做米饭试验的过程中遇到了生锈、粘锅、沸锅、糊锅等一系列的技术难题，从植物油碳化到浸氮氧化，再到纳米级陶瓷镀层，各种新技术不断尝试，慢慢地这些问题都迎刃而解。功夫不负有心人，大米科技终于做出了完美应用在米饭上的煮饭神器，并把它命名为"五行米釜"。"五行米釜"一方面可以供应给在家里做饭追求更好口感的终端客户，与智能电饭煲实现错位供给；另一方面，还引起了大量的餐饮用户订购，在饭店里，用"五行米釜"现场做一锅香喷喷的米饭只需要一个蜡块燃烧 25 分钟即可，这也让"五行米釜"成为大米科技"体验式营销"方法论中的一个利器。

除了让用户使用更方便的智能米桶、智能电饭煲，以及做米饭更好吃的"五行米釜"外，大米科技还把大米产业链从"吃"延伸到了"喝"。结合做果汁的"破壁机"原理，经过对刀头和转速的改进，将生大米做成熟饮料的"智能米浆机"应运而生。几十克五常稻花香大米，就能做出一大壶香喷喷的"养胃米稀"饮料。

一点一滴的精益求精，不仅仅体现在各种"神器"上，就连大米的包装也没有放过。经过反复尝试，我最终摒弃了传统大米企业的包装，选择了用来真空包装茶叶的"真空铝箔袋"。没有塑化剂、隔光、隔热、隔绝空气，成本仅比塑料袋高一点点，而且，铝箔具有比塑料袋更好的延展性，运输过程中暴力摔、砸都不会破损，从根本上保证了大米的品质。并且，为了消费者使用方便，推出了从 150～5000 克不等的各种包装规格，尤其是 150 克小包装，完美解决了年轻人两口之家的小量消费问题，一顿饭两个人一小包，刚好！

三、C2F模式的"体验式营销"

产品精益求精地打磨出来了，"酒香也怕巷子深"，如果没有好的销售渠道，再好的产品也无法进入客户手中。经过科学的决策过程，终于形成一套全新的"体验式营销"模式，并且在推广到各地代理商的过程中"大获全胜"。

大米科技采用的是 C2F 的商业模式，把"体验式营销"作为大米科技的执行方法论。从客户是谁、客户在哪里出现、如何向客户自然地展示产品、如何达成销售几个角度，构建了若干个精准化的"消费场景"，并在此基础上升级为完整的"体验式营销"体系。通过强大的云端分析能力和完备的仓储物流支持最大化地节省运营成本，提前获得持续订单。减少流通成本，保持客户留存，稳定市场占有，将利润最大化、持续化。

大米科技采用的是"降维打击"的商业模式，这也是我将自己之前的作品《降维打击》中的理论运用在现实公司并取得成功的经典案例。

为了提升大米科技的品牌影响力，大米科技成为了电影《一切都好》的主赞助商。在整部电影中，植入了十余处大米科技产品的镜头，我本人也有幸参演，在剧中把大米卖给了男一号管志国（张国立饰）。并且，大米科技还为购米客户免费提供了电影票，共同分享大米科技登陆大银幕的荣耀。同时，大米科技的品牌宣传语确定为"米好，一切都好"，与电影的植入无缝衔接。大米科技很自豪地告诉用户们，我们企业拥有自己的电影《一切都好》。

2017 年 5 月 5 日，星期五，在这个都是 5 的日子里，大米科技走进央视财经频道《创业英雄汇》栏目。节目里出现了令人激动的"抢投"场面，麦腾创投创始合伙人俞江虹首先按下了"抢投"键。而且，在投资人亮灯环节，前所未有地获得了满堂红，12 位投资人，全部亮灯。亮相《创业英雄汇》之后，大米科技的影响力瞬间飙升，新华社、《中国日报》、网易、新浪、搜狐、凤凰网、《今日头条》、《辽宁日报》、《大连日报》、《半岛晨报》、《新商报》等数十家媒体纷纷跟进报道。业务咨询电话、加盟电话也是络绎不绝，十多天的时间里 2000 多个加盟咨询电话接踵而至，业务在很短时间内就火遍全国。

就这样，大米科技把五常稻花香大米，从种植到仓储，从加工到包装，从运输到消费，从体验到购买，从"吃"到"喝"，从产品到文化，慢慢地，用"供给侧结构性改革"的思路，形成了自己的产业集群，而且，在 100 多项专利的保护下，完全不怕"山寨"模仿。未来，大米科技的物联网＋大数据智能厨房产品，会成为厨房消费的"硬"入口。在大米科技成为大米行业的领军企业之后，我们的业务也将扩展到杂粮、肉蛋奶菜、油盐酱醋等领域，从而成为厨房"物联网电商"的领军企业。

米好，一切都好！

（作者系清华大学博士后、大米科技创始人）

生鲜电商的冷链演化

郑 伦

一、农产品电商改变传统的流通渠道

农产品电商（生鲜电商）的出现改变了传统流通渠道。

传统的农产品流通一般是从产地农户到农产品经纪人，再经过多级批发商到达零售终端。这是一个单向的多层级的产品流通模式。农产品电商（生鲜电商）的出现改变了这个模式，信息和物品的传递因为互联网和快递物流的发展变得更加直接和便捷。农产品的流通渠道变成了一种复杂的网络结构（如下图所示）。

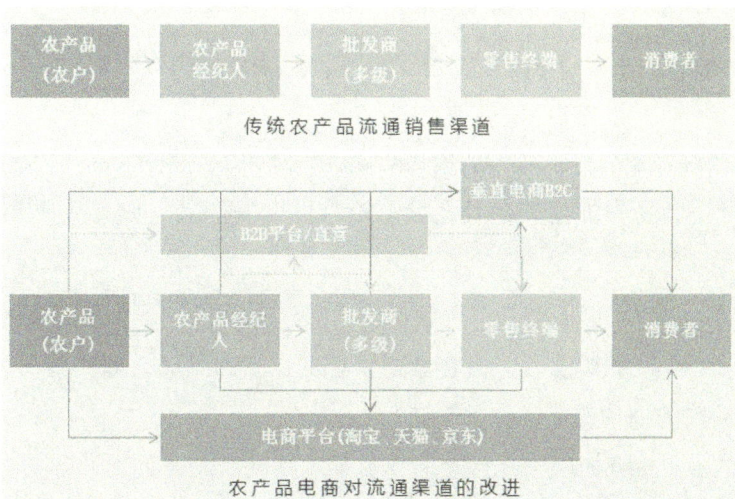

农产品电商对流通渠道的改进

之所以是复杂的网络结构，是因为农产品本身的复杂属性（品质、价格、保鲜等），这就决定了不同农产品适合不同的流通渠道模式。比如，你会在网上购买波士顿龙虾，但是买大白菜依然会选择菜场或超市，而菜场的大白菜很有可能是通过 B2B 电商平台供的货。他们选择了不同的流通模式，是因为这样的模式在最终的消费端更有竞争力。

那么哪种产品更适合电商模式呢？冷链技术对产品模式选择又有哪些影响呢？

二、农产品电商的四象限产品战略以及冷链技术对战略的影响

消费者不管在哪里购买农产品，衡量的标准始终是价格、品质和服务，具体到农产品那就是新鲜度、营养、口感、价格、可否挑选等。如果我们从产品的附加值和电商难易度（主要指仓储、物流、包装难易度）两个维度来把农产品分成四个象限（如下图的左图所示），就可以比较清晰地判断出哪种农产品更适合电商模式。

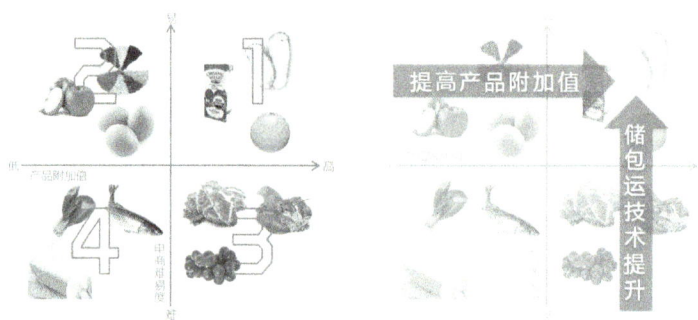

（农产品电商·产品运营及产品战略四象限 ©田野观察AgriReview）

象限1：产品附加值高，且仓储物流难度低的产品，如高品质干货、部分优质水果等；

象限2：产品附加值不高，但仓储物流难度低的产品，如普通粮油等；

象限3：产品附加值高，但仓储物流难度也高的产品，如冰鲜的肉类海鲜，还有不宜运输的葡萄等；

象限4：产品附加值底，且仓储物流难度高的产品，如普通叶菜、活鱼等。

这个图也很直观地解释了，目前各类农产品电商（生鲜电商）的爆款产品和主打产品都集中在第一象限，而那些把战略错误地定位在第四象限的电商都倒闭了（做大众蔬菜的电商）。

农产品电商的产品战略就是把第一象限的产品作为主打产品；对于第二象限的产品想办法提高产品的附加值；对于第三象限的产品，积极地寻求仓储、

物流和包装技术或模式的改进；对于第四象限的产品，最有效的途径依然是传统渠道。

从这个战略来看，生鲜冷链技术对于农产品电商至关重要，通过技术提升，可以把第三象限的产品向第一象限移动，也可以为第一象限的产品增加利润。

三、冷链技术演进的方向

农产品电商大部分都需要通过快递（自建快递或第三方快递）把农产品发到消费者手中。在这个过程中，如果保鲜做得不好，农产品很容易腐败变质或破损，这些情况不仅仅会产生损耗和赔偿，更会给消费者留下不好的消费体验。

改进冷链仓储物流可以从技术和模式两个方面进行。

（一）技术进步：降低温度需求，延长保鲜期

食品的腐败变质是指食品受到各种内外因素的影响，造成其原有化学性质或物理性质和感观性状发生变化，降低或失去其营养价值和商品价值的过程。如鱼肉的腐臭、油脂的酸败、水果、蔬菜的腐烂和粮食的霉变等。

引起食品腐败变质的原因较多，有物理因素、化学因素和生物性因素等。防止食品变质的技术有很多，比如腌制食品，添加防腐剂，低温，真空等。但是腌制食品和添加防腐剂会让农产品的营养流失，损失新鲜度。为了能让农产品保鲜、保质，通常的做法是靠低温和真空。

早期的生鲜电商，一般有三个温度的仓库，冷冻、冷藏和常温仓。肉类和海鲜类产品大都是采用冷冻仓储和冷冻发货的方式，发货的时候可以有两种选择：一种是选择冷链物流，这种情况产品只需要简单包装即可；一种是常温物流，发快递的时候，通常是把真空包装的冷冻肉或海鲜放入泡沫箱，然后在泡沫箱放入冰块，如果条件允许，再放入一个保温包。

如今，肉制品和海鲜的保鲜技术有了很大的进步，特别是气调包装技术能够大大降低肉类和海鲜保鲜需要的温度，并能延长保鲜期，同时更好地保证产品的新鲜度和口感。

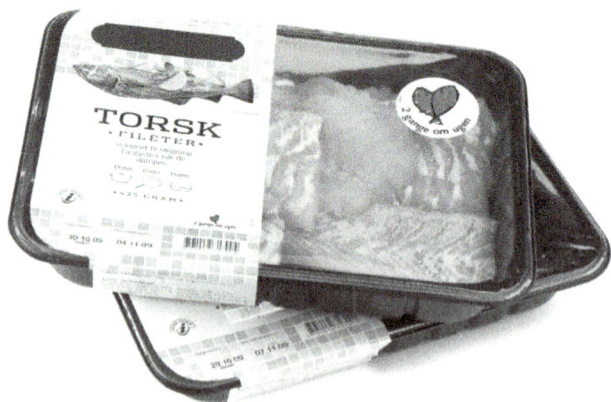

气调保鲜技术是通过调整环境气体来延长食品贮藏寿命和货架寿命的技术，其基本原理为：在一定的封闭体系内，通过各种调节方式得到不同于正常大气组分的调节气体，抑制导致食品变质的生理生化过程及微生物的活动。

比如美国的一家专注生鲜物流的公司 BluWrap，他们的气调保鲜技术可以让肉类产品在无须冷冻和真空的情况下，保鲜期达到 60 天以上，这在以往是难以想象的。我们国内很多生鲜电商销售的智利三文鱼，其前端运输就是这家公司做的。

在发快递的时候，气调包装技术也降低了对物流的要求，即便是常温物流，在包装上也比冷冻肉类要求低了很多，包装和物流成本也低了很多。

技术进步的收益是多方面的，消费者能吃到更新鲜的食材，而商家也因此增加了销量。比如国内两家做有机猪肉的企业：精气神和徽名山，气调包装技术让他们的电商销量成倍增长。

在水果蔬菜领域，冷链的仓储技术也发展得很快，很多水果的保鲜仓储可以达到一年。这就是为什么我们现在一年四季都能吃到季节性水果的原因。

（二）模式改变：减少非冷链时间

另一种方式是通过模式的改变，减少非冷链时间。现在冷链的仓储技术进步很多，但是国内的冷链物流却依然很少，那么尽量缩短快递物流的时间和距离也可以帮助我们从时间上进行保鲜。

国内有两家模式类似的生鲜电商，每日优鲜和 U 掌柜，都是采用总仓 + 前置仓＋两小时配送的模式。他们在国内几个大区设立总仓，然后再深入到各个生活商务区设立社区前置仓，每个前置仓覆盖 2 小时的配送半径。

这种模式彻底改变了以往生鲜电商的配送模式，以往从电商仓库到消费者手中，一般都是 1 ~ 2 天的时间。而这种模式，从社区前置仓到消费者手中只要 2 个小时。前置仓内有冷库，这样产品离开冷藏／冷冻的环境最多 2 小时，在这种情况下，产品只需要简单包装即可，如下图所示。

传统冷鲜快递包装　　　前置微仓＋手提袋配送

社群电商的模式也可以减少冷链物流需要的时间。

社群电商通常有同一地区的消费团体属性，这样在同一个生活社区附近人的发起团购，大家组团之后，冷链物流集中配送到一个提货点即可，这样与冷链物流为每个分散的点去配送相比大大降低了成本，也节省了每单配送的时间。

我国在冷链技术、模式上都还有很大的进步空间，我国专业冷链仓储和冷链物流的比例依然远远低于发达国家。随着国民物质生活水平的提高及消费升级，市场对于新鲜高品质的农产品需求会越来越大，这也给冷链技术、模式未来更广阔的发展空间。

（作者系田野观察 AgriReview 创始人）

农产品追溯体系的建设与问题

侯 宁

2016 年，商务部、农业部等七部委联合下发了《关于推进重要产品信息化追溯体系建设的指导意见》《关于组织申报 2016 年电子商务进农村综合示范县的通知》等指导性文件，明确提出重点推进食用农产品质量安全追溯体系建设，我国食用农产品追溯体系建设由最初的试验示范进入实质性的市场应用普及阶段，食用农产品质量安全追溯就此拉开了帷幕。

一、中国农产品质量安全追溯现状

当前我国主要参与食品质量安全追溯体系建设的部门有国家食品药品监督管理局、农业部、工信部、商务部和国家质量监督检验检疫总局。我国幅员辽阔，各地域经济和发展水平及消费者对可追溯性产品的支持程度差异明显，因此在推行食品安全追溯体系进程中不能同步推进。

各参与食品质量安全追溯体系建设的部门都已建立了各自具有代表性的食品追溯体系，不同地区政府也已建立了有地域特色的食品追溯平台，但大都需要进一步整合与完善，而且相当一部分区域内仅有少数大型食品企业自己构建了内部食品追溯系统。全国开展的农产品（食品）可追溯系统已覆盖大部分行业，可追溯系统的试点在乳品、水果、蔬菜、畜禽产品和水产品等多个产业展开，而且着重建设了肉菜、婴幼儿奶粉和白酒的可追溯系统。具体情况分述如下。

（一）国家层面农产品（食品）安全可追溯体系建设现状

在食品安全可追溯体系的构建和实施进程中，国家和各大部委相继出台了食品安全立法体系，如《中华人民共和国农产品质量安全法》《中华人民共和国食品安全法》《中华人民共和国标准化法》等，同时制定相关标准，建立面向不同行业的追溯系统并在各地试点实施。中国物品编码中心在全国建立涵盖肉蔬水果、加工食品、水产品及地方特色食品等多个领域产品的质量安全追溯应用示范基地以推进"中国条码推进工程",如在山东试点的"蔬菜质量安全可溯源系统",陕西试点的"牛肉质量与跟踪系统",上海试点的"上海超市农产品查询系统"等。

农业部自 2004 年实施"城市农产品质量安全监管系统试点工作",开展了农产品质量安全追溯体系试点建设,试点探索建立种植业、农垦、动物标识及疫病、水产品四个专业追溯体系。国家食品药品监督管理局自 2004 年起联合八个部门以肉类作为食品安全信用体系建设试点行业,建设肉类食品追溯制度和系统。农业部自 2006 年起在四川、重庆、北京和上海四省市进行试点标识溯源工作。之后又在全国八个省市开展种植业产品质量可追溯制度建设试点,建立"农业部种植业产品质量追溯系统"。2008 年以来,农业部建立农垦系统质量安全可追溯系统,涵盖米面、水果、茶叶、畜肉、禽肉、蛋类、水产品七类农产品,建立"农垦农产品质量追溯展示平台"。此后又建立了"动物标识及疫病可追溯体系"和"水产品质量安全追溯网"。商务部、财政部自 2010 年以来至 2014 年底,在 58 个城市开展肉菜流通追溯体系建设试点开展肉类蔬菜流通追溯体系建设,建成以中央、省、市三级平台为主体、全国互连互通、协调运作的追溯管理网络,将来会逐步扩大到中药材、酒类、奶制品、水果以及水产品等品种。

(二)企业层面食品安全可追溯体系建设现状

目前,诸多的食品企业和第三方追溯平台选择成为食品安全追溯试点的一员,企业多采用纸质条码和二维码标识技术,以"一企一号,一物一码"的产品数字化技术为核心,结合物联网及云计算技术,辅助政府和食品监管部门建立针对各企业的内外部追溯监管平台,帮助政府有效监管所属企业产品在全生命周期的详细信息,方便满足质量管控、产品召回、过程追溯、责任核定等监管要求,同时可为食品企业提供原料追溯、产品防伪、物流监管、经销商管理、个性化网建设等企业产品信息化建设服务。部分企业平台,如奶粉行业的飞鹤乳业婴儿配方奶粉全产业链追溯系统、合生元产品追溯系统、多美滋透明追溯系统。另外还有一些第三方追溯平台,如农产品质量安全社会化追溯平台(北京智云天地）、中检溯源平台（中检溯源科技有限公司）、追溯通（河南追溯信息技术有限公司）、食品追溯平台（河南卓奇科技）、乳品质量安全追溯平台、苏州华美龙追溯平台等。

（三）地方政府层面食品安全可追溯体系建设现状

北京市在食品安全可追溯体系建设方面具有明显优势。2002年，北京市政府实施农产品信息追溯制度，规定必须建立农产品档案记录其产地、日期和批次以及购进和销售环节信息。2004年，北京市农业局推行"进京蔬菜产品质量追溯制度试点项目"，规定向北京批发市场供货的蔬菜试点基地需使用统一的包装和产品标签信息码，并于次年推广至自产蔬菜产品质量追溯试点。北京奥运会期间构建了奥运食品安全监控和追溯系统，全程监控奥运食品从产地到消费地的详细信息。2013年，北京市又在平谷建成首个国家级出口农产品（大桃）可追溯系统。目前，北京市实行的农产食品质量安全管理面向蔬菜、水果、畜禽和水产等多个领域且涵盖生产、包装、加工及零售等各个环节。其他各省市也逐步建立起省级农产品追溯平台，针对当地主要农产品开展质量安全追溯体系建设。

二、农产品（食品）质量安全追溯存在的问题

近年来研究了大量国际国内的农产品质量安全追溯体系建设、规章制度及标准研究、追溯系统技术实现等方面的资料和实际案例，并参与了国内国家平台建设、县域追溯体系的建设及部分企业追溯建设，也接触了许多政府部门、农产品生产经营企业、农业专业合作社、电商服务机构，逐渐认识到现阶段我国追溯体系建设尚处在起步阶段，在这一过程中不可避免地会出现一些关键的理念层面和实际操作层面的认识误区和错误做法，归纳如下。

（一）农产品质量安全追溯体系建设缺乏与追溯体系配套的法规制度，追溯体系建设落地和推动困难重重

毋庸置疑，真正的追溯体系建设是有成本的。内部追溯体系建设需要企业投入资金、人力和设施，而且可能变更生产工艺流程。供应链追溯（即外部追溯）则服务于政府监管，其主要目的是实现问题产品的责任定位。因此，追溯

体系的固有特性决定了其本身是与企业根本利益相冲突的，很难通过市场机制来协调和推进，而目前县域追溯体系建设最大的认识误区恰恰是想要通过市场机制推进追溯体系建设。从另一个角度看，食品安全问题本身是公共安全的重要内容，是维护安全秩序、保护公民合法权益、缓和化解社会矛盾的必要条件。因此，保障农产品质量安全是企业应尽的责任和义务，正如企业应该遵纪守法，依法纳税一样。

从发达国家追溯体系建设经验看，强制性的市场准入制度是追溯体系建设和实施的最关键要素。用市场准入、产地准出等强制性法律法规和制度来强制企业建立追溯体系，保证食用农产品质量安全是发达国家追溯体系建设的必经之路。而现阶段地方政府往往面临着产业安全还是公共安全的两难抉择，强制追溯制度迟迟无法出台。导致现阶段政府往往要花钱"求"着农产品生产经营企业建设试点追溯体系。在缺乏强制约束的氛围中，企业建立追溯体系的目的更多出于品牌形象建设和市场推广的目的，对公开敏感性较高的农产品质量安全信息心怀排斥。追溯系统开发商为了获取利润，会尽量满足企业提出的各种合理和不合理要求。在这样的背景下，县域农产品追溯体系建设极易成为一个为生产者背书的封闭体系，虽自成体系但却无法发挥作用，更经不起消费者的检验。

（二）农产品追溯体系建设缺乏科学适用、可操作性强的标准支撑，体系建设和平台建设缺乏依据

法律法规、标准体系、技术平台是追溯体系建设的"三驾马车"，法律法规是保障，标准体系是依据，技术平台是手段。标准支撑不足的追溯体系就好像没有地基的楼房一样，会导致平台建设缺乏依据，无所适从。其最直接的影响是农产品质量安全违法缺乏直接判据，追溯平台中追溯指标及其限值无法确定，因此无从判断农产品的质量和安全性。

我国现有农业生产技术标准近5000项，农药残留限量标准包括13大类农产品中4140个残留限量，与发达国家相比还是有相当的差距的（欧盟农业生产技术标准约3万项，农药残留限量标准17 000多项；美国农业技术标准15 000余项，农残限量标准约11 000项）。此外，不论是农业生产技术标准还是追溯

相关标准，标准的可操作性与发达国家相比有相当的差距。发达国家一项追溯标准的制定历时三年，且需要在 30 多个企业试用完善才最终发布，其标准内容可直接参考用来构建追溯系统数据字典。对区域或者企业应用来说，直接按照国家或行业标准实施市场准入可能并不现实，但可以制定相关地方标准，对农产品质量安全进行分级。一方面保证消费者的知情权，给消费者提供选择依据，另一方面也能促进生产者引入标准化生产技术，提升自己的产品等级。

（三）缺乏明确的目标框架和检验依据，大多数系统甚至不能满足追溯的基本需求

追溯本身有着自己完整的理论方法和功能需求，发达国家经过长期的经验积累和教训总结，建立起了一整套可借鉴的追溯流程设计方法（如 HACCP、GAP 等），并对追溯系统功能需求以国家标准的形式进行明确规定。如发达国家普遍采用的"One-Up，One-Down"最低追溯要求，即每个农产品生产经营责任主体都必须能够至少追溯到前一环节上游责任主体和后一环节的下游责任主体。并定期或不定期地通过追溯系统进行某一批次农产品的模拟召回实验来检验追溯系统是否能够将供应链上不同环节的农产品流动信息连接起来，以实现农产品在供应链中流动的跟踪和溯源。为保证追溯信息的前后衔接，发达国家针对各种复杂应用场景，设计了通过编码进行信息衔接的通用业务模型，以解决不同批次、不同责任主体农产品在供应链中流动时所发生的批次分割和汇聚的问题（最典型的如不同种植者种植的果品被加工成果汁、水果脆片等加工品的场景，需要将每个批次的果汁与从上游种植者所生产的某一批次的水果连接）。

而我国目前的追溯系统大多并未考虑追溯流程的设计问题，也未考虑农产品在供应链中流动的信息衔接问题。大多数县域农产品质量安全追溯平台无法满足最基本的"One-Up，One-Down"最低要求，追溯出来的所有信息与质量安全毫无关系，不能真实反映生产、加工过程中可能引入危害因素的环节及相关信息，且没有任何与产品在供应链中流动相关的信息；追溯出来的信息没有任何能够标识和证明生产经营责任主体的信息，通常是标签上的一个企业LOGO ＋产品图片展示，任何人未经验证都可以利用这个平台宣传自己的不安

全或质量不达标产品。一旦农产品发生安全事故，急需召回，依靠这样的系统不可能实现任何一个批次产品的召回。

（四）缺乏对追溯信息科学合理的界定、分类和约束，无法为政府监管、企业管理和消费者溯源提供可靠依据

在经典追溯理论中追溯信息应分为三类：① 企业必须记录的信息；② 需要分享给上下游责任主体的信息；③ 提供给监管部门的信息。并规定不同种类信息的最短保存期限，一旦发生农产品质量安全事件，监管部门、企业和消费者都能够查询到相关的信息，以实现调查取证，并且企业也能够利用这些信息自证清白，或实现问题和责任人的精确定位。此外，发达国家追溯标准中还规定了追溯所必须提供的最小信息集合，即农产品生产经营责任主体必须提供的信息，一方面保证追溯信息能够实现前后衔接，另一方面也保证了农产品质量安全指标不会被无意或故意遗漏。

我国目前大多农产品（食品）追溯平台未根据上述原理考虑农产品追溯信息的分类，在追溯信息组织上将所有信息混在一起，更有甚者将外部追溯和内部追溯信息保存在一个系统里面，内外追溯信息混合的设计决定了系统不可能实现通用型的农产品全过程（即覆盖企业内部追溯和供应链追溯）的追溯。

（五）卖"码"追溯的不合理商业模式愈演愈烈，对追溯的严肃性和信任度构成威胁

目前农产品（食品）质量安全追溯市场很多商家采用卖码的方式进行推广，即追溯系统不收费或收所谓较低的"成本费"，但商家每在产品上贴一个编码标签，就要向追溯系统开发商支付相应的费用。乍看起来，这种收费模式无可厚非，但实际上这种模式是很不合理的。

首先，国际上的主流编码标识体系都是免费的，国内的主流编码标识体系（如 GS1 编码和 OID 编码）也都没有按码收费的规定，目前国外追溯系统也未见到按码收费的商业模式。其次，主流编码体系只需以机构名义注册编码，即可在机构编码下免费拓展自己的产品编码，换言之，编码一旦注册，其使用权和编码权就归用户所有；再次，软件系统提供的是服务，用户只需支付软件使用费或服务费即可，编码只是软件系统所使用的技术之一，就如在餐厅点菜不

可能再支付调料的费用一样，软件系统中所用到的技术也不应另行收费。

另外，一些厂商为了配合其按码收费模式，会在宣传上将编码本身与政府公信力挂钩。因此按码收费的模式会给用户一种错觉，认为只要贴上了编码标签产品就获得了某种"认证"，为自己的产品营销提供素材。而目前为止，国内没有任何一个政府部门认可编码与公信力的等价性。这实际上损害了用户利益，并在某种程度上误导了消费者。

质量安全追溯体系作为农产品上行的有力支撑无疑是我国政府的正确决策，并投入了大量的财力进行推动。但在商业利益的驱使和商业模式的运作下，现阶段我国农产品质量安全追溯体系已逐渐显现出偏离初衷的趋势，并可能会导致大量的资金浪费，降低相关人力、物力和资源的投入产出效率。因此，呼吁相关政府部门深入调查研究相关问题，规范认知，统一思路，出台相应的法规、制度、标准，进一步规范我国农产品质量安全追溯体系建设，让追溯体系建设发挥其在食品安全保障中应有的、不可或缺的作用。

三、以农产品质量安全追溯推动农产品上行

农产品质量安全追溯对于农产品品牌建设、农产品上行有着重要作用。对于农产品上行来说追求的不应该仅仅是卖掉，而是要通过卖出品牌、卖出价值并通过渠道标准倒逼产业升级。所谓"品牌"在百度词条里的定义是："具备经济价值的无形资产。"而一个品牌应该具有产品标准、行业（区域）制度和品牌文化三个要素。那么如何利用农产品质量安全追溯体系建立区域品牌（生鲜农产品为例）？

（一）建标准

一个区域（行业）内的主导产业应从生产源头开始逐步建立农产品的生产技术标准、农产品质量分级标准、农产品基于品牌的流通标准等，并将这些政府或行业协会牵头建立的标准以追溯数据元的形式写入质量安全追溯系统，这些承载着标准的数据元在品牌使用范围内是固定的，不可随意更改，并向政府定期共享数据。并通过可变的工作流设置来适应不同企业、合作社和流通场景。

（二）立制度

研制好标准后需要严谨适用的制度来保证标准的落实，我经常尝试使用公共交通的红绿灯＋摄像头＋惩戒法规来作为案例描述公平区域品牌的制度实施，红绿灯相当于标准（红灯停、绿灯行、黄灯慢行），摄像头相当于追溯系统，能够识别和记录违规车辆的唯一识别信息，惩戒法规相当于制度，对于追溯系统里记录的违规操作企业的身份信息和违规产品的信息进行采集和记录，政府机构根据事先公布的法规制度，对追溯系统里被采集记录的违规企业和合作社进行惩戒，也可以对好产品和企业进行奖励，区域品牌管理制度的合理建立，是整个区域品牌能否实现的关键。

（三）做文化

做文化是最容易的，也是最难的，我不是文化人，不敢妄自揣测，但是经过这几年跟各位老师的学习，政府企业对于品牌文化的建设方的挑选有一个方便有效的方法，就是看他们做过的案例的销售量，数据是唯一的证明。因为只有真的做过品牌营销的，真的赤裸裸面对过市场，真正了解消费者的文化人，才能做出真正的品牌。而有效的追溯体系为品牌保驾护航。

最终，稳定的标准化的产品质量对于品牌建设和市场销售有莫大的帮助，对于提高产品售价更有帮助，农产品（食品）质量安全追溯体系成为支撑农产品上行有效的工具。

（作者系智云天地农业信息技术（北京）有限公司总经理）

大数据全面助力农产品上行

吴 超

农产品电商的健康发展是农村电商发展的核心任务之一。虽然近几年我国农村地区农产品上行保持高速发展态势，但在广大农村小农经济的基本格局下，加之农产品的天然特性以及农村薄弱的要素基础和流通市场条件，农产品上行仍然需要克服比工业品电商发展初期更大的困难。建立在"三农"课题上的创新注定是一个伟大而艰难的尝试，将不断进化的电商业态和传统农业的融合也注定是一个漫长的过程，这个过程需要各级政府、企业、电商人、农民、贫困户，不断地以热情、勤奋、实践、创造去试错、填坑、融合，不畏艰难，砥砺前行。

要解决目前农产品上行的各类问题，需要建设线上与线下、生产与流通、供给与需求相互融合的大数据监测统计体系，其中尤其要注意多维度线上数据的获取分析，进而从多方面为农产品上行指明方向。以下举例一些大数据监测体系对农产品上行的帮助。

一、建设农业相关线下基础数据库，摸底产业发展全貌

数据库可涵盖当地宏观经济、产业结构、农资产业、农林牧渔产业、农业细分行业、农业加工业、农产品流通业、农业服务业等产业发展多维度数据、农业相关经营主体发展数据、农业生产及流通基础设施配套数据，同时将数据细分到乡镇、村级地域。以全面系统的宏观数据摸底当地农业发展全貌，为农产品上行发展规划打下坚实基础。

二、建设农产品上行基础数据库，摸底农产品上行发展全貌

由于电商业态的草根性和电商数据统计工作的新兴性，各地政策执行者对于当地农产品上行的行业、品类、网商等基本发展情况难以全面、深入、及时

地了解，通过电商大数据对当地农产品上行的全面监测正成为最为基础和关键的工作，足够全面的电商大数据能够摸底当地农产品上行发展全貌，发现不足，挖掘优势，洞悉市场变化，减少人工填报的误差，提升政策效率

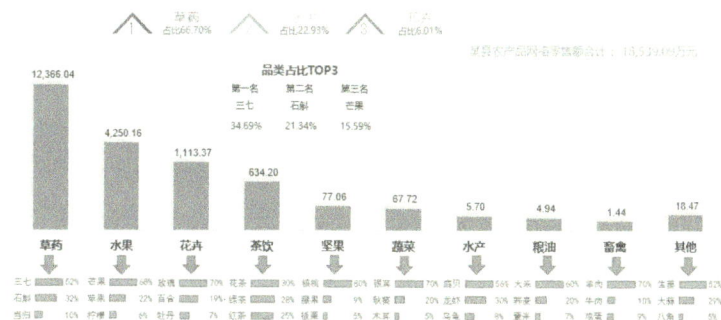

三、建设农产品上行生产流通大数据监测统计体系，根据线上数据科学确定发展品类、发展方向

农产品上行生产流通大数据监测统计平台可涵盖细分地域农资、农产品品类、生产计划、产量、总销量、分平台销量、库存、市场行情等数据，集中反映各地农产品预产出、产量、产出质量、科技支撑、流通销售等情况，为政策投入、统筹规划、提升效益打下基础。从中可重点加强对农产品滞销舆情的数据监测，以便及时发现情况，及早采取措施助力农产品销售，减少农民、贫苦户损失

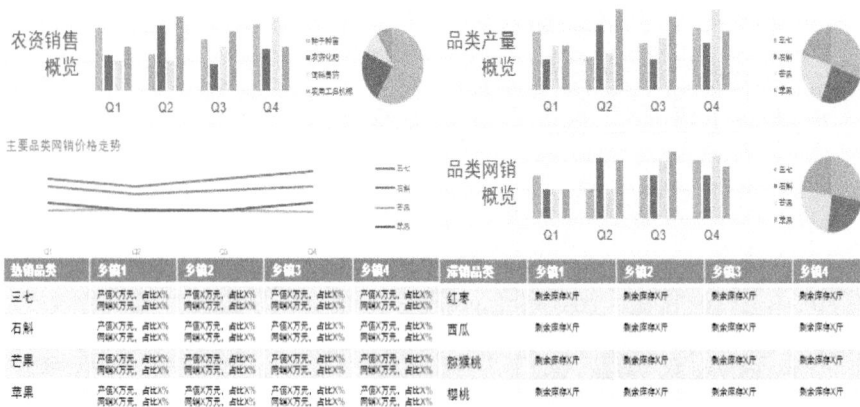

在选择主导行业品类时，要因地制宜，因市制宜，不仅要依据当地资源禀赋，还要运用电商大数据监测同品类发展趋势，如品类增速、品类加工品发展、品类交易集中度、品类品牌发展、品类替代品及潜在竞争者相关发展、品类进入门槛、品类的市场需求等。例如，通过上图可以看出，当地同时存在三七和芒果两个特色产品，如果三七电商交易额同比增速是40%，而芒果为30%，假设在网商数量供给等其他条件基本一样的情况下，可反映出市场对三七需求正处于快速增加的旺盛阶段，产品相对供不应求，其更倾向于增量市场，发展相对容易，资源应当倾斜于三七产业的塑造。此外，还需及时监测相关市场数据变化，统筹考虑生产周期、产业打造周期，及时做出调整。最终尽量避免全国各地都以单一方式做少数品种，导致消费者的需求较少得到满足，而农民、网商又竞相杀价的双输局面

某县2017年主要农产品品类行业竞争分析							
主要上行品类	市场需求分析	市场供给分析	市场供需综合分析	市场集中度分析	产品差异程度和替代品分析	……	竞争综合评分
三七	初级同比增速40%，精深加工品同比增速55%	活跃网商数同比增速5%，品牌数同比增速2%	平均单店交易指数500，单店交易指数上升15%	前10位网商交易额占比50%，前10位品牌交易额占比55%	体现竞争力的商品详情数据维度差异数：100万，草药相同品类替代品50个，	……	A+（蓝海）
石斛	初级同比增速41%，精深加工品同比增速46%	活跃网商数同比增速10%，品牌数同比增速6%	平均单店交易指数450，单店交易指数上升10%	前10位网商交易额占比48%，前10位品牌交易额占比50%	体现竞争力的商品详情数据维度差异总数：80万，草药相同品类替代品60个，	……	A-
芒果	初级同比增速30%，精深加工品同比增速38%	活跃网商数同比增速15%，品牌数同比增速9%	平均单店交易指数300，单店交易指数下降5%	前10位网商交易额占比45%，前10位品牌交易额占比48%	体现竞争力的商品详情数据维度差异总数：70万，水果相同品类替代品60个，	……	B
苹果	初级同比增速28%，精深加工品同比增速35%	活跃网商数同比增速18%，品牌数同比增速12%	平均单店交易指数350，单店交易指数下降6%	前10位网商交易额占比42%，前10位品牌交易额占比45%	体现竞争力的商品详情数据维度差异总数：60万，水果相同品类替代品150个，	……	C-（红海）

四、建设县、乡、村三级服务站点大数据监测统计体系，推动基础设施配套完善以进一步提升效率

以县级电商公共服务中心为依托，建设县、乡、村三级服务站点数据监测统计体系，对涉及的站点基本建设数据、运营数据进行监测统计。各站点运营数据直接反映了某乡或某村电商发展状况，例如快递包裹收发多少直接反映了当地对电商的需求，可依据情况查找原因对症下药，增减投入资源；其中尤其要重视农产品代卖数据、相关物流快递发出量等主要细分农产品品类上行数据库建设，为细分地域农产品上行分析做好数据支撑。此外监测体系应不限于服务站点的主要功能，可延伸数据监测维度，例如建立"一村一品、一乡一业、三品一标"等数据库，监测全国同品类市场份额、增速、价格、优势经销商、品牌、相关加工品等发展情况，根据综合数据分析，整合市场化服务资源，为当地各农产品品类上行做出支撑，进一步提升当地服务体系供给效率

站点监测系统	营业时间 xx:xx至xx:xx 营业额 ¥xxxxxxx 电脑A：浏览淘宝网时长 xx:xx 浏览京东网时长 xx:xx 浏览生活缴费网时长 xx:xx 浏览快递物流网时长 xx:xx
资讯系统	政策资讯xxxx，xxxx，xx ...；通知xxxx，xxxx，xxxx ...，农资资讯，xx ... 农产品资讯-xxxxx，xxxx ...
代购代卖系统	本月代购 ¥xxxxxx（ x件），数码家电 ¥xxxx 占比xx% 流量x2 洗衣粉x3... 本月代卖 ¥xxxxx（ x件，水果 ¥xxxxx 占比xx% 苹果580斤 草莓350斤28元）
生活便民系统	代缴：水费 ¥xxxx 电费 ¥xxxx 气费 ¥xxxx 话费 ¥xxxx 代购：汽车票 ¥xxxxxx 火车票 ¥xxxx
物流快递系统	发货包裹 xxxxxx 自提x件 1，xx仓库 2，xx仓 xxx件？3， xx仓 xxx件 接收包裹 xxxxx 附近发件 1，xx仓 xxx件 2，xx仓 xxx件 3， xx仓 xxx件
其他服务	......

快递包裹收发量排名

乡镇排名	接收量	发出量	村排名	接收量	发出量
乡镇1	X件	X件	村1	X件	X件
乡镇2	X件	X件	村2	X件	X件
乡镇3	X件	X件	村3	X件	X件
......	......	......	......	......	......

对于农产品上行已初步发展，具备进一步扩张的地方，大数据亦能发挥重要作用。例如某地方想为某农产品产业选择全国物流仓储点，以进一步促进该产业的发展。可综合纳入发展规划、地理空间距离数据、交通物流聚集度地域分布数据、优势（潜在）经销网商聚集度地域分布数据、品类需求地域分布等数据合理确定物流仓储点，以科学高效的物流仓储网络促进高效供应链的打造，

从而降成本，提效益。

五、建设农产品标准化、质量检测及溯源数据监测统计体系，为农产品上行打下制度基础，以进一步推动规范化、产业化发展

该体系可涵盖各主要农产品上行品类生产、流通及质量检测标准等数据，同时结合线上电商相关数据维度，如生产许可证编号、产品标准号、种类级别、规格包装等，全面掌握当地农产品质量、标准制度体系建设情况。对于产品溯源，除了线下数据监测统计外，也要结合线上产品相关数据维度，如产地、厂名、商家品牌等建立线上线下融合的农产品追溯数据，可综合分析从源头到终端零售的全链条追溯情况，为以需求为导向进行供给优化、产品品牌维权等打下基础（如"五常大米"等知名地理公共农产品品牌网上销量远超其产量），增强消费者信任。

此外，要充分利用电商大数据，监测当地主要农产品品种数、SKU数、包装、规格等数据以及对应的销量、评价等数据，综合反映并提升当地农产品标准化、质量体系的发展情况

石渠乡镇产地	厂名/产地名	地域	品牌名	SKU数	交易额度	交易排名	排名上升	产品评分	物流评分	服务评分	综合评分	
乡镇1	X	X	X	X	X	X	X	X	X	X	X	......
乡镇2	X	X	X	X	X	X	X	X	X	X	X	......
乡镇3	X	X	X	X	X	X	X	X	X	X	X	......
乡镇4	......	......	......	......	......	......	......	......	......	......	......	......

六、建设产品及品牌打造数据监测统计体系，促进农产品品牌发展

大数据体系可监控电商交易各农产品品类质量分级、产品加工、包装、注册商标、品牌名称、价格变化、详情规格、评分评价等相关信息，结合交易情况，可全面掌握当地产品及品牌发展情况。同时可对本土品牌、全网同品类最强品牌、差异化品牌代表等进行监测对比分析，以知己知彼，发现不足，挖掘市场喜好，为品牌差异化发展提供数据支撑。通过本地市场化品牌数据的归纳分析、全网竞品品牌数据的对比分析，为本地地域公共品牌塑造提供数据支撑，进一步提高地域公共品牌打造效率。

本土品牌	公司名称	网店品类	SKU数	交易额度	全网品类类交易排名	排名上升	产品评分	物流评分	服务评分	综合评分	网址链接	
品牌1	X	X	X	X	X	X	X	X	X	X	X	......
品牌2	X	X	X	X	X	X	X	X	X	X	X	......
品牌3	X	X	X	X	X	X	X	X	X	X	X	......

全网最强品牌TOP10	公司名称	所在地域	网店品类	SKU数	交易额度	全网品类类交易排名	排名上升	产品评分	物流评分	服务评分	综合评分	网址链接	
品牌1	X	X	X	X	X	X	X	X	X	X	X	......
品牌2	X	X	X	X	X	X	X	X	X	X	X	......
品牌3	X	X	X	X	X	X	X	X	X	X	X	......

七、建设创业就业、电商人才培训数据监测统计体系，促进农产品电商双创就业健康发展

大数据体系可统计分析农产品网商规模、网商结构、电商服务商、网商交易、网商评价、网商指数（分品类网商活跃度、平均网商交易规模）等线上数据，全面真实反映当地农产品电商创业以及带动就业、发展效益、产业结构分布、发展趋势等基本情况。同时按照时间顺序统计分析细分地域培训人数、培训课程，并对接相关人员信息，尤其是建档立卡贫困人口信息，根据培训人员信息不断提高培训针对性、发展性。最后打通线上线下数据，并及时分析培训成果，发现培训不足；对当地电商创业及就业人数、创业就业行业分布、创业就业发展效益等进行全面深入分析，为提高当地电商创业扶持、培训等政策效率提供数据支撑。最终形成线上数据指导线下培训、线下培训夯实线上经营的良性循环

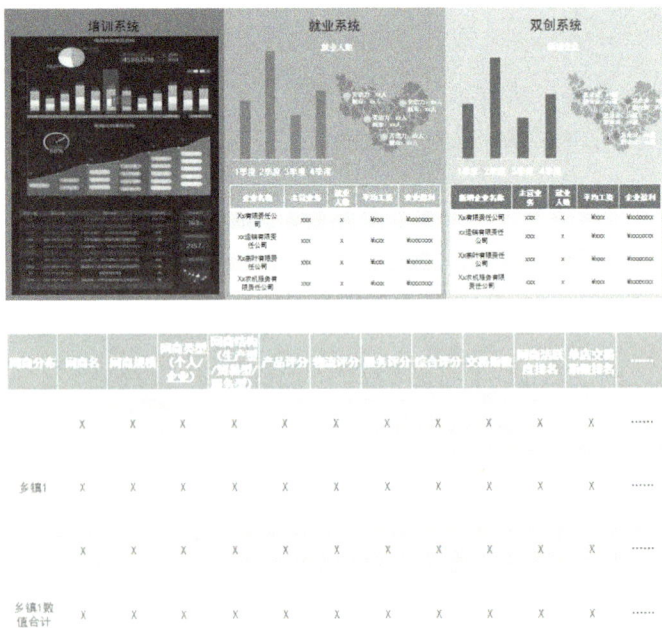

八、建设农产品电商精准扶贫数据库，进一步推动农产品上行扶贫效率

建设建档立卡贫困人口参与农产品电商产业链详细的数据库，融合贫困户

数据系统和对接贫困户的农产品经营主体系统。根据每个贫困户职业履历、基本技能、所上培训课程等进行农产品电商精准帮扶，帮扶职业选择涵盖生产、流通、电商运营等各个产业链环节，及时动态跟踪其增收脱贫状况。另一方面，及时跟踪对接建档立卡贫困人口的农业企业、家庭农场、合作社、农产品流通运营企业等农产品电商产业链生产经营主体的经营情况和贫困人口就业发展情况。最终实现建档立卡贫困人口与对接的农产品电商相关经营主体的精准识别、精准帮扶、精准跟踪

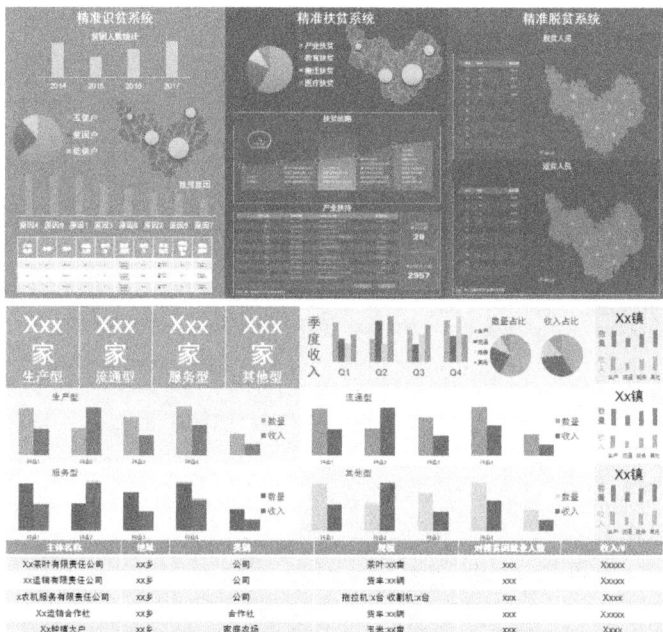

　　农产品上行所遇问题涉及方方面面，整体来看，既有中短期不可改变的基本发展现状和环境因素，更有人为低效的规划经营因素。农业现代化不仅是标准化、产业规模化、机械化、科学化发展，更需要"信息化"引领，尤其在当前以小农经济为主的农产品上行发展时期，需要"大数据"引领政策措施、基础设施、产业体系、要素体系、服务体系的建设完善，进一步科学合理引导生产布局、贸易流通、市场对接，构建包括贫困户、农民在内的合理的利益联结机制，实现多方共赢，塑造智慧的农产品上行体系。

（作者系成都市映潮科技创始人、董事长）

基于互联网技术的农产品物流模式创新

罗辉林

县域电商、农村电商以及农产品上行中，最难的问题之一，必然是农产品的物流交付问题。

一、农村物流瓶颈的形成与原因

现在随着社会的发展和互联网的普及，城市居民对于农村的产品需求越来越旺盛。尤其是在城市食品安全问题越来越严峻的情况下，往农村寻找无污染、安全绿色健康的食品就成了趋势；越是山高水远、交通不便的地方，水土水质的状况就越好。但是越是这样的地方，农产品的物流难度就越大。而随着电商的发展，农村可以对外交易的品类越来越丰富；交易频次也越来越频繁，每次交易量越来越小。这无疑也加大了农村、农产品物流的服务支持难度。而农产品本身的物流服务需求又千差万别。比如：

（1）大米、小麦等主粮类以及部分副粮类，可以直接用普货物流进行交付，但客单价太低，所以要求物流服务成本要低。

（2）生鲜蔬菜、应季果实类是城市居民需求最大、最频的农产品物资品类，但是供应时间集中，需要冷链物流服务支持，而且对物流服务包装有更高的要求。

（3）禽蛋类也是农村一项可以常年供应和流通的农产品品类，但是其易碎的属性使得很多快递物流服务企业望而却步。

（4）山高水远的山区是中国传统中药材的生长基地，而对于药材的流通又是另外的物流操作要求和规范。

（5）如果农村对城市的肉类供应和流通可以常态化，这对于农民的增收是非常有帮助的。但是这不仅也需要冷链物流体系，而且供应端不稳定，因为肉类供应是有限的，形成不了物流运作的连续性。

我们再看看当前农村物流服务能力的情况：

（1）服务能力单薄。目前仅有传统的中国邮政，由于国家力量的支持和投入了大量资金，还可以勉强维持农村的物流服务能力。虽然现在很多商业化物流体系也在扎堆地往农村市场渗透，但也仅布局在县城，往乡镇和村进行铺点和服务布局也仅是少数。

（2）服务种类稀少。目前在农村市场仅能提供的是普货的快递物流服务能力，无法提供真正的冷链物流服务能力，更不要说医药物流服务能力了。

（3）服务态度差。很多农产品是易碎、易坏、易损的。如果缺乏责任心，则大量的农产品就会因为物流的问题使得消费者的体验和收到包裹时候的感受极差。

所以这也就在农村物流的供给服务能力和需求上形成了"鸿沟"，这个"鸿沟"倘若无法跨越，那么农村物流就无法真正有效地建立起来！但是这个"鸿沟"的形成有其深刻的内在原因。在表象上虽然是农村产品对物流服务的需求很大，但是实质上却是农村对现代物流需求量还是不够大，不足以支撑建立真正的、持续运作有效的现代化物流运作体系。这和农产品的天然特性有着密不可分的关系：农产品天然的季节性决定了农产品对物流服务的需求是波峰波谷的模式；农村资源产出太过于分散；农产品的货值太低，低物流服务成本的要求阻碍了参与这个体系建设的资本和人才。

所以，虽然众多电商都在野心勃勃地奔向农村市场，但是农村、农产品物流的天然难度会使得他们的进展缓慢。当然，经过这么多年的投入，无论这些投入是政府的电商扶持专款，还是企业投入的发展资金，都为农村的电商和农村的物流发展培养了一大批人才。这些人才，这些针对农村电商和物流的技能培训在以后应该是很有价值的。

但，真正要解决农村、农产品的物流服务支撑问题，我们还是需要另辟蹊径。不能再采用企业自建物流基础设施的老路，因为农村、农产品的特性不足以支持一个可以持续化、规模化运营的工业物流服务体系。我们必须借助于"众包"、"共享"的思维把农村"既有的物流资源"通过互联网组织起来，形成弹性的物流服务体系，才能逐步形成商流和物流的良性阶梯循环。有了可用的物流服务体系,商流订单才能增加;商流订单的增加就需要更多的物流服务;物流需求增加就会使得物流服务供给增加。这样物流服务能力才能慢慢形成持续化、规模化和工业化,最终为农村市场建立起持续、可靠、有质量的物流服务体系。

这种技术方案就是物流智联网,就是基于"众包"思维模式所构建的、成体系的物流网络,其核心内容是如何构造一套开放的物流业务体系,使之可以整合和兼容社会上所有的物流资源,从而在一个网络里面成为公共的基础服务体系,敞开给所有的需求方,其核心目的还是为了解决高速增长的电子商务包裹量相对于快递物流配送能力增长缓慢的矛盾。物流智联网以 IT 信息为基础,借鉴 TCP/IP 数据包的传输原理,使得物流包裹可以如同数据包一样在物流网络中进行自由的交换和重组,并且包裹的每一步流向都可以进行记录和追踪。物流网络可以方便地进行地域延伸,使得其覆盖范围可以延伸到全球任何一个角落;其服务能力也可快速地得到增长,使得其能快速地适应市场对物流的需求。因此物流智联网可以解决掉当前物流运作信息不全、服务覆盖范围不够广泛的问题;而随着规模的不断扩大,物流的服务成本则能降到很低,同时服务时间也能随着规模的扩大而不断地优化改进。其实现原理和实现方式可以阅读参考拙作《物流智联网——物流、电子商务、供应链的革命》或者《共享思维——互联网下的去中心化商业革命》的第 7 章。

二、农村众包物流的三个阶段

众包物流有三种基本业务实现方式,可以分阶段逐步实现。

第一阶段,点对点的直送,如下图所示。这是众包物流建立初期,业务量还很少,以保证订单在客户要求时间内安全送到为首要任务。必须进行一单一送,否则当我们对客户的基本服务承诺都保证不了的时候,怎么还会有接到下个订单的机会。

众包物流业务直送

第二阶段，并单配送，如下图所示。在业务量开始有了一定的规模的时候，也许有两个或两个以上的运单可以同线路合并。合单有两种方式：起始点并单和插单合并。起始点并单，在农村的物流配送中，同样也会存在，因为农村订单对时效要求没有那么高，存在 24 小时内，同村有多单的情况。插单合并，这种并单相对难度就比较高，它要求物流人员在配送途中，系统后台根据配送员行进的方向和当前位置，结合配送当前运单的服务要求以及被插入的运单的服务要求进行综合评估，然后即时调度配送员进行临时任务插入，并协助和指导配送员进行取派操作，这对于调度平台的即时调度算法要求很高。当然，在并单配送中，并不是每个运单都可以被合并的，对于不能被合并的运单，我们同样还是需要安排配送员进行点对点式的直送。

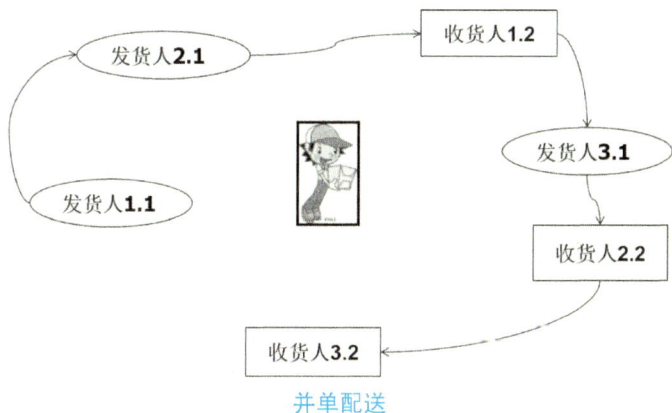

并单配送

第三阶段，取送分离，交叉配送。取送分离、交叉配送是当运单量非常大的时候，我们可以建立取送分离的交叉配送站点，在一个实体站点进行运单的归拢和合并，以谋求更大的效率提升。这种模式就非常类似于 B2C，各个方向的运单通过小的分拣中心（DC）进行线路的合并归拢，并单的概率就会随着业务规模的上升而上升，从而进入工业的集约化、规模化的"流水作业"模式。而也只有在这种模式下，B2C 的运单才能和众包的运单在分拣站点进行融合协同，如下图所示。

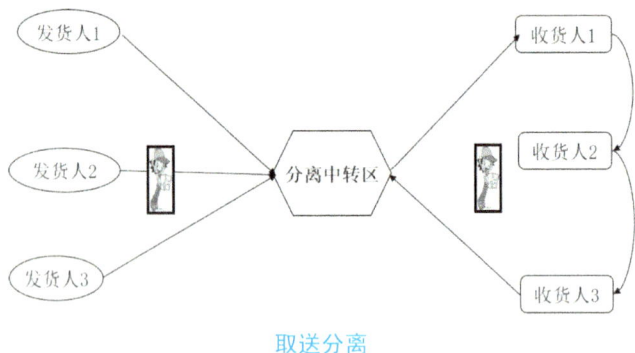

取送分离

三、实现农村众包物流的三种基本模式

在众包物流具体的运作实现上，有三种不同的模式：自营、外包和众包。

（1）自营就是配送员的招募和雇用都是由平台团队自己来操作。好处在于员工因为与平台有人事关系，在管理上和服务上完全可由平台自己管控。一般都认为自营物流服务是可以确保物流服务质量的。而自营所带来的不利就是必须用公司的方式招人，在业务量不饱满的情况下也需要养人，并且招人难，人员成本太高。

（2）外包是找到相应的专业合作方，把物流配送业务转交出去。通过 KPI 的考核指标对合作承接方进行明确的业绩考核，平台也会根据"鸡蛋不放在一个篮子"的理论在一个城市里面找多个业务合作伙伴。外包对于平台方而言，可以省掉养全职配送员的风险，也可以享受到业务的"强管控"优势，这是在风险和成本之间平衡的一种中间模式。

（3）众包是共享经济的一种实践方式，平台自己不招或者只招募少量的全职配送员，更多的是发展社会人员进入自己的业务体系。把尽可能多的运单交给这些社会化的众包配送员去完成。这种方式的好处是利用社会人力资源，尽可能地降低物流配送成本，因为理论上社会的人力资源是海量的。而坏处就在于服务质量不可控，尤其是在异常天气和异常订单量的情况下，如何即时驱动相应的社会众包配送员进行服务响应就是一个难题。

如果采用自营和外包的方式，无论如何进行业务运作，招人和单件配送成本的降低能力都远弱于众包模式。而众包的弱点在于：众包模式下的服务质量很难达到自营的水平。这就涉及众包物流到底应该如何运作和管理的问题。

众包物流的理想状态是一个自我驱动和自我循环的运行机制，就是一边有持续不断的订单、运单的供给，一边有持续的物流资源提供。但是在前期这是不可能的！尤其是在农村市场，因此作为农村电商的运营方，适度地自建物流资源，或者为了激励兼职众包物流人员养成接单、抢单习惯而做适度的补贴也是有必要的。这样我们才能为运单找到持续的运力资源，而在高峰时期，比如蔬果成熟的季节，就需要提前准备好兼职的运力资源。

众包物流的方法能让我们自己解决农村没有物流服务的问题，可以帮助我们建立起从村到乡，从村到县城，从县城到村，从乡到村的物流体系，并建立起持续的运营体系和服务能力。但是如果想上行到其他城市，尤其是北上广深，其他省会城市，从县城到这些城市还是需要依赖于当前的第三方物流体系才能完成。当然，未来我们也可以用物流智联网的方案把这些县域的物流资源整合成网。

无论是众包物流也好，和第三方物流对接也好，还是物流智联网也好，除了有运作的方案和方法之外，想要落地实施执行，还需要有支持实现方案的工具体系，以及基于方案和工具进行运营操作的团队。当前，笔者已经为农村电商市场打造了这样的全套物流解决方案。不仅是物流的解决方案，还包括农产品上行、工业品下行的电商解决方案。用全套的"众包"业务逻辑打造了一个可以由当地县域、当地资源主导的商业模式。同时，为了便于方案的落地和当地运营资源的执行，我们还开发了完整的工具平台，以方便县域运营公司和运营方落地执行。

（作者系北京协通天下科技有限公司 CEO）

后　　记

　　这本书的策划起于 2016 年末，彼时的农村电商已经过了初期的下乡热潮，电商扶贫、农产品上行逐渐成为热点。电商扶贫热是因为带来了脱贫攻坚的新路径，各方寄予厚望；农产品上行热是因为实践不给力而导致批评太多。记得有学者直接指责到，农村电商不能总让农民买，不帮农民卖，此话虽然有些极端，但却直指痛点。当然，不是电商不愿意卖，而是实在卖不动，其间的种种困难我引用了一句话形象地比喻：农业还在 19 世纪，电商却在 21 世纪，二者直接牵手是困难的。

　　但解释是没有用的，各方对农产品上行的关注度继续升温。2017 年 4 月，一向关注社会大事件的中央电视台《焦点访谈》栏目突然关注农产品上行问题，而且连续三天进行追踪报道，直指农村电商的种种现实问题，最突出的就是报道所说的，一些电商工业品下行进行得轰轰烈烈，而农产品上行却提不起精神。《焦点访谈》的既有影响力加上话题的敏感度，迅速让这一报道引发广泛讨论，各地政府、各大电商平台纷纷表态，一定加大农产品上行力度。

　　在此情况下，本书也迅速从策划转向组织撰写，我拟定提纲通过出版社初审后，再由我"刷脸"，邀请全国农村电商界各路大咖拨冗撰写对应题目，最后再由我逐篇统稿，以确保体例、文风和篇幅上的相对统一。承蒙大家厚爱，历夏而秋，45 位业界大咖先后参与撰写，他们中间有国家部委的领导，也有基层政府的代表；有各大电商平台的负责人，也有一线的电商实践者；有电商学者教授，也有相关行业的专业研究人员，最终选出 50 篇成稿。

　　历经一审、二审，在 2017 年岁末年初终于可以付梓，接近一年的辛苦也告一段落。也就在本书即将开印之际，2018 年中央一号文件发布，要求农村电商聚焦于农产品上行问题，这让我们倍感欣慰。我也希望通过来自不同领域大咖们的解读分享，可以为推动农产品上行提供一点有益的参考。

　　成书之日，感恩之心油然而生，再次感谢电子工业出版社特别是编辑张彦红先生的信任，继出版拙作《农村电商：互联网＋"三农"案例与模式》之后，再次将本书的总编任务交付于我；诚挚地感谢各位农村电商界人士对我的信任与厚爱，愿意抽出宝贵的时间撰写我列出的可能有些蹩脚的题目并提出许多建设性意见；汪向东老师还特地以最新思考成果作为代序；感谢我所在的陕西团省委的领导和同志们，对我在繁忙工作中热心于农村电商事业给予体谅和照顾；特别是我的家人，当我无数次在夜晚和周末孜孜不倦的时候，他们没有丝毫抱怨，为我做好后勤保障，让我安心前行。

若从 2012 年开始学习电商算起，今年是我入农村电商行业的第七个年头，我从未想过自己能在农村电商方面得到这么多收获，最初的想法只是为了满足服务青年需要，不想当门外汉被青年耻笑。但入行不久即"入戏"过深，一不小心从"打酱油"者成为"卖酱油"者，只因农村电商发展晚于其他电商领域，从事研究者确实不多，于是从"学员"转"教员"，与大家戮力前行。到今天，虽然有时也不胜其累，但依然乐在其中，立足于服务青年电商创业，积极服务农村电商发展，就像孙悟空西天取经路上努力降妖除魔。如果以自己的努力能帮助一批青年电商的创业少走弯路，能为一方电商发展发挥一点作用，那便是对我工作的最大肯定，是对我人生价值的最大肯定，我定会为此而一路坚持。

我们都渴望完美，但这个世界从来没有完美，一切完美只在苦苦的追求之中。本书也有完美的设想，但最终因为时间关系特别是我个人能力水平有限，还有一些遗憾有待填补。希望再版的时候有更多的业界人士提供新的真知灼见，让本书的内容更加充实、更加科学、更具实效性。

最后，感谢伟大的新时代，感谢电商，古老的农村发展因此有了更多可能，而那厚重的土地上也一定会留下探索者的足迹。

魏延安
2018 年新春来临之际于古城西安